Gerhard Nehls

Christen antworten Moslems

Hänssler-Verlag
Neuhausen-Stuttgart

CIP-Kurztitelaufnahme der Deutschen Bibliothek

Nehls, Gerhard:
Christen antworten Moslems/Gerhard Nehls.
Übers. aus d. Engl. von Lotte Bormuth.–
Neuhausen-Stuttgart: Hänssler, 1982
(TELOS-Bücher; Nr. 308: TELOS-Taschenbuch)
Einheitssacht.: Christians answer Muslims ‹dt.›

NE: GT

ISBN 3-7751-0672-3

TELOS-Taschenbuch 308

ISBN 0 620 04 702 X
Titel der englischen Originalausgabe „Christians answer Muslims"
Übersetzt aus dem Englischen von Lotte Bormuth

Die Bibelzitate sind der Menge-Bibel entnommen.
Copyright by Württembergische Bibelanstalt, Stuttgart
Umschlagfoto: THE IMAGE BANK/MAGNUM-Foto, Paris
Umschlaggestaltung: Daniel Dolmetsch
Gesamtherstellung: Ebner Ulm

Inhalt

CHRISTEN ANTWORTEN AUF FRAGEN DER MOSLEMS

Ein Vorwort, das gelesen werden sollte.

Zu Anfang möchten wir den Leser bitten, das fast Unmögliche zu versuchen, nämlich unvoreingenommen an dieses Buch heranzutreten, keine Schlußfolgerungen zu ziehen, die von Emotionen bestimmt sind, sondern sich aufgrund der dargebotenen Fakten eine Meinung zu bilden. Sicher hat jeder, der dies liest, sich bereits eine gewisse religiöse Überzeugung angeeignet. Sie wird davon mitbestimmt sein, in welcher Umgebung wir aufgewachsen sind, welche religiöse Unterweisung wir erhielten, an welchen Riten und religiösen Festen wir teilgenommen haben; ebenso aber auch von der Frömmigkeit unserer Eltern, Verwandten und Freunde – im Grunde von dem gesamten Kontext unseres Lebens. Die oft intolerante und eifersüchtige Haltung religiöser Gruppen und Gemeinschaften hat die Möglichkeit eines ehrlichen Gesprächs über religiöse Dinge sehr erschwert.

Das ist offensichtlich der Grund, warum vermutlich 99 % all derer, die als »Christen« aufwachsen, sich auch zeitlebens als solche bezeichnen; desgleichen, daß die, die als Moslems aufwachsen, Anhänger des Islams sind. Nur wenige durchbrechen die Schranken ihrer Religion, und die Mehrheit von diesen tut es nur, um eine Mischehe einzugehen. Wenige vollziehen den Schritt über die Linie zu einer anderen Religion, nachdem sie sich eingehend mit ihrem bisherigen und dem neu angenommenen Glauben beschäftigt und den Wahrheitsgehalt beider geprüft und miteinander verglichen haben.

Diese grundsätzliche Feststellung läßt sich leicht bestätigen, denn: Wie viele Anhänger einer bestimmten Religion haben genügend Kenntnis über ihre eigene und andere Religionen, um sich eine vernünftige und unvoreingenommene Meinung darüber zu bilden? Wie viele, die sich Wissen nicht nur aneignen, um die Schwachstellen bei den anderen zu entdecken, besitzen genügend Kenntnisse, um die Wahrheit, die sich möglicherweise in solchen Religionen findet, zu erfassen?

Über Wahrheit kann man nicht verhandeln. Sie ist unteilbar. Als solche ist sie absolut. Wahrheit schließt »Wahrheiten« aus. Wenn die letzteren mit der ersteren nicht übereinstimmen, dann sind sie Lügen oder bestenfalls Irrtümer. Wir sprechen hier über göttliche Wahrheit – Wahrheit von Gott und über Gott, über seine Pläne und über die Bestimmung des Menschen. Es ist klar, daß zwei sich widersprechende Behauptungen nicht beide Wahrheit sein können; auch können sie nicht den gleichen Ursprung haben. Wer an eine belegte Wahrheit glaubt, wird Unwahrheit nicht tolerieren wollen. Entscheidend wird somit das Motiv und die Art und Weise, wie man sich der Wahrheit öffnet und ihren Gehalt prüft.

Religiöse Toleranz bedeutet Mangel an Liebe zur Wahrheit und zum Urheber dieser Wahrheit. Sie bedeutet darüber hinaus, daß man weder Liebe, noch Fürsorge, noch Mitleid gegenüber dem zeigt, der im Dunkel nach dem Weg sucht und in der Irre umkommt. Religiöse Toleranz ist Selbsttäuschung. Sie beinhaltet auch die Angst, möglicherweise den eigenen Glauben durch die ernsthafte Auseinandersetzung mit einer anderen Wahrheit preisgeben zu müssen. Wahrheit muß belegt sein. Sie muß überzeugend nachgewiesen werden. Nicht der religiöse Konsument findet die Wahrheit, sondern der aufrichtige Wahrheitssucher.

Aufrichtigkeit allein genügt noch nicht. Entscheidend ist das Objekt unserer Wahrheitssuche, nämlich Gott und Seine Offenbarung.

Der ehrliche Gottsucher muß willig und bereit sein, das, was er als Unwahrheit erkannt hat, um jeden Preis aufzugeben. Das fordert Mut und Charakterstärke. Es ist leichter, in seinem religiösen Ghetto zu bleiben, zu glauben, was alle glauben, zu tun, was alle tun, und zu leben, wie alle leben, selbst wenn man dadurch bewußt zum Heuchler wird.

Wir erwähnen das, weil wir selbst zwölf Jahre brauchten, um diese Wahrheit zu fassen. 20 Jahre sind seitdem vergangen, in denen wir sowohl die Bibel als auch vielerlei Glaubensauffassungen unserer Mitbewohner auf dieser Erde studiert haben. Nicht zum Selbstzweck. Wir wollten sie verstehen lernen und uns sachkundig mit ihnen über Sinn, Ziel und Inhalt des Lebens und das Wesen und den Plan Gottes für diese Welt unterhalten können. Das geschah dann auch auf umfangreiche Weise. Als wir, d. h. meine Frau, Familie und ich, nach Kapstadt gezogen waren, lernten wir viele Moslems kennen. Etliche wurden unsere Freunde. Erneut wurde die Wahrheitsfrage gestellt, herausgefordert durch den Islam. Wir setzten uns der Kritik aus, die unsere moslemischen Freunde am christlichen Glauben und an der Bibel übten. Wir hörten dem zu, was Moslems über den Islam zu sagen hatten. Entschlossen, gewissenhaft vorzugehen, gaben wir uns nicht mit dem zufrieden, was wir über den Islam hörten. Wir wollten den Dingen auf den Grund gehen. Mehrere Übersetzungen des Korans, der Hadith, Bücher von islamischen Gelehrten über den Islam und islamische Bücher über das Christentum dienten uns dazu, den Islam aus erster Hand nach Originalen, und somit weitgehend ungefärbten und ungesiebten Quellen, zu studieren.

Nachdem wir diesen Studien die nötige Zeit gewidmet hatten, wobei wir so wenig Vorurteile wie möglich einbringen wollten – sofern das in diesem Fall überhaupt möglich war –, formte sich ein objektives Bild. Die auf diesem Wege gewonnenen Erkenntnisse wurden von uns hier niedergeschrieben, zur Orientierung für all die, die wie wir um jeden Preis die Wahrheit Gottes finden wollen. Möge es suchenden Menschen helfen, die Antworten schneller und auf weniger Umwegen zu finden. Wer Gott sucht, sollte nicht einfach unsere Ergebnisse übernehmen. Vielmehr möchten wir ihn bitten, sich mit den Indizien auseinanderzusetzen und dann vor dem lebendigen Gott die eigene Schlußfolgerung zu ziehen. Gefühlsbestimmte Polemik ist in dieser Angelegenheit fehl am Platz. Sie wird uns kaum über unsere augenblickliche Überzeugung hinausführen, auch wenn diese falsch sein sollte.

Ein lieber moslemischer Freund bemerkte einmal in bezug auf ein bestimmtes Buch, daß die Fakten zwar stimmten, doch ihre Deutung falsch sei. Dieses Buch macht keine Deutungsversuche. Wir sind der Überzeugung, daß Fakten nicht interpretiert werden dürfen, daß sie letztlich aussagen, wovon wir sowieso schon überzeugt waren. Der gleiche Freund ermunterte uns, unsere Überzeugung schriftlich darzulegen, um die Wahrheit Gottes zugänglicher zu machen und religiösen Irrtum aufzudecken. Der dänische Philosoph Sören Kierkegaard klagte einmal: »Die Gründe tragen nicht mehr die Überzeugung, sondern die Überzeugung sammelt (selektiv) die Gründe.« Es ist wahr: Menschen stützen ihre religiöse Überzeugung mit ihnen geeignet erscheinenden, wohl erlesenen Argumenten. Doch auf diese Weise kommt niemand zu wahren Ergebnissen.

In diesem Buch findet der Leser – leider in etwas gedrängter Form – die Erkenntnisse eines Menschen, der Gott und die Wahrheit mehr als irgend jemand oder irgend etwas liebt, dessen Liebe aber nicht blind ist.

Wir möchten den Leser bitten, dieses Buch nicht zur Seite zu legen, ehe er nicht die Argumente geprüft und für richtig befunden hat, oder zu der Erkenntnis gekommen ist, daß sie falsch sind. Manche Behauptungen mögen für den moslemischen Leser ungeheuerlich erscheinen. Aber er sollte doch in einer ehrlichen, nüchternen, nicht vom Gefühl bestimmten Weise den Wahrheitsgehalt dieser Behauptung überprüfen und sich nicht an irgendwelchen Strohhalmen vertrauter Vorstellungen festhalten, um sich im Meer der eigenen Überzeugung über Wasser zu halten.

Dieses Buch ist in eine bestimmte Situation hineingeschrieben worden. Sie ist nicht universal. Und doch sind alle Grundelemente an Fragen gebunden, die weltweit gestellt werden. Nicht nur von Moslems oder Skeptikern. Wir müssen darum den Leser bitten, dieser Situation gegenüber verständnisvoll zu sein. Die von Moslems gestellten Fragen, die hier beantwortet werden, sind einigen wenigen, in Deutschland unbekannten Büchlein entnommen worden. Obwohl manche dieser Fragen und Anschuldigungen albern klingen und an sich keiner Antwort bedürfen, sind doch so manche Fragen gestellt, die nicht nur auf moslemischer Seite auftreten.

In dieser Schrift wird nur eine von zwei Seiten beleuchtet, nämlich diejenige, die ein Moslem am christlichen Glauben sieht. Das Pendant dazu beleuchtet die andere Seite. Dort wird die Lehre und Geschichte des Islams aus christlicher Sicht hinterfragt. Ist der Islam und seine Lehre, wie sie uns heute dargestellt werden, wirklich noch islamisch? Welche Belege bringt der Islam, um seine Glaubensinhalte als von Gott kommend zu bezeugen? Diese und andere Fragen werden in dem Buch »Christen fragen Moslems« behandelt. Wenn Sie selbst Moslem sind, oder mit Moslems im Gespräch sind (oder sein möchten), sollten Sie beide Bücher gelesen haben!

Gerhard Nehls — Kapstadt 1981

Einführung

MOSLEMS BEHAUPTEN, DIE BIBEL SEI VERFÄLSCHT, KORRUPT, VOLLER WIDERSPRÜCHE UND EINFÜGUNGEN.

Behauptet der Koran, daß die Bibel verfälscht ist?

Der Koran erklärt die Bibel für annehmbar und empfiehlt, sie zu studieren und ihr zu gehorchen.

> »Wir haben die Thora offenbart, die Leitung und Licht enthält . . . Wir haben Jesus, den Sohn der Maria, den Fußstapfen der Propheten folgen lassen, *bestätigend die Thora*, welche in ihren Händen war, und gaben ihm das Evangelium, das Leitung und Licht und Bestätigung der Thora enthält, welche zuvor in ihren Händen war, den Gottesfürchtigen zur Leitung und Erinnerung. Wir haben nunmehr dir das Buch (den Koran) in Wahrheit offenbart, die früheren Schriften in ihren Händen bestätigend, und dich zum Wächter darüber eingesetzt« (aus Sure 5, 45–49).

> »O ihr Schriftbesitzer, ihr gründet euch auf nichts, bis ihr die Thora und das Evangelium beachtet und was euch sonst von eurem Herrn offenbart worden ist. Doch das, was dir von deinem Herrn offenbart wurde, wird die Ruchlosigkeit und den Unglauben vieler unter ihnen nur vermehren. Wahrlich, die, welche glauben, die Juden, Sabäer und Christen, wenn sie an Allah und den jüngsten Tag glauben und nur tun, was

recht ist, so kommt weder Furcht noch Trauer über sie« (Sure 5, 69–70).

»Wenn sie die Thora und das Evangelium beachten und was nun ihnen von ihrem Herrn offenbart worden ist, so werden sie des Guten genießen« (Sure 5, 67).

»Mit den Schriftbesitzern (Juden und Christen) streitet nur auf die anständigste Weise, nur die Frevler unter ihnen seien ausgenommen, und sagt: Wir glauben an das, was uns, und an das, was euch offenbart worden ist. Allah, unser Gott und euer Gott, ist nur einer, und wir sind ihm ganz ergeben« (Sure 29, 47).

»Dieser Koran konnte von keinem außer Allah verfaßt werden; denn er bestätigt das, was vor ihm offenbart wurde« (Sure 10, 38). »Doch vor diesem schon wurde dem Mose die Schrift ein Führer und eine Barmherzigkeit, und bestätigt diese dieses Buch, das in arabischer Sprache offenbart ist, um den Frevlern Strafe anzudrohen und den Rechtschaffenen Gutes zu verkünden« (Sure 46, 13).

»Wer hat denn das Buch offenbart, welches Mose als Licht und Leitung den Menschen gebracht hat, welches ihr auf Pergament geschrieben habt, wovon ihr einiges öffentlich bekennt, aber den größeren Teil verheimlicht, und obwohl ihr lerntet, was ihr (und eure Väter) nicht gewußt habt? Sprich: Allah« (Sure 6, 92).

»Was wir dir in diesem Buch offenbart haben, ist die Wahrheit und bestätigt die Offenbarung von ihm« (Sure 35, 32).

»O Kinder Israels, gedenket des Guten, das ich euch erwies, haltet Treue an dem Bündnis mit mir, dann will auch ich fest daran halten, und verehrt nur mich und glaubt, was wir zur Bestätigung unserer früheren Offenbarung nun ihm (Mohammed) offenbarten, und seid nicht die ersten, die nicht daran glauben, und vertauscht diese nicht mit Nichtigem« (Aus Sure 2, 41–42).

Die erwähnten Texte setzen voraus, daß die Schriften, die durch den Koran bestätigt wurden, zur Zeit des Mohammed in unverfälschter Form zur Verfügung standen.

»Wir offenbarten bereits Mose die Schrift, ließen ihm noch andere Boten folgen, wir rüsteten Jesus, den Sohn Marias, mit überzeugender Wunderkraft aus und gaben ihm den heiligen Geist (Sure 2, 88).

»Als nun diese Schrift (der Koran) ihnen von Allah gegeben worden war, welche die frühere bestätigte, . . . wollten sie jetzt diese Schrift leugnen« (Sure 2, 19).

»Er offenbarte dir die Schrift mit der Wahrheit und bestätigte hiermit sein schon früher gesandtes Wort. Er offenbart schon vorher die Thora und das Evangelium als Richtschnur für die Menschheit, und nun offenbarte er die Erlösung« (Sure 3, 4).

Es besteht kein Zweifel, daß mindestens 350 Jahre nach Christus, also vor der Zeit Mohammeds, ein einheitlicher Kanon der Bibel existierte und daß seither nichts verändert, verfälscht oder verdreht wurde.

»Auch vor dir, Mohammed, haben wir nur Menschen gesandt, welchen wir uns offenbarten. Fragt nur die Leute von Erinnerung (Schriftbesitzer), wenn ihr dies nicht wißt« (Sure 21, 8).

»O Gläubige, glaubt an Allah und seine Gesandten und an das Buch, das er seinem Gesandten, und an die Schrift, welche er früher schon offenbart hat. Wer aber nicht an Allah und seine Engel glaubt, an die Schriften und seine Gesandten und an den jüngsten Tag, der ist einem großen Irrtum verfallen« (Sure 4, 137).

»Der Prophet glaubt an das, was ihm offenbart wurde, und alle Gläubigen glauben an Allah, an seine Engel, an die Schrift und an seine Propheten. Wir machen keinen Unterschied unter seinen Propheten« (Sure 2, 286).

»Sprich: Bringt die Thora und lest sie, wenn ihr wahrhaftig seid« (Sure 3, 94).

»O ihr, denen die Schrift gegeben wurde, glaubt an das, was wir zur Bestätigung eurer früheren Offenbarungen jetzt offenbarten« (Sure 4, 48).

Wie konnten sie die beiden Schriften miteinander vergleichen, wenn eine verlorengegangen war? Wir erkennen klar und deutlich, daß die Anklage gegen Juden und Christen nicht darin besteht, daß sie die Heilige Schrift verfälscht hätten, sondern darin, daß sie diese mißdeutet, sie verhehlt oder ihr nicht gehorcht haben.

»Die Worte Allahs ändert niemand ab. Darüber hast du ja bereits Belehrung von dem früheren Gesandten« (Sure 6, 35).

»Denn Allahs Wort ist unwandelbar« (Sure 10, 65).

Behaupten christliche Gelehrte, daß die Bibel verfälscht ist?

Nicht wenige sind dieser Meinung. Eine Erklärung setzt ein paar Vorbemerkungen voraus. Ein Moslem ist ein Moslem, weil er in den Islam hineingeboren wurde. Aber niemand kann aus demselben Grund Christ sein. Darüber läßt die Bibel keinen Zweifel.

Christus fragte seine Jünger:

»Was nennt ihr mich aber Herr, Herr, und tut doch nicht, was ich euch sage?« (Lk 6, 46).

> »Wer da gläubig geworden ist und sich hat taufen lassen, wird gerettet werden; wer aber ungläubig geblieben ist, wird verurteilt werden.« (Mk 16, 16).

Ohne Glauben kann niemand Christ sein. Der Glaube muß sich an dem Gott der Bibel orientieren und Ihm gehorsam sein.

Es geht nicht um Glauben an die Existenz Gottes; diese ist offensichtlich.

> »Du glaubst, daß es nur einen Gott gibt? Du tust recht daran; aber das glauben auch die Teufel und schaudern dabei« (Jak 2, 19), lesen wir in der Bibel.

Es geht darum, sich im Glaubensgehorsam Gott anzuvertrauen und sich seinem Willen zu fügen. Wahres Wissen von Gott führt zur Erkenntnis seines Willens für uns. Unsere Existenz als Christ gründet sich dann auf sein Wort, auf die Bibel. Die bewußte Hinwendung zu Gott und die Bereitschaft, ihm zu gehorchen; das Ja zu seiner Führung sowie das Vertrauen in Seine Verheißung setzen einen Willensakt voraus, den jeder selbst vor Gott vollziehen muß.

Die bewußte Entscheidung, Christ zu werden, ist für das geistliche Leben eines Menschen genauso nötig wie die Geburt eines Kindes für das physische Leben; denn Jesus sagt:

> »Wahrlich, wahrlich, ich sage dir: Wenn jemand nicht aus Wasser und Geist geboren wird, kann er nicht in das Reich Gottes eingehen« (Joh 3, 5).

Als die Kirche instituiert wurde (etwa ab der Zeit Konstantins, 274–337 n. Chr.), setzte ein geistlicher Zerfall ein. Es setzte sich die Lehre durch (gegen die Lehre des Neuen Testaments), daß ein Mensch, gleichsam automatisch, durch den Empfang der »Sakramente« Christ wurde. Der »gewöhnliche« Christ und sogar die Geistlichkeit in jenen Tagen verfügten über nur geringe

Bibelkenntnis. Tradition und Riten traten an die Stelle des Wortes Gottes. Dies führte bald zur christianisierten Welt, die man als den »christlichen Okzident« oder das »christliche Abendland« bezeichnete. Sie gründete sich nicht primär auf biblische Wahrheit und war folglich auch nicht christlich.

Der bibelorientierte Gläubige sieht darin ein entartetes Konzept. Es hat nie einen »christlichen Westen« oder eine »christliche Nation« gegeben. Eine Nation mag christianisiert worden sein, mag im Prinzip neue Glaubenssätze angenommen haben, mag christliche Feste feiern, doch Glaube ist seinem Wesen nach immer eine persönliche Angelegenheit, die darauf beruht, daß der einzelne bereit ist, eine Willensübergabe an Gott zu vollziehen und entschlossen ist, auch entsprechend zu leben.

Innerhalb dieser verkirchlichten Gesellschaft lebten zu jeder Zeit bewußt gläubige Christen, deren Glaube sich am Wort Gottes, der Bibel, orientierte, und die beständig versuchten, erneuernd in die verchristlichte Gesellschaft hineinzuwirken. Bis auf den heutigen Tag hat sich diese Situation nicht geändert.

Was der außenstehende Beobachter unter Christentum versteht, erschöpft sich weitgehend in westlicher Kultur mit Spuren religiöser Anschauungen und Formen, einer Kultur, die es fertigbrachte, Kreuzzüge auszurufen, »heilige Kriege« vom Zaun zu brechen, ausschweifenden Alkoholmißbrauch zu tolerieren und einer Moral zuzustimmen, die keinem ethischen Maßstab genügen kann. Einem solchen Christentum fehlt jeglicher Gehorsam gegenüber Gottes Wort, meist sogar die Kenntnis der fundamentalen biblischen Lehre.

Aber innerhalb dieses kranken Massenchristentums gab es doch eine Anzahl von Menschen, die Gott liebten, seinem Willen gehorchten und ein geheiligtes Leben in der Hingabe an Gott führten. Sie orientierten sich an der

Bibel. Es ist deshalb nicht überraschend, daß es im wesentlichen zwei große Strömungen christlicher Theologie gibt. Die eine ist anthropozentrisch (am Menschen orientiert), d. h. humanistisch, liberal, existentialistisch oder wie immer man sie je nach ihrer Ausprägung nennen will, dabei setzt Mitgliedschaft zu einer Kirche Glauben an Christus im biblischen Sinn nicht voraus. Das Teilhaben an den Sakramenten ersetzt wahre Jüngerschaft als benötigte Qualifikation.

Von dieser Form des Christseins sagt Jesus in dem Buch der Offenbarung des Johannes:

> »Ich kenne deine Werke, daß du weder kalt noch heiß bist. Oh, daß du kalt oder heiß wärest! So aber, weil du lau bist und weder heiß noch kalt, will ich dich aus meinem Munde ausspeien. Weil du sagst, ›Ich bin reich, ja reich bin ich geworden und habe an nichts Mangel‹ und weil du nicht weißt, daß gerade du elend und erbarmenswert, arm, blind und nackt bist, so rate ich dir: kaufe dir Gold von mir, das durch Feuer geläutert ist, damit du reich wirst, und weiße Kleider, damit du sie anziehst und die Schande deiner Blöße nicht zutage tritt, und Augensalbe zum Bestreichen deiner Augen, damit du sehen kannst« (Offb 3, 15–17).

Wenn wir dies als das Christentum angesehen haben, dann habe ich eine gute Nachricht. Das ist nicht christlicher Glaube und war es auch nie: Die liberale Theologie leugnet die Offenbarung Gottes und »interpretiert« sie ihren Vorstellungen, ihrem Lebensstil und ihren Zielen entsprechend. Diese »Theologen« oder »christlichen Gelehrten« haben all die Widersprüche und Verfälschungen aufgedeckt, die so gern von Opponenten des christlichen Glaubens als willkommene Argumente gegen die Bibel verwandt werden.

Es gibt jedoch andere christliche Gelehrte, und sie

sind, das stelle ich glücklicherweise fest, in der Überzahl. Sie gründen ihren Glauben auf die Bibel. Das macht sie den Problemstellen der Bibel gegenüber nicht blind. In der Tat haben sie in den letzten 100 Jahren eifrig daran gearbeitet, die Bibel von den Verfälschungen zu säubern, die sich im Laufe der 3000 Jahre, in denen die ältesten Teile der Bibel handschriftlich überliefert wurden, eingeschlichen haben. Jeder, der schon einmal ein Buch geschrieben hat, weiß, daß trotz gewissenhafter Sorgfalt und mehrmaliger Korrektur die Endausgabe nicht ganz frei von Fehlern ist.

Aufgrund der Vielzahl von alten Manuskripten – viele wurden von Archäologen erst in den letzten Jahrhunderten entdeckt – sind in unseren heutigen Übersetzungen kaum noch ernsthafte Fehler. Als 1948 eine Reihe gut erhaltener Pergamentrollen aus dem 2. Jahrhundert v. Chr. in der Nähe des Toten Meeres entdeckt wurden, fand man auch ein vollständiges Exemplar des Buches des Propheten Jesaja. Es stimmt mit dem Text unserer Bibel völlig überein.

Um die Frage, die wir zu Beginn des Kapitels gestellt haben, zu beantworten, können wir sagen, daß liberale oder »moderne« Theologen unterschiedliche Lesungen verschiedener Manuskripte der Bibel als Verfälschungen hochspielen. Man muß einfach in Betracht ziehen, daß es den Schreibern des Altertums nicht um wörtliche Genauigkeiten ging, sondern um die Botschaft als solche. Sie konnten nicht mit unseren, sehr zeitbedingten, kritischen Methoden wissenschaftlicher Analyse rechnen. Das trifft aber auch auf alle anderen Schriften, inklusive den Koran, zu. Einwände der Kritiker werden noch an anderer Stelle überprüft werden.

Behaupten moslemische Theologen, daß die Bibel verfälscht ist?

Moslemische Theologen haben einfach die Meinungen und Feststellungen liberaler christlicher Kritiker übernommen. Damit weichen sie allerdings von der Lehre des Korans ab, die sie als Offenbarung anerkennen. Sicher können wir diese Theologen verstehen, denn sie haben ein Interesse daran, die Überlegenheit des Korans über die Bibel auch in bezug auf Qualität und Zuverlässigkeit aufzuzeigen. Um fair zu sein, müssen wir jedoch fragen, wo moslemische Textkritiker des Korans anzutreffen sind und was ihre Feststellungen sind. Eine kritische Einschätzung des Korans kam für Moslems noch nie in Frage. Für Moslems kommt der Koran vom Himmel und steht deshalb außerhalb jeglicher menschlicher Kritik. Allerdings sollte man erwarten, daß sie auch hinsichtlich der Beurteilung der Bibel das gleiche Prinzip benützen. Entweder nimmt man alle sakralen Schriften als solche an und unterwirft sie keinerlei Kritik, oder man legt an alle den gleichen Maßstab an, um sie auf ihre Zuverlässigkeit hin zu untersuchen.

Den ernsten Vorwurf einer bewußten Änderung des Textes der Heiligen Schrift, der von vielen Moslems, ohne daß Beweise erbracht werden, erhoben wird, nennt man »tahrif-i-lafzi«. Sicher ist es vielen unbekannt, daß selbst gelehrte moslemische Schriftsteller, die dieses Thema gründlich studiert haben, klar zugeben, daß weder Juden noch Christen dieses Vergehen nachgewiesen werden kann! Sir Sayyid Ahmed Khan, Gründer des Aligarh College, schrieb: »Nach unserer Meinung, als Mohammedaner, ist es nicht erwiesen, daß Textverfälschung (tahrif-i-lafzi) praktiziert wurde.« Sir Sayyid zitiert Imam Bukhari und Fakhruddin Razi in Übereinstimmung mit ihm. Fakhruddin Razi stellt unter Berufung auf Ibn Abbas, einen Neffen Mohammeds, fest, daß

»die Juden und die ersten Christen verdächtigt wurden, den Text der Taurat und das Injil verändert zu haben; aber nach Meinung bedeutender Gelehrter und Theologen wäre es unweise gewesen, einen Text zu verändern, der allgemein bekannt und weit verbreitet war, und von Generation zu Generation weitergereicht worden war.«

Dieses Zeugnis ist richtig, und wir werden im Verlauf dieses Buches alle erforderlichen Fakten dafür überzeugend darlegen. Wir bitten jedoch den Leser, diese Fakten gründlich und gewissenhaft zu erwägen, denn genauso wie eine Henne, die schnell von den Eiern wegrennt, niemals ihre Küken ausbrüten wird, so wird auch ein Verstand, der es ablehnt, die Fakten gründlich abzuwägen, niemals zur Wahrheit durchdringen können.

Wie wichtig ist es für jeden von uns, echtes Verlangen nach der Wahrheit zu haben! Doch genausowenig wie eine Brille einem Blinden zum Sehen verhelfen kann, kann auch eine Feststellung gewisser Fakten einem voreingenommenen Verstand zur Erkenntnis geistlicher Wahrheiten verhelfen.

Deshalb gehören die Liebe zu Gott, die Offenheit für Ihn und all Seine Leitung und Offenbarung, sowie die Bereitschaft, Ihm um jeden Preis gehorchen zu wollen – das ist es doch, was unseren Glauben ausmacht –, zusätzlich zu den Fakten von grundsätzlicher Wichtigkeit.

Was ist eigentlich Offenbarung?

Bevor wir uns unserem nächsten Thema zuwenden, müssen wir zunächst das Wort »Offenbarung« definieren, das bei Christen und Moslems eine unterschiedliche Bedeutung hat.

Der Islam sagt: Das Buch (der Koran) kam von Gott (»nasil« = herabgekommen) = Offenbarung von Gott.

Das Christentum behauptet: Christus kam von Gott =

Offenbarung Gottes. Die entscheidende Frage lautet also:

Ist Christus das Wort (logos) Gottes = Offenbarung? (Sure 3, 46; 4, 172) (Joh 1, 1; 14)
oder:

Ist der Koran das Wort Gottes = Offenbarung? Oder vielleicht beides?

Wir müssen feststellen, daß Gott sich nicht in Worten allein offenbaren kann. Worte geben uns Information über Ihn selbst, Seinen Charakter und Willen. Gottes Selbstoffenbarung ist jedoch ein »erscheinbar werden«, eine »Enthüllung«. Dies geschah, als »ein Leib für ihn bereitet wurde« (Hebr 10, 5). Deshalb konnte Jesus sagen:

> »Wer mich sieht, der sieht den Vater: (Joh 14, 9).

Weiter berichtet der Apostel Johannes:

> »Und das Wort wurde Fleisch und nahm seine Wohnung unter uns, und wir haben seine Herrlichkeit geschaut, eine Herrlichkeit, wie sie dem eingeborenen Sohne vom Vater verliehen wird; eine mit Gnade und Wahrheit erfüllte.« (Joh 1, 14).

Was wir über Jahwe, den Namen, mit dem sich Gott offenbarte, und Christus wissen, finden wir in der Bibel. Dies ist das inspirierte Zeugnis Gottes. Jeder Christ stellt sich unter diese Autorität.

Die ganze Bibel steuert progressiv auf den Höhepunkt der Offenbarung zu, in der Gott sich selbst offenbarte. Diese Offenbarung nimmt nicht für sich in Anspruch, vom Himmel gefallen zu sein. Sie zeigt ganz klar das Gepräge menschlicher Hand (individueller Sprachgebrauch, unterschiedliche Gedankenschärfe, leicht erkennbare zeitgenössische Vorstellungen und wissenschaftliche Erkenntnis, individueller Schreibstil und sogar begriffliche Irrtümer). Bisweilen ist sie ein Bericht historischer Ereignisse, manchmal sogar mit persönlichen Anmerkungen des Schreibers.

Der moslemische Leser wird Schwierigkeiten haben, diese Auffassung von Offenbarung anzunehmen; denn sie unterscheidet sich stark von seiner eigenen. Wir müssen darauf hinweisen, (vgl. das Buch »Christen fragen Moslems«), daß es irreführend ist, wenn Moslems die Bibel an ihrem »Nasil«-Konzept (eine Offenbarung kommt als Buch vom Himmel) messen. Die göttliche Bestätigung, die in der Bibel ganz offensichtlich ist, besteht in erfüllter Prophetie, Augenzeugenberichten und extra-biblischer historischer Dokumentation. Darauf wird später noch eingegangen werden. Diese oder ähnliche göttliche Bestätigung fehlt im Koran völlig. Darüber hinaus finden wir auch im Koran deutliche Spuren von Menschenhand. In der Bibel erkennen wir verschiedene Inspirationsarten:

> »Ich *sah* den Herrn sitzen auf einem hohen und erhabenen Stuhl . . .« (Jes 6, 1);
> »So *spricht* der Herr . . .« (Jer 13, 1);
> »Das Wort des Herrn *geschah* zu mir . . .« (Jer 13, 8 und viele andere Stellen).
> »Dies ist die *Last*, die der Herr redet durch Maleachi wider Israel« (Mal 1, 1);
> »Und ich *sah* wie ein gläsernes Meer mit Feuer gemengt« (Offb 15, 2);
> »Den Verheirateten aber gebiete ich – nein, nicht ich, sondern der Herr –, übrigens spreche ich dies nur als ein Zugeständnis aus, nicht als ein Gebot. . . . diese Vorschrift gebe ich in allen Gemeinden. . . . habe ich kein Gebot des Herrn, spreche aber meine eigene Ansicht aus . . .« (1 Kor 7, 10. 6. 17. 25).

Wir müssen lernen, diese verschiedenen Arten zu unterscheiden. Auch der Moslem muß verstehen lernen, daß wir in der Bibel vereint finden, was er als »Koran« und »Hadith« bezeichnen würde.

Und doch ist die biblische Botschaft trotz der Verschiedenheit der Berichterstattung und ihrer großen zeitlichen Spanne einheitlich. Gott entfaltet in Seinem Wort seine sehnlichst erwünschte Verbindung mit den Menschen, Seine Liebe, Seine Fürsorge, Seinen Plan der Versöhnung. Christus wird schon in den ersten Versen des Alten Testaments sichtbar und bleibt es in der ganzen Offenbarung Gottes. In dem geschriebenen inspirierten Wort finden wir Ihn noch heute. Immer noch können wir die Erfahrung der »Wiedergeburt« machen, wenn wir Ihm den Glauben schenken, der aus dem Hören auf das Wort Gottes kommt. Wir können auch heute noch, wie damals, den Heiligen Geist empfangen, der in uns wohnt und unser Leben umgestaltet. Gingen wir davon aus, die Bibel sei vom Himmel gefallen, so müßten wir ihr menschliches Gepräge zu erklären versuchen. Wir müssen allerdings auch unsere moslemischen Freunde fragen, wie sie das Vorhandensein menschlicher Züge im Koran erklären.

Was die Bibel anbelangt, ist die göttliche Bestätigung der Offenbarung über jeden Zweifel erhaben (siehe Seiten 70, 160, 204/205).

Kopierfehler haben sich eingeschlichen durch unzählige Abschriften der Manuskripte über z. T. Tausende von Jahren hinweg. Primitive Materialien, keine wetterfesten Aufbewahrungsmöglichkeiten, nagende Insekten taten ein übriges. Der Reichtum an Manuskripten erlaubte es den Philologen allerdings, die meisten Fehler zu lokalisieren und zu berichtigen. So können wir die Bibel dennoch als inspiriertes Gotteswort annehmen.

I. Islamische Anschuldigungen und unsere auf Beweismaterial beruhenden Erwiderungen

In vielen, wenn nicht in den meisten islamischen Büchern, die sich mit religiösen Dingen befassen, wird die Bibel als völlig unzuverlässiges Buch dargestellt. Wir wollen nicht die augenfälligen Gründe für diese Art der Betrachtung unter die Lupe nehmen, sondern nur darauf hinweisen, daß bei weitem die Mehrzahl der Behauptungen entweder auf Unwissenheit beruhen oder aber gegen besseres Wissen aufgestellt wurden oder zumindest von Informationen abhängen, die nach vorgefaßten Meinungen ausgesucht wurden. Obgleich wir gern verallgemeinern möchten, müssen wir doch eine Reihe von Autoren zitieren, um das, was wir sagen, auch zu erhärten.

In dem Buch »Das Licht« von al Haj Sultan Hafiz Abdul (überarbeitet von Maulana Syed Zia-ud-Din Ahmed Gilani) wird uns gesagt, daß die Synoptiker (das sind die Berichterstatter der ersten drei Evangelien, die mehr historisch orientiert sind und deshalb auch vieles gemeinsam haben. Im Gegensatz dazu beurteilt Johannes die Ereignisse von höherer Warte aus) Paulus, Lukas, Matthäus und Johannes sind. In Wirklichkeit aber sind es nur drei, und Johannes' Evangelienbericht nimmt die Sonderstellung ein. Paulus schrieb überhaupt keinen Evangelienbericht. Die ersten drei Evangelien wurden, wie jeder Christ weiß, auch wenn er nur über elementare Kenntnisse verfügt, von Matthäus, Markus und Lukas verfaßt.

Christen schauen nicht ohne Argwohn oder Mißtrauen auf solche »gelehrten Leute«; denn sie können meist keine annehmbaren Beiträge liefern. Wir empfinden es jedoch als sehr tragisch, daß Millionen von Moslems ihre einzige Information über die Bibel von uninformierten oder unlauteren Männern erhalten, die ihre Argumente einseitig aufbauen und sie durch ein bestimmtes Sieb schütten oder sogar gegen ihr besseres Wissen handeln.

Wir müssen ergänzen, daß nicht alle Moslems in dieser Weise argumentieren. Wir werden unsere Untersuchung allerdings hauptsächlich auf ein Buch beschränken, das in seiner antichristlichen Haltung typisch, unserer Situation angepaßt und einigermaßen umfassend ist.

Die Argumente, Fragen und Zitate auf den folgenden Seiten sind dem Buch »The Bible – Word of God or Word of Man?« von Scheich A. S. K. Joommal, früher in Pretoria und jetzt in Johannesburg, entnommen. Seine Argumentation steht hier als typisches Beispiel für viele andere Schreiber.

Im Vorwort wird Herr Joommal folgendermaßen vorgestellt:

> »Er ist ein Verteidiger des Islams gegen niederträchtige Verleumdung und ein Repräsentant der islamischen Lehre« und »einer der wenigen originellen schöpferischen Denker Südafrikas«.

»Die niederträchtige Verleumdung des Islams«, damit ist wohl die Bibel gemeint – ein Buch, das schon vor dem Islam bestand. In seiner Kritik folgt Joommal den Linien der sogenannten »modernen Theologie«, die ihn zweifellos mit dem nötigen Material versorgte. Er geht irrtümlicherweise davon aus, daß die Eigenart der Bibel im Kern auf demselben Konzept von Offenbarung (Nasil) beruhe, an das die Moslems glauben. Das wird im folgenden Satz deutlich:

> »Wenn man eine Sammlung jedes einzelnen Wortes, Gebotes, Satzung, Verbotes, Zensur oder einer anderen Lehre des Meisters (Jesus) wortgetreu in ihrer alten Reinheit, der ursprünglichen aramäischen Sprache, wiederherstellte, würde dies zweifellos das wahre Wort Gottes oder die

> Bibel darstellen. Die große Frage ist die: Existiert diese Bibel? Die Antwort lautet: nein, wie jeder gelehrte Forscher der Bibel weiß.«

Dies stimmt nicht ganz mit früheren islamischen Darstellungen überein.

> »Was über Jesus, den Sohn der Maria in dem Evangelium, welches er von Gott empfing, überliefert worden ist, gilt für die Nachfolger des Evangeliums . . . Es stammt aus dem, was der Apostel Johannes für sie festlegte, als er das Evangelium für sie aus dem Testament Jesu niederschrieb« (Siratu'l Rasool, Vers 149).

Wenn wir dieses schwierige Zitat recht verstehen, wurde das Evangelium Jesus gegeben. Ob schriftlich und in welcher Sprache, wird nicht erwähnt. Klar geht aus dem Text hervor, daß der Apostel Johannes das Evangelium aufschrieb. Ein Teil dieses Berichtes wird dann fälschlicherweise dazu herangezogen, um eine Prophezeiung auf Mohammed aus dem Evangelium abzuleiten. Nirgends wird die Echtheit und Reinheit des Berichtes des Johannes von Ibn Ishak (A. H. 85–151) in Frage gestellt. Das einzige wirkliche Problem besteht darin, daß das Zitat nicht aus den Originaldokumenten stammt, sondern von einem unakzeptierbaren, verfälschten Text, dem sogenannten »palästinensisch-syrischen Kollektenbuch« (Lectionary), wie es in der Fußnote des Übersetzers heißt. In dem Zitat des Herrn Joommal liegt die Betonung auf der ursprünglichen Sprache, die im Falle des Islams natürlich Arabisch ist. Für die Moslems ist der Koran tatsächlich eine Sammlung eines jeden Wortes, Gebotes usw., das Allah Mohammed gab. Bei vielen gilt auch der Hadith (= aufgezeichnete Tradition) als in Wort und Taten inspiriertes Buch. Er schenkt Verständnis zur Interpretation des Korans, damit praktizierende Moslems die größtmögliche Information über ihren Propheten, seine Worte und Taten lesen können, um diesen dann zu folgen. Ob nun jedes Wort, das Mohammed gesagt hat, aufgezeichnet wurde, ist eine andere Sache.

Moslems betrachten die Bibel, wie sie den Koran betrachten würden. Das ist irreführend, denn solch eine Annahme läßt keine Schlüsse zu in bezug auf Aussagen wie die Grüße oder die Ratschläge in den biblischen Episteln. Nach Meinung der Moslems gehören solche Feststellungen in den Hadith. Das müssen wir unseren moslemischen Freunden sagen. Alles, was Gott den Menschen in seinem Wort sagen wollte, wurde gesagt. Es ist heute in der Hand eines jeden Christen. Es bleibt kein Platz für Ergänzungen oder Verbesserungen, und wir können selbst im Koran keine Verbesserungen zur Bibel sehen. Man wirft uns vor, daß

> »das, was einmal Wort Gottes war, durch Menschenhand so verfälscht wurde, daß das Wort Gottes kaum vom Menschenwort unterschieden werden kann. In einigen Stellen finden wir noch einen Schimmer der Wahrheit, die Jesus gelehrt hat – die Perlen göttlicher Weisheit, die er zum Heil seines Volkes ausgesprochen hat – aber sie sind sehr rar und versteckt im Gestrüpp von Einschüben und Widersprüchen, mit denen die Bibel gespickt ist . . . Das Christentum, wie wir alle wissen, gründet sich auf blinden Glauben, wo vernünftiges Denken keinen Platz hat . . . Es wird von den meisten Leuten, die der hebräischen Sprache mächtig sind, eingeräumt, daß die gegenwärtige englische Ausgabe des Alten Testamentes mindestens 100 000 Irrtümer enthält. (Dies würde sich auf annähernd drei Fehler in jedem Vers belaufen. Anm. d. Verf.). . . . Man weiß auch nicht genau, wer tatsächlich die Bücher des Alten Testamentes geschrieben hat . . . Die Christen selbst sind sich uneinig, welche Bücher inspiriert wurden.«

Es wird behauptet, daß praktisch alle Übersetzungen

der Bibel sich voneinander unterscheiden und keiner wisse, welche die richtige sei.

Immer wieder wurden Christen gefragt, warum es so viele Übersetzungen gibt. Die Moslems sind überrascht, daß diese einzelnen Übersetzungen nichts anderes sind als Wiedergaben desselben ursprünglichen Dokuments. Die englische »King James«-Übersetzung geht auf das Jahr 1611 n. Chr. zurück.

Mit der Veränderung der lebendigen Sprache wurde auch eine Überarbeitung nötig. Außerdem wurden seit jener Zeit noch mehr Handschriften gefunden. Einige Verse waren in einigen dieser Handschriften enthalten, in anderen aber fehlten sie. Diese Texte erschienen in der »Revised Version« in Kursivschrift. Um die Bedeutung dieser Änderungen im Verhältnis zum Gesamttext zu zeigen, sei folgendes gesagt: Außer zwei Abschnitten von je zwölf Versen und zwei Versen, die ausgelassen werden, weil sie Wiederholungen darstellen (Mk 9, 44 und 46 werden durch Vers 48 wiederholt) sind nur acht Sätze oder Abschnitte davon betroffen, die aber auf die Botschaft des Textes und seine Bedeutung keinen Einfluß haben. Das macht 0,1 % der 7959 Verse des Neuen Testaments aus.

Einige Übersetzungen zeichnen sich durch große Genauigkeit für den Forscher aus. Andere sind mehr in der Umgangssprache geschrieben. Sie vermeiden Worte und Sätze, die in der Umgangssprache nicht so häufig vorkommen. Sie eignen sich mehr für den jüngeren, weniger gebildeten Leser, der sich für biblische Geschichte und ihre Deutung, nicht aber für theologische Begriffe interessiert.

Die Botschaft und der Gehalt aller ist trotz allem identischer als die verschiedenen Übersetzungen des Korans (z. B. Jusuf Ali, Dawood, Marmaduke Pickthall, George Sales, Rodwell, Arberry, u. a.).

»Obgleich die Bibelgesellschaften und andere

> Fanatiker großspurig behaupten, die Bibel sei das meistgelesene Buch der Welt, ist in Wirklichkeit das Gegenteil der Fall.«

Die eingehende Kenntnis, die Moslems angeblich hierüber haben, erstaunt uns. Wir stellen jedoch fest, daß sie wenig oder gar keine Belege für diese Argumente haben.

Die Tatsache, daß der Islam nie Textkritik am Koran zugelassen hat, macht es dem Moslem leicht, anzunehmen, daß alle Theologen, die die höhere oder Formkritik anwenden (nicht mit Textkritik zu verwechseln), das wiedergeben, was die Bibel eigentlich sagen will. Daß dies nicht so ist, ist allgemein bekannt; denn die Formkritik beruht auf philosophischen Voraussetzungen und willkürlichen Behauptungen, die sehr oft der biblischen Grundlage entbehren.

Die spekulative Theologie des 19. und 20. Jahrhunderts hat eine Vielzahl von Behauptungen und philosophischen Aussagen mit sich gebracht, die weder biblisch waren noch sich als echt erwiesen haben und von den Christen nie ernst genommen wurden. Aus solcher Theologie Material zu suchen, würde bedeuten, die Bibel in ein völlig falsches Licht zu rücken.

Die Moslems jedoch haben gefolgert, daß

> »die Bibel einmal das Wort Gottes war«,

und daß

> »die gegenwärtige Bibel bei noch so starker Vorstellungskraft nie das inspirierte Wort Gottes sein kann«,

und daß

> »der Glaube völlige Hingabe an die Bibel mit ihren Fehlern, mit ihrer Absurdität, ja mit allem fordert. Auf der anderen Seite ist der Verstand abgeneigt, Dinge zu akzeptieren, die für die menschliche Vernunft eine Zumutung sind.«

Moslems fragen also mit Bezug auf die verschiedenen Übersetzungen:

»Warum muß das Wort Gottes in so vielen Übersetzungen wiedergegeben werden? Unser Verstand sagt, daß das wahre Wort Gottes unverändert, unverfälscht und nicht revidiert erhalten bleiben sollte; genauso, wie es Christus offenbart wurde.«

Wir müssen hier einen Augenblick innehalten und die Behauptungen näher betrachten.

Zunächst einmal wurde das Wort Gottes nicht Jesus offenbart. *Er ist* die Offenbarung Gottes und *er ist* das Wort Gottes. Diese Sicht wird auch vom Koran gestützt (Sure 4, 172 und 3, 46. 48).

Dann müßten wir die kategorische Frage stellen: *Wann*, *wo* und *durch wen* wurde die Bibel verändert? Sogar der Koran ist Zeuge, daß die Thora und das Evangelium zur Zeit Mohammeds existierten (S. 5 u. 6). Es ist völlig ausgeschlossen, daß die Bibel danach geändert worden ist.

Der Koran nimmt für sich in Anspruch, zum Hüter für die weiteren Offenbarungen gesetzt zu sein (Sure 5, 47–51) und stellt ausdrücklich fest, daß die Thora und das Evangelium Offenbarung sind. Das bedeutet, sie kamen von Gott und sind folglich auch Sein Wort. Der Koran behauptet auch fest, daß niemand das Wort Gottes verändern kann (Sure 6, 34; 10, 64).

Die Bücher des Neuen Testaments wurden in einem bestimmten Zusammenhang von Zeit und Geschichte verfaßt, aber 500 Jahre früher als die Schriften des Korans und bis zu 1500 Jahre nach den ersten Büchern des Alten Testaments. Im Gegensatz zum Hebräischen, Aramäischen und Griechischen blieb das Arabische eine gesprochene Sprache, die durch den Koran bis in unsere Gegenwart hinein stark beeinflußt wurde. Das Hebräische erfuhr ungefähr 1500 Jahre lang, während der Zeit der Diaspora, eine Unterbrechung als lebendige Sprache, und das Aramäische wird heute überhaupt nicht mehr gesprochen. Die Forschungen, besonders in diesem Jahrhundert, haben unsere Kenntnisse über das Hebräische stark erweitert und haben dazu beigetragen, die sprachlichen Schwierigkeiten zu lösen. Dies, wie das unvermeidbare Altern einer jeden Sprache (vielleicht sollten wir einmal versuchen, ein Buch zu lesen, das vor 200 Jahren geschrieben wurde), haben es nötig gemacht, bestehende Übersetzungen der Bibel in gewissen Abständen zu überarbeiten, damit der Text wieder der gesprochenen Sprache angepaßt wird. Für einen Christen ist es nicht sinnvoll, einen Schriftabschnitt oder ein Gebet in der Originalsprache zu lesen oder herzusagen. Wir sind grundsätzlich am Inhalt der Botschaft interessiert und nicht am mechanischen Herunterleiern des Originaltextes. Wir halten es für ziemlich unwahrscheinlich, daß der Durchschnittschrist sich die Kenntnisse der biblischen Ursprachen so aneignen kann, wie es ein hochqualifiziertes Team von Sprachwissenschaftlern vermag, die unsere Übersetzungen anfertigen. Außerdem glauben wir fest daran, daß Gott uns in unserer Sprache versteht, wenn wir ihm dienen, ihn preisen oder zu ihm im Gebet sprechen.

Wir können auch nicht der moslemischen Ansicht zustimmen, daß die Inspiration eines prophetischen Ausspruches fraglich ist, wenn man den Autor nicht genau bestimmen kann. Letzten Endes ist der Prophet oder Schreiber einer inspirierten Botschaft nur ein Werkzeug in Gottes Hand. Wenn wir die Echtheit eines Briefes feststellen wollen, machen wir das nicht vom Wissen über die Herstellungsart und Herkunft der Feder abhängig, solange wir sicher sind, daß die Botschaft wahr und unverfälscht ist.

Der Vorwurf, daß es im Alten Testament 100 000 Irrtümer gebe, ist zu absurd, als daß man darauf eingehen sollte, und die Behauptung, daß der christliche Glaube blinder Glaube ist, wirft ein trauriges Licht auf die Information, die dem Schreiber zur Verfügung stand.

II. Angebliche Fälschungen, Mängel, Einschiebungen und Widersprüche in der Bibel

Ich zitiere wieder einige Abschnitte aus »The Light« von al-Haj Sultan Hafiz Abdul. Wir lesen im Vorwort (Seite XI):

> »Ich hoffe, noch entsprechendes nicht-moslemisches Material heranziehen zu können, in dem das Für und Wider der christlichen Vorstellung über den Ursprung der Sünde, über die angebliche Gottessohnschaft Jesu Christi, über die These von der Kreuzigung des Messias, über die Lehre von der Erlösung des Menschen durch Jesus Christus und über viele andere bedrängende und fragwürdige Streitpunkte zum Ausdruck kommt. So ist es in aller Demut und Bescheidenheit mein aufrichtiges Anliegen, daß dieses Buch ein Gesandter des guten Willens und Verstehens zwischen Ost und West, den Mächten von Gut und Böse werden darf. Darüber hinaus bin ich sehr zuversichtlich, daß eine gründliche religiöse Erkenntnis in der Weltliteratur und ihren verschiedenen Philosophien den wahrsten Geist der Güte in jeder Nation, jedem Volk und jedem Glaubensbekenntnis fördert.«

Wir stimmen dem letzten Satz dieses Abschnittes voll zu, der jedoch im völligen Widerspruch zum ersten Teil steht. Dort versucht er, die Grundlage der Bibel zu untergraben, indem er die vier grundlegenden biblischen Lehren verunglimpft, nämlich:

1. die Versöhnung oder Errettung durch Gnade,
2. die Kreuzigung,
3. die Sohnschaft und Gottheit Jesu,
4. die Dreieinigkeit.

Alle anderen Herausforderungen, die sich gegen die Bibel richten, sind dagegen von untergeordneter Bedeutung. Sie bedürfen aber dennoch einer Klarstellung. Um der Einheitlichkeit halber sind all die Angriffe aus dem vorher schon erwähnten Buch von A. S. K. Joommal entnommen. Wir müssen uns jedoch in unserer Behandlung knapp fassen.

A) Veränderungen und Einfügungen

> 1. »Aber diese Art fährt nicht aus denn durch Beten und Fasten« (Mt 17, 21), steht in der englischen »Authorised Version«, fehlt aber in der »Revised Version«.

Wie schon früher erwähnt, ist die »Authorised Version«, auch »King James Version« genannt, eine Übersetzung aus dem Jahre 1611. In der Zwischenzeit, besonders in diesem und im 19. Jahrhundert, wurde eine große Anzahl anderer Handschriften gefunden, die umfassender und älter waren als die, die den Übersetzern der »Authorised Version« zur Verfügung gestanden haben und uns in eine weit bessere Lage versetzt haben, Abschreibfehler und Einschiebungen festzustellen. Einfügungen sind Zusätze im Text. Vielleicht hat ein Gelehrter Randbemerkungen, einen Zusatz oder einen parallelen Abschnitt am Rande des Textes vermerkt. Der nächste Schreiber übertrug diese Glosse, und sie erschien dann in der neuen Handschrift als zum Text gehörig und wurde so immer wieder abgeschrieben.

Da uns heute viele alte Handschriften zur Verfügung stehen, von denen einige die Randglossen enthalten, andere aber nicht, haben die Gelehrten die notwendigen Hinweise, um herauszufinden, ob ein Text eine Einfügung ist oder ob er durch ein Versehen ausgelassen wurde. Daher stammen auch die Korrekturen in den neueren Übersetzungen. Wir müssen berücksichtigen, daß das Alte Testament über 3000 Jahre lang mit der Hand geschrieben wurde und das Neue Testament über einen Zeitraum von 1400 Jahren. Das geschah in völlig abgeschiedenen Gemeinschaften, in verschiedenen Ländern, ja sogar Kontinenten, so daß auch hier Vergleiche möglich sind.

Die Revision des Korans war schon kurz nach dem Tode Mohammeds vollständig vom Kalifen Uthman abgeschlossen worden, da ihm bekannt war, welche Probleme Christen und Juden mit ihren Schriften zu überwinden hatten. Danach wurden die verschiedenen Lesearten vernichtet, und nur ein Original blieb übrig, das sofort wieder abgeschrieben und vervielfältigt wurde, damit das Risiko vermieden würde, daß sich Abweichungen einschleichen könnten (siehe: »Christen fragen Moslems«). Zudem ist das Risiko, daß sich Fehler ergeben, um so größer, je weiter man in die Geschichte zurückgeht.

Der Vers, um den es hier geht, findet sich in den Handschriften »C« und »D« der Koine, aber nicht in anderen. Eine Einfügung ist nicht auszuschließen, deshalb erscheint dieser Vers nur als Fußnote in der »Revised Standard Version«.

Wir wollen noch ein persönliches Wort hierzu sagen. Der Text befaßt sich mit der Austreibung von Dämonen. Die göttliche Autorität dieses Textes kann erfahren werden und hat sich bei mir und vielen anderen Christen als vollmächtig erwiesen.

Wir beziehen uns auf Johannes 7, 17:

> »Wenn jemand dessen Willen tun will, wird er innewerden, ob diese Lehre von Gott stammt oder ob ich von mir selbst aus rede.«

2. In Jesaja 7, 14 heißt es in der »Authorised Version«:

> »Siehe, eine Jungfrau wird schwanger werden . . .«

In der »Revised Version« heißt es:

»Siehe, eine junge Frau wird schwanger werden . . .«

Hier handelt es sich nicht um eine Einfügung. Es ist auch keine Überarbeitung des Originals. Das Wort, das im Hebräischen steht, heißt »alma« und bedeutet eine »unverheiratete junge Frau«. Wir können durchaus davon ausgehen, daß eine ledige Frau im Lichte von 5 Mose 22, 28 »Jungfrau« genannt werden kann.

3. Sehr oft werden die Auslegungen »des großen Kommentators der Bibel, Reverend Dummelow«, zitiert. Seiner Meinung nach können die Verse Johannes 21, 24–25 durch die Ältesten in Ephesus hinzugefügt worden sein, die zuerst das Evangelium nach dem Tode des Apostels in Umlauf brachten und die die Echtheit und Glaubwürdigkeit bezeugen wollten.

Dummelow ist ein liberaler Ausleger, der wohl nur bei den moslemischen Kritikern bekannt ist. Christen sind nicht an der Meinung eines Mannes interessiert, der über nicht belegte Vermutungen spekuliert.

4. Einzelne der von Herrn Joommal angeführten Punkte ziehen ernsthafte Schlußfolgerungen nach sich. Der Satz »Und fuhr auf gen Himmel« aus Lukas 24, 51 erscheint nicht mehr in den modernen Ausgaben der Bibel. Der Grund liegt darin, daß in einigen heute zugänglichen Handschriften (Codex Sinaiticus und Codex Cambridge) dieser Teilsatz nicht erwähnt ist. Aber man findet ihn im Codex Vaticanus und im Codex Alexandrinus.

Der Einwand bezieht sich ebenfalls auf eine These von Rev. Dummelow, der es für möglich hält, daß Christus nicht gen Himmel auffuhr, sondern auf übernatürliche Weise am Ende des »Interviews« mit seinen Jüngern verschwand. Es bleibt die Tatsache, daß derselbe Schreiber in Apostelgeschichte 1, 9 die fast gleiche Feststellung trifft. Wir schließen daraus, daß es keine Veränderungen in geschichtlichen Details oder in der Lehre durch die Auslassung des Satzes gegeben hat. Zudem bestätigt der Koran dieses Ereignis (Sure 4, 158).

5. Der Abschnitt von Johannes 7, 53–8,11 (die Geschichte der Frau, die beim Ehebruch ertappt wird) erscheint in zeitgenössischen Übersetzungen nur in Kursivschrift.

Inhaltliche und stilistische Merkmale deuten darauf hin, daß dieser Abschnitt nicht aus der Feder des Johannes stammen könnte. Die Verse könnten eine Einschiebung sein, vielleicht von Papias, dem Ältesten der Kirche von Hierapolis und Zeitgenossen des Polykarp von Smyrna (geb. 69 n. Chr.), der wiederum ein Schüler des Evangelisten Johannes war. Obgleich keine seiner Schriften erhalten sind, erscheinen seine Anmerkungen in den Werken des Eusebius. So können wir mit Recht annehmen, daß dieser Abschnitt – trotz der Möglichkeit, daß er eine Einschiebung ist – dennoch echte apostolische Überlieferung darstellt und aus diesem Grunde auch in den Kanon aufgenommen wurde. Wir meinen, daß die Tatsache, daß Christen versuchen, unbedingt ehrlich und wahr in der Präsentation der Originalmanuskripte zu sein, nicht als Argument benutzt werden sollte, die Echtheit der Heiligen Schrift zu untergraben. Man kann nur wünschen, daß moslemische Gelehrte ihre eigenen Schriften derselben Prüfung unterziehen würden.

6. Die letzten Worte des Evangeliums nach Markus in Kap. 16, 9–20, einschließlich des Missionsbefehls, sind in der »Revised Standard Version« in Kursivschrift gedruckt.

> »Gehet hin in alle Welt und verkündigt die Heilsbotschaft der ganzen Schöpfung! Wer da gläubig geworden ist und sich hat taufen lassen, wird gerettet werden; wer aber ungläubig geblieben ist, wird verurteilt werden. Denen aber, die zum

Glauben gekommen sind, werden diese Wunderzeichen folgen: In meinem Namen werden sie böse Geister austreiben, in neuen Zungen reden, werden Schlangen aufheben, und wenn sie etwas Todbringendes trinken, wird es ihnen nicht schaden; Kranken werden sie die Hände auflegen, und sie werden gesund werden. Nachdem nun der Herr Jesus zu ihnen geredet hatte, wurde er in den Himmel emporgehoben und setzte sich zur Rechten Gottes. Sie aber zogen aus und predigten überall, wobei der Herr mitwirkte und das Wort durch die Zeichen bestätigte, die dabei geschahen.«

Wieder liegt der Fall so, daß einige Handschriften diesen Abschnitt aufweisen und andere nicht. Die Codices Ephraemi Rescriptus und Bezae Cantabrigiensis, die im allgemeinen als Abschriften der Originale gelten, enthalten beide den Endabschnitt des Evangeliums nach Markus. Bemerkenswert ist die klare Aussage der meisten alten Fragmente. In der Curetonischen Handschrift fehlen alle Verse des Markusevangeliums außer den letzten vier Versen – gerade jenen umstrittenen Versen. Die behandelte Schriftstelle findet sich auch in der syrischen Übersetzung und in der Peschitta im 2. Jahrhundert, ebenso in der memphischen, der sahidischen und der thebaischen Übersetzung aus Unter- und Oberägypten. Unglücklicherweise schrieb man während der frühen Zeit des Christentums, in der die ersten Handschriften entstanden, auf Papyrus. Durch Feuchtigkeitseinwirkung und Insekten konnten sie sehr leicht zerstört werden. Daher haben wir nur noch Fragmente. Aber sie geben Zeugnis von der Zuverlässigkeit und Genauigkeit der späteren Handschriften; denn wenn diese Resthandschriften völlig mit denen übereinstimmen, die hundert Jahre später abgefaßt wurden, kann man zu Recht annehmen, daß der ganze Text echt ist. – Auch Hieronymus schrieb das Ende dieser Evangeliengeschichte in seiner Vulgata-Ausgabe. Sie wurde zwischen 382 und 390 n. Chr. übersetzt. »Hieronymus hätte gewiß diesem Abschnitt nicht zugestimmt . . . wenn er ihn nicht unverfälscht vorgefunden hätte« (Kommentar von F. C. Cook, Bd. I des Neuen Testaments, S. 302–303).

Die Handschriften, die diese behandelten Verse auslassen, gehören einer besonderen Zeit an und wurden wahrscheinlich von einigen Kritikern herausgegeben.

Justin der Märtyrer erwähnte wiederholt den besagten Abschnitt im Jahre 150 n. Chr. Und dies geschah auch durch seinen jüngeren Zeitgenossen Irenäus. Irenäus war ein Schüler Polykarps und war sozusagen ein geistlicher Enkel des Evangelisten Johannes. Um die Echtheit dieses Abschnittes zu bestätigen, sollte man sich vielleicht nicht allein auf die alten Handschriften und das Zeugnis der frühen Kirchenväter verlassen. Es gibt noch andere Beweise und parallele Abschnitte in anderen Evangelienberichten. Das Herzstück dieser Botschaft finden wir im Bericht von Matthäus 28, 19–20, das in allen Manuskripten auftaucht. Und so können wir seine Echtheit nicht in Zweifel ziehen. Aber was ist mit den erwähnten Zeichen, die den Gläubigen folgen sollen? Sind diese Zeichen sichtbar, erkennbar und offenbar, oder nicht? Wir können nur sagen: Ja, in der Tat.

1. Dämonen wurden durch christliche Jünger in allen Jahrhunderten ausgetrieben. Das geschieht heute noch.

2. »Sie werden in neuen Zungen reden.« Dies ereignete sich an Pfingsten, und wir haben hinreichend gut dokumentierte Berichte von ähnlichen Geschehnissen an anderen Orten und zu anderen Zeiten.

3. Uns sind Berichte bekannt, obgleich nur vereinzelt, wo man versuchte, christliche Missionare mit Gift umzubringen, dieses aber ohne Wirkung blieb. Wir lesen tatsächlich in Apostelgeschichte 28, 3–6, daß der Apostel Paulus nach seinem Schiffbruch von einer giftigen

Schlange gebissen wurde, deren Gift ihm aber nicht schaden konnte. Der Schreiber dieses Buches ist selbst einmal in einem christlichen Jugendlager von einer Giftschlange gebissen worden, ohne daß das Gift ihm Wirkung zeigte. Auf einem anderen Lager entdeckte er beim Ankleiden im T-Shirt einen großen schwarzen Skorpion, der auf seiner Schulter vom Hemd gefangengehalten wurde. Doch das Tier stach nicht. Bloßer Zufall? Vielleicht. Aber sicher hatte auch Gott seine Hand dabei im Spiel.

4. Es ist allgemein bekannt, daß Christen hier und da mit der Gabe der Krankenheilung betraut sind. Auch heute noch wird dies mit erstaunlichen Ergebnissen praktiziert. Alle diese Zeugnisse erhärten die Tatsache, daß diese Schriftstelle authentisch ist und folglich gelebt und geglaubt werden kann. Die oft wiederholte Behauptung, daß

> »unabhängig davon, wie rein ein Text ursprünglich gewesen sein mag, er kein Recht auf Echtheit hat, wenn sich äußere Zusätze eingeschlichen haben«,

ist nicht annehmbar. Keine alte Sprache hatte z. B. Interpunktion, Kapitel-, Vers- oder Satzeinteilung oder Abtrennung der Wörter voneinander. Der Übersetzer, der bestimmt, wo ein Punkt, ein Komma, ein Anführungszeichen oder ein Fragezeichen stehen soll, ist schon gezwungen, die Schrift zu interpretieren. Ohne diese Interpretation können alte Handschriften nur von den Menschen verstanden werden, die sich auf die Erforschung alter Sprachen spezialisiert haben. Es kann keine alte Schrift – auch nicht das Arabisch des Korans – geben, von der gesagt werden kann, daß sich keine äußeren Dinge eingeschlichen hätten. Wir müssen nur die diakritischen Zeichen und die Vokalisation in der arabischen Sprache betrachten, die nach der Sammlung des Korans eingeführt wurden.

Jeder gläubige Christ kann die verändernde Macht Gottes im eigenen Leben bezeugen, wenn er im Glauben die Botschaft der Bibel in Anspruch nimmt. Und doch besteht dieses Buch nach Meinung der Moslems nur aus einigen Spuren göttlicher Botschaft, die von einer Menge menschlicher Gedanken überdeckt werden.

Moslemische Kritiker des Christentums betonen, daß

> »der Unterschied zwischen Mensch und Tier darin bestehe, daß der Mensch Verstand und Denkvermögen besitze. Ein Tier kann nicht denken. Es verhält sich seinem Instinkt gemäß. Das Denken unterscheidet den Menschen vom Tier.«

Hier geht man stillschweigend davon aus, daß Christen einfach nicht denken oder überlegen.

Der Leser wird ermutigt, einen gut allgemeinverständlichen Kommentar über die Bibel mit einem Kommentar über den Koran zu vergleichen, bevor er sich seine eigene Meinung bildet.

B) Widersprüche

Viele Herausforderungen der Moslems beziehen sich auf die unterschiedlichen Zahlen oder Namen, die sich auf die gleichen Ereignisse beziehen. Es handelt sich dabei ausnahmslos um Abschreibfehler, die für den Textinhalt ohne Bedeutung sind. In 2 Chron 36, 9 war Jojachin acht Jahre alt (s. Jubiläumsbibel), als er zu regieren begann, und in 2 Kön 24, 8 war er 18 Jahre alt.

In 2 Chron 22, 2 war Ahasja 42 Jahre alt (s. Urtext), als er die Regierung übernahm, und in 2 Kön 8, 26 war er 22 Jahre alt.

Ähnliche Fälle können wir finden, wenn wir folgende Stellen vergleichen:

2 Chron 4, 5 mit 1 Kön 7, 26;

2 Chron 14, 1; 17, 6 mit 1 Kön 15, 14; 22, 43;
2 Chron 9, 25 mit 1 Kön 4, 26;
1 Tim 6, 16 mit 1 Kön 8, 12 und Ps 18, 11;
Joh 1, 18 mit 2 Mose 33, 11;
2 Sam 24, 24 mit 1 Chron 21, 25;
2 Sam 8, 4 mit 1 Chron 18, 4;
2 Sam 10, 18 mit 1 Chron 19, 18;
2 Sam 24, 1.9.13.24 mit 1 Chron 21, 1.5.11.12.22.10;
1 Mose 38, 7 mit Mt 1, 3.

Kein anerkannter Geschichtsforscher würde daraus schließen, daß Handschriften nur wegen solcher Abweichungen unzuverlässig oder sogar verfälscht wären. Außerdem hat keiner dieser Fehler wesentliche Auswirkungen auf die Botschaft des Textes oder beeinträchtigt grundlegende Tatsachen.

Weitere detaillierte Behauptungen über angebliche Widersprüche:

1. Die Berichte von der Schöpfung und der Sintflut basieren für »moderne Theologen« auf zwei Berichten, »deren Unterschiede in bezug auf die Sachdarstellung und auf den Stil zwei Autoren verraten«, die ein Herausgeber zusammengestellt hat, der sie nun »leicht aufeinander abgestimmt hat«. Uns wird in 1 Mose 6, 19 gesagt, daß Gott Noah befahl:

> »Und von allen lebenden Wesen, von allen Tieren, sollst du je ein Paar in die Arche mit hineinnehmen, um sie mit dir am Leben zu erhalten: je ein männliches und ein weibliches sollen es sein.«

Der Kritiker sagt nun, daß der zweite Autor uns erzählt, daß Noah befohlen wurde:

> »Aus allerlei reinem Vieh nimm zu dir je sieben und sieben, Männlein und Weiblein, von dem unreinen Vieh aber je ein Paar, Männlein und Weiblein.«

Moslems, die hier einen Widerspruch suchen, haben

die Tatsache übersehen, daß in Kap. 8, 20 diese zusätzlichen Tiere für einen bestimmten Zweck gebraucht wurden:

> »Noah baute dann dem Herrn einen Altar, nahm von allen reinen Tieren und von allen reinen Vögeln und brachte Brandopfer auf dem Altar dar.«

Diese Feststellung sollte den »schwerwiegenden Widerspruch« erklärt haben.

2. In einem anderen sogenannten Widerspruch können wir eine grobe Vernachlässigung des Textzusammenhangs feststellen:

> »Denn wer da bittet, der empfängt, und wer da sucht, der findet . . .« (Mt 7, 8).

Der anscheinende Widerspruch findet sich in Sprüche 1, 18:

> »Dann werden sie nach mir rufen, aber ich werde nicht antworten; sie werden mich suchen und nicht finden.«

Der Grund dafür (vorteilshalber von den Kritikern ausgelassen) ist:

> »Darum, daß sie haßten die Lehre und wollten des Herrn Furcht nicht haben, wollten meinen Rat nicht und lästerten alle meine Strafe.«

In Jesaja 1, 15 heißt es:

> »Und wenn ihr eure Hände ausbreitet, verhülle ich meine Augen vor euch; auch wenn ihr noch so viel betet, höre ich doch nicht darauf.«

Die weggelassene Begründung dafür ist:

> »Eure Hände sind ja voll Blutschuld.«

Ebenso in Psalm 18, 42:

> »Sie schrien um Hilfe – doch da war kein Helfer – zum Herrn – doch er hörte sie nicht.«

Die ebenso weggelassene Begründung für diesen Widerspruch folgt:

> »Du hast mich aus den Kämpfen für mein Volk errettet« (Vers 44).

Hier geht es um die Feinde Davids, die ihm übel mitspielten, indem sie ihn aus bloßer Eifersucht heraus töten wollten. Sie wurden von Gott nicht erhört. Aber der gerechte David wurde erhört. Der Leser wird sehr schnell entdecken, daß die, die Gott nicht finden, stets Menschen sind, die Gottes Wege und seine Gebote mit Füßen treten.

Das helfende Heilmittel gibt uns Jesaja 1, 16–20:

> »Wascht euch, reinigt euch, schafft eure bösen Taten mir aus den Augen! Hört auf, Böses zu tun, lernt Gutes tun, kümmert euch um die Rechtspflege, tretet den Gewalttätern entgegen, schafft den Waisen Recht und führet die Sache der Witwen! . . . So kommt denn her, wir wollen miteinander rechten, spricht der Herr. Wenn eure Sünden auch rot wie Scharlach sind, sollen sie doch weiß werden wie Schnee; und sind sie auch rot wie Purpur, sollen sie doch weiß wie Wolle werden. Wenn ihr willig und gehorsam seid, sollt ihr die köstlichen Gaben des Landes genießen; doch wenn ihr euch weigert und widerspenstig seid, sollt ihr vom Schwert gefressen werden; denn der Mund des Herrn hat gesprochen!«

3. Der gleiche Grundsatz trifft auch auf die Besetzung Kanaans zu. Unser Kritiker nennt Gott »grausam, gnadenlos, zerstörend und sich wild gebärdend«.

Wir sind versucht, das Sprichwort über das Glashaus zu zitieren, aber wir wollen lieber bei der Sache bleiben. Die oben erwähnten Adjektive stammen aus Jer 13, 14; 5 Mose 7, 16; 1 Sam 15, 3 usw. Diese Abschnitte haben alle eines gemeinsam: Die Vernichtung der Kanaaniter. Ein Grund für diesen Auftrag Gottes lag in Seinem Bemühen, Sein Volk zu bewahren. Die Feinde des Volkes Gottes waren darauf aus, Israel auszurotten. Letzten Endes ging es ihnen darum, die Ausbreitung des Wortes

Gottes und das Kommen des Messias zu verhindern, der ja aus Israel kommen sollte. In 5 Mose 20, 10–18 lesen wir:

> ». . . Dagegen von den Städten der hiesigen Völker, die der Herr, dein Gott, dir zu eigen gibt, darfst du nichts, was Odem hat, am Leben lassen, sondern mußt den Bann unerbittlich an ihnen vollstrecken, nämlich an den Hethitern und Amoritern, den Kanaanäern und Perisitern, den Hewitern und Jebusitern, wie der Herr, dein Gott, dir geboten hat, damit sie euch nicht zur Nachahmung all ihrer Greuel verleiten, die sie im Dienst ihrer Götter verübt haben, und ihr euch nicht gegen den Herrn, euren Gott, versündigt.«

Ich glaube, es ist nötig, an das Vorherwissen Gottes erinnert zu werden, welches Teil Seiner Allwissenheit ist. Es ist ein ziemlich anmaßendes Unterfangen, Gott vorzuschreiben, was er tun oder anordnen soll oder was nicht. Darauf sollten wir alle aufmerksam machen, die unwissend oder böswillig diese Argumente heranziehen. Gott braucht keine Ratgeber. Unsere Aufgabe ist es nicht, Gott zu kritisieren, sondern die Zuverlässigkeit Seines Wortes zu bezeugen, danach zu leben und das durchzusetzen, was wir aus Seinen Ermahnungen lernen können.

4. Manchmal wird uns erklärt, daß in einigen Schriften Gott Freude am Brandopfer und anderen Opfern hat! Wir müssen hinzufügen, daß Gott sie sogar fordert.

> »Denn das Leben des Leibes liegt im Blut, und ich habe es euch für den Altar bestimmt, damit ihr euch dadurch Sühne für eure Sünden erwirkt: denn das Blut ist es, das Sühne durch das in ihm enthaltene Leben bewirkt« (3 Mose 17, 11).

Der Kritiker wird jedoch feststellen, daß in anderen Abschnitten Gott kein Gefallen am Brandopfer hat und daß sich diese beiden Aussagen widersprechen. Wieder ist es der Textzusammenhang, der uns die Wahrheit enthüllt. Ein Opfer, das von einem unbußfertigen und ungehorsamen Volk gebracht wird, ist Gott ein Greuel.

> »Bringt mir keine heuchlerischen Speisopfer mehr dar: greuelhafter Opferrauch sind sie mir! Neumonde und Sabbate, die Berufung von Festversammlungen – ich kann Gottlosigkeit im Verein mit Festgepränge nicht ertragen! Eure Neumonde und Festzeiten sind meinem Herzen verhaßt, sie sind mir zur Last geworden, und bin's müde, sie zu ertragen!« (Jes 1, 13–14)
>
> »Wenn ihr ein *blindes Tier als Opfer* darbringt; ist das etwa nichts Schlimmes? Und wenn ihr ein lahmes oder krankes opfert: ist das etwa auch nichts Schlimmes? Bringe es doch einmal deinem Statthalter hin: wird er wohl Freude daran haben oder dir seine Gunst zuwenden? – so spricht der Herr der Heerscharen. Und nun, flehet doch Gott um Gnade an! – derartiges ist doch eurerseits geschehen – wird er da noch einem von euch seine Gunst zuwenden? – so spricht der Herr der Heerscharen . . . Ich habe kein Wohlgefallen an euch, so spricht der Herr der Heerscharen – und Opfergaben mag ich von eurer Hand nicht annehmen . . . Wenn ihr ferner sagt: Ach, wie mühselig ist der Dienst! und ihr ihn mit Geringschätzung behandelt – so spricht der Herr der Heerscharen – und Geraubtes oder lahme und kranke Tiere als Opfergabe darbringt: Soll ich das mit Wohlgefallen aus eurer Hand annehmen? – so spricht der Herr. Nein, verflucht ist der Betrüger, der in seiner Herde männliche Tiere hat und, wenn er ein Gelübde getan hat, dem Herrn doch ein geringwertiges Tier opfert! Denn ich bin ein großer König – so spricht der Herr der Heerscha-

ren – und mein Name ist gefürchtet unter den Völkern« (Mal 1, 8–10; 13–14; ebenso 1 Sam 15, 22–23).

5. Einige Einwände beziehen sich auf Gott und sein Handeln mit dem Menschen. Da heißt es:

»Der Herr aber redete mit Mose von Angesicht zu Angesicht, wie ein Mann mit seinem Freunde redet« (2 Mose 33, 11).

»Aber Gott, der Herr, rief nach dem Mann mit den Worten: Wo bist du? Da antwortete er: Als ich deine Stimme im Garten hörte, fürchtete ich mich, weil ich nackt bin; darum habe ich mich versteckt.« (1 Mose 3, 9–10).

»Jakob nannte dann jenen Ort ›Pniel‹; denn, sagte er, ich habe Gott von Angesicht zu Angesicht gesehen und bin doch am Leben geblieben« (1 Mose 32, 30).

». . . sah ich den Allherrn auf einem hohen und ragenden Throne sitzen, während seine Säume das Heiligtum füllten« (Jes 6, 1).

Und doch lesen wir:

»Niemand hat Gott je gesehen« (Joh 1, 18).

»Ihr habet weder seine Stimme jemals gehört, noch seine Gestalt gesehen« (Joh 5, 37).

»Mein Angesicht kannst du nicht schauen; denn kein Mensch, der mich schaut, bleibt am Leben« (2 Mose 33, 20).

Wir vermuten, daß die Feststellungen über Mose, Adam, Jesaja mehr im übertragenen Sinne gemeint waren. Gott ist Geist, und von daher kann man ihn nicht körperlich sehen, es sei denn, er offenbare sich selbst (wie in 1 Mose 18, 1–2; 32, 24–28; 14, 18–20). In einem solchen Falle sieht der Mensch nicht Gott als solchen, sondern nimmt ihn in einer für uns erfaßbaren Erscheinungsform wahr. Z. B. haben wir schon Leute sagen hören: »Wir sahen darin Gottes Hand!« Oder: »Wir erkannten, daß Gott da am Wirken war.« Eine ähnliche Feststellung finden wir auch im Koran:

> »Er offenbarte dir die Schrift, in der viele Verse maßgebend und grundlegend sind; sie sind die Mutter (Grundsäulen) der Schrift; andere, dunkle (vieldeutige) sind bildlich zu nehmen. Die nun im Herzen zweifeln, diese wollen aus Begierde Spaltungen veranlassen und aus Freude am Deuten jene Gleichnisse erklären; aber nur Allah kennt ihre wahre Bedeutung. Die aber, welche fest in der Erkenntnis sind, sprechen: Wir glauben daran, das Ganze ist von unserem Herrn« (Sure 3, 8).

Die oben angeführten Texte wörtlich zu verstehen, würde bedeuten, daß der Schreiber des 1. und 2. Mosebuches dumm genug war, solche offensichtlichen Widersprüche sogar in das einfließen zu lassen, was er innerhalb eines Kapitels schrieb (2 Mose 33). Dieser Mann war Mose. Abgesehen davon, widerspricht die Bibel in ihrem Gesamtzusammenhang dem Gedanken, daß Gott tatsächlich gesehen werden kann.

6. Der Kritiker verhöhnt den Text, in dem vom allmächtigen Gott gesagt wurde, er sei ohnmächtig.

> ». . . dagegen die Bewohner der Niederung vermochte er nicht zu vertreiben, weil diese eiserne Streitwagen hatten« (Ri 1, 19).

Er hat jedoch übersehen, daß es zu Anfang des Verses heißt:

> »Doch war der Herr mit Juda, so daß es das Bergland in Besitz nahm.«

Juda konnte die Einwohner nicht austreiben, weil sie eiserne Wagen hatten. Die Tatsache, daß Gott mit einem Menschen ist, bedeutet noch lange nicht, daß alles im Leben glatt ablaufen muß. (Joseph wurde z. B. verkauft, versklavt und ins Gefängnis gesteckt, und Gott gebrauchte alle diese Ereignisse, um seine Brüder zu retten. Der Tod Christi sah wie eine Niederlage aus, und doch war es der größte Sieg.) Wir lesen in Römer 8, daß:

> ». . . weder Tod noch Leben, weder Engel noch Gewalten, weder Gegenwärtiges noch Zukünftiges noch sonst irgend etwas anderes Geschaffenes imstande sein wird, uns von der Liebe Gottes zu scheiden, die da ist in Christus Jesus, unserm Herrn.«

Und in Römer 8, 28:

> »Wir wissen aber, daß denen, die Gott lieben, alle Dinge zum Guten mitwirken.«

Und das schließt mit ein, was Paulus zu sagen hat, als er die Botschaft von Gott den Heiden seiner Zeit verkündete:

> »Wir stehen als Toren da um Christi willen, ihr aber seid kluge Leute in Christus; wir sind schwach, ihr aber stark; ihr steht in Ehren und wir in Verachtung. Bis zur jetzigen Stunde leiden wir Hunger und Durst, haben keine Kleidung und müssen uns mit Fäusten schlagen lassen, führen ein unstetes Leben und mühen uns ab, um mit eigenen Händen das tägliche Brot zu verdienen. Schmäht man uns, so segnen wir; verfolgt man uns, so halten wir geduldig still; beschimpft man uns, so geben wir gute Worte: wie der Kehricht der Welt, wie der allgemeine Auswurf sind wir bis heute geworden« (1 Kor 4, 10–13).
>
> »Allenthalben sind wir bedrängt, aber nicht erdrückt, in Ratlosigkeit versetzt, aber nicht in Verzagtheit, verfolgt, aber nicht im Stich gelassen, zu Boden niedergeworfen, aber nicht ums Leben gebracht« (2 Kor 4, 8–9).

Die Antwort darauf heißt: (Vers 7)

> »Wir besitzen aber diesen Schatz in irdenen Gefäßen, damit die überschwengliche Kraft sich als Gott angehörend und nicht als von uns stammend erweise.«

Wir können hier hinzufügen, daß Gott sich in seiner Macht selbst Beschränkungen unterworfen hat, indem er sich an Sein Gebot und an Seine Verheißungen bindet. Gott kann nicht lügen oder ein Versprechen brechen und beschränkt dadurch Seine Allmacht, indem Er den Menschen an Seiner Macht teilhaben läßt. Der Gläubige kann durch Gehorsam Seinem Wort gegenüber wissen, daß Gott zu Seinen Verheißungen steht.

7. Andere Anschuldigungen haben es mit den Schriftstellen zu tun, die sich anscheinend selbst widersprechen, indem sie einmal behaupten, Gott sei der Urheber des Bösen, und ein andermal, er sei es nicht. Das Problem, das hier berührt wird, ist philosophischer Art, denn es stellt die Frage nach dem Ursprung des Bösen.

Ist Gott der Schöpfer des Alls, dann muß er den Teufel geschaffen haben, und dann ist Er auch folglich Schöpfer des Bösen. Letzten Endes wäre dann Gott für das Handeln des Menschen verantwortlich, der schlecht ist, und Gott würde ungerecht sein, wenn er dafür den Menschen zur Rechenschaft ziehen würde. Aber dem ist nicht so. Gott schuf nicht den Satan. Satan wurde als Luzifer geschaffen, ein Engel des Lichtes, der rebellierte, indem er sich gegen Gott auflehnte, ihn niederstürzen und sich dann selbst auf den Thron setzen wollte (der Name Satan bedeutet soviel wie Widersacher oder Ankläger). Dies alles übersteigt das menschliche Fassungsvermögen. Aber eins ist klar: Der Engel des Lichts und der Mensch sind beide mit einem freien Willen geschaffen worden. Sie können sich für oder gegen Gott entscheiden; denn Liebe kann nicht unter Zwang entstehen. Deshalb müssen wir die Schriftstellen, die sich zu widersprechen scheinen, im Licht von 2 Thessalonicher 2, 9 ff. erforschen:

> ». . . ihn, dessen Auftreten sich als Wirksamkeit des Satans kundgibt durch alle möglichen Macht taten, Zeichen und Wunder der Lüge und durch

jede Art von Trug der Ungerechtigkeit für die, welche deshalb verlorengehen, weil sie die Liebe zur Wahrheit sich nicht zu eigen gemacht haben, um ihre Rettung zu erlangen. Und aus diesem Grunde sendet Gott ihnen einen starken Irrwahn, damit sie der Lüge Glauben schenken; denn alle sollen dem Gericht verfallen, die nicht der Wahrheit Glauben geschenkt, sondern Wohlgefallen an der Ungerechtigkeit gefunden haben.«

Gott gibt den Menschen dahin, indem er ihn an die Irrtümer glauben läßt, denen er gerne folgen möchte.

Die folgenden Textstellen A) werden als Widersprüche zu den Textstellen B) gesehen:

A) »Das Gesetz des Herrn ist vollkommen: erquickt die Seele; das Zeugnis des Herrn ist zuverlässig: macht die Törichten weise« (Ps 19, 8).

»Denn Gott ist nicht ein Gott der Unordnung, sondern des Friedens . . .« (1 Kor 14, 33).

»Er ist ein Fels, vollkommen ist sein Tun, denn alle seine Wege sind recht; ein Gott der Treue und ohne Falsch, gerecht und wahrhaftig ist er« (5 Mose 32, 4).

»Niemand sage, wenn er versucht wird: Von Gott werde ich versucht; denn Gott kann nicht vom Bösen versucht werden, versucht aber auch seinerseits niemand« (Jak 1, 13).

B) »So gab denn auch ich ihnen Satzungen, die nicht zum Guten waren, und Gebote, durch die sie nicht das Leben haben konnten« (Hes 20, 25).

»Geht nicht aus dem Munde des Höchsten das Glück wie das Unglück hervor?« (Klgl 3, 38)

»So hat der Herr gesprochen: Wisset wohl:

ich habe Böses gegen euch im Sinn und hege Unheilsgedanken gegen euch« (Jer 18, 11).

». . . Tritt ein Unglück in einer Stadt ein, ohne daß Gott der Herr es verursacht hat?« (Am 3, 6).

Wir müssen auf den Textzusammenhang dieser Verse achten. Dies ist von Herrn Joommal vernachlässigt worden.

Herr Joommal zitiert Klagelieder 3, 38 folgendermaßen: »Geht nicht aus dem Munde des Höchsten das Glück wie das Unglück hervor?« Der volle Text aber lautet so:

»Wer kann denn befehlen, daß etwas geschehe, ohne daß der Herr es geboten hat? Geht nicht aus dem Munde des Höchsten das Glück wie das Unglück hervor? Was klagt der Mensch, solange er lebt? Ein jeder klage über seine Sünden! Laßt uns unsern Wandel prüfen und erforschen und zum Herrn umkehren! Laßt uns unser Herz mitsamt den Händen erheben zu Gott im Himmel! Wir sind es, die abtrünnig und ungehorsam gewesen sind; du aber hast nicht verziehen, hast dich in Zorn gehüllt und uns verfolgt, hingerafft ohne Schonung; du hast dich in Gewölk gehüllt, so daß kein Gebet hindurchdringen konnte; zu Kehricht und zum Abscheu hast du uns gemacht inmitten der Völker« (Klgl 3, 37–45).

So ist das Böse, das vom Herrn kommt, Strafe für Sünde. Es ist der gerechte Lohn für das Handeln des Menschen. Das gleiche findet sich auch in anderen Texten.

». . . Da gedachte ich meinen Grimm über sie auszugießen und meinen Zorn in der Wüste an ihnen völlig auszuwirken; aber ich zog meine Hand wieder zurück und nahm Rücksicht auf meinen Namen, damit er nicht entehrt würde vor

den Augen der Heidenvölker, vor deren Augen ich sie ausgeführt hatte. Doch erhob ich meine Hand in der Wüste und schwur ihnen, daß ich sie unter die Heidenvölker zerstreuen und sie in die Länder versprengen würde, weil sie nicht nach meinen Geboten lebten, meine Satzungen mißachteten, meine Sabbate nicht heilighielten und weil ihre Augen auf die Götzen ihrer Väter gerichtet seien. So gab denn auch ich ihnen Satzungen, die nicht zum Guten waren, und Gebote, durch die sie nicht das Leben haben konnten; ich machte sie durch ihre Opfergaben unrein, dadurch, daß sie jegliche Erstgeburt als Opfer verbrannten: ich wollte ihnen eben Entsetzen einflößen, damit sie erkennen möchten, daß ich der Herr bin.
Darum, Menschensohn, rede zum Hause Israel und sage zu ihnen: So hat Gott der Herr gesprochen: Auch noch dadurch haben eure Väter mich beschimpft, daß sie mir die Treue gebrochen haben . . . So hat Gott der Herr gesprochen: Wie? nach der Weise eurer Väter wollt auch ihr euch verunreinigen und mit ihren Scheusalen ebenfalls Buhlerei treiben?« (Hes 20, 21.22–27.30).
»Da erging das Wort des Herrn an mich folgendermaßen: Habe ich nicht das Recht, wie dieser Töpfer da mit euch zu verfahren, ihr vom Hause Israel? – so lautet der Ausspruch des Herrn. Wisset wohl: wie der Ton in der Hand des Töpfers, ebenso seid ihr in meiner Hand, ihr vom Hause Israel. Einmal drohe ich einem Volke oder einem Königshause, daß ich es ausrotten, vernichten und vertilgen wolle; wenn dann aber das betreffende Volk, gegen das meine Drohung gerichtet war, sich von seiner Bosheit bekehrt, so

lasse ich mir das Unheil leid sein, das ich ihm zuzufügen beschlossen hatte. Und ein andermal verheiße ich einem Volke oder einem Königshause, es aufbauen und einpflanzen zu wollen; wenn es dann aber tut, was mir mißfällt, indem es meinen Weisungen nicht nachkommt, so lasse ich mir das Gute leid sein, das ich ihm zu erweisen gedacht hatte. Darum verkünde nun den Männern von Juda und besonders den Bewohnern Jerusalems folgendes: So hat der Herr gesprochen: Wisset wohl: Kehrt doch um, ein jeder von seinem bösen Wege, und bessert euren Wandel und euer ganzes Tun! Doch sie werden antworten: Vergebliche Mühe. Nein, wir wollen unsern eigenen Gedanken nachgehen und ein jeder nach dem Starrsinn seines bösen Herzens handeln« (Jer 18, 5–12).

»Vernehmt dieses Wort, das der Herr gegen euch, ihr Israeliten, ausgesprochen hat, gegen das ganze Geschlecht, das ich aus Ägyptenland hergeführt habe. Es lautet so: Euch allein habe ich mir aus allen Geschlechtern des Erdbodens erwählt; darum will ich euch für alle eure Verschuldungen büßen lassen! Wandern wohl zwei Menschen miteinander, ohne daß sie sich verabredet haben? Brüllt wohl der Löwe im Walde, ohne Beute zu haben? Läßt der Jungleu seine Stimme aus seiner Höhle erschallen, ohne daß er einen Fang getan hat? Gerät wohl ein Vogel in die Falle am Boden, ohne daß ihm eine Schlinge gelegt ist? Schnellt wohl ein Fangnetz vom Erdboden empor, ohne daß es etwas gefangen hat? Wird die Posaune in einer Stadt geblasen, ohne daß die Leute erschrecken? Tritt ein Unglück in einer Stadt ein, ohne daß Gott der Herr es verursacht hat? Nein, Gott der Herr tut nichts, ohne zuvor seinen Ratschluß seinen Knechten, den Propheten, geoffenbart zu haben« (Am 3, 1–7).

8. »Ebenso soll auch euer Licht vor den Menschen leuchten, damit sie eure guten Werke sehen und euren Vater, der im Himmel ist, preisen« (Mt 5, 16).

Dieser Vers steht im Widerspruch zu Matthäus 6, 1:

»Gebt acht darauf, daß ihr eure Gerechtigkeit nicht vor den Leuten ausübt, um von ihnen gesehen zu werden: sonst habt ihr keinen Lohn bei eurem Vater im Himmel!«

Der Kritiker sieht einen Widerspruch in diesen zwei Geboten Jesu aus der Bergpredigt. Er hat wieder den Kontext nicht beachtet; denn dieses Gebot folgt dem ersteren auf dem Fuß: »Und euren Vater im Himmel preisen«.

Christus geht es hier um zwei Aspekte:

1. daß unser Handeln Gott verherrlicht;
2. daß wir nicht etwas vollbringen sollen, bei dem wir selber das Lob einheimsen.

Aus diesem Grunde handelt es sich hier nicht um einen Widerspruch.

9. Jesus predigte, wie wir wissen:

». . . Fürchtet euch nicht vor denen, die den Leib zwar töten« (Lk 12, 4).

Aber er selbst fürchtete sich; denn wir lesen:

»Hierauf zog Jesus in Galiläa umher; denn in Judäa wollte er nicht umherziehen, weil die Juden ihm nach dem Leben trachteten« (Joh 7, 1).

Seine Zeit war noch nicht gekommen. Er hatte seinen Tod mehrmals vorausgesagt.

»Von da an begann Jesus seine Jünger darauf hinzuweisen, daß er nach Jerusalem gehen und von den Ältesten und Hohenpriestern und Schriftgelehrten vieles leiden müsse und daß er getötet und am dritten Tage auferweckt werden müsse« (Mt 16, 21).

». . . und ich gebe mein Leben für die Schafe hin – weil ich mein Leben hingebe, damit ich es wieder an mich nehme; niemand nimmt es mir, sondern ich gebe es freiwillig hin« (Joh 10, 15.17.18).

»Als dann aber die Zeit seines Hingangs herankam, richtete er fest entschlossen sein Augenmerk darauf, nach Jerusalem zu ziehen« (Lk 9, 51).

Er wußte, was ihn dort erwartete.

Als Christus ankündigte, daß er nach Jerusalem gehen wollte (Joh 11, 15–16), rief einer seiner Jünger aus:

»Laß uns auch mit dir ziehen, daß wir mit dir sterben.«

Wieder wird hier ein Widerspruch herausgearbeitet, der keiner ist. Der kritisierte Text sagt nicht aus, daß Jesus Angst hatte, nach Jerusalem zu gehen, sondern daß in dieser besonderen Phase seine Zeit noch nicht gekommen war. Die Kritiker vergessen auch, Gethsemane zu erwähnen, wo die Heilige Schrift berichtet, daß Christus sagt:

»Meine Seele ist betrübt bis in den Tod . . . Mein Vater, ist es möglich, so laß diesen Kelch an mir vorübergehen.«

Aber er fährt fort:

»Aber nicht mein Wille geschehe, sondern dein Wille.«

Offensichtlich lastete das Wissen um seine bevorstehende Kreuzigung schwer auf ihm. Das ist sehr verständlich, denn er empfand den Schmerz wie jeder andere Mensch auch.

10. In 1 Mose 17, 10 wird die Beschneidung angeordnet:

»Alles, was männlich ist unter euch, soll beschnitten werden.«

Und in Galater 5, 2 steht anscheinend ein Widerspruch, denn Paulus sagt:

». . . Wenn ihr euch beschneiden laßt, so wird Christus euch nichts mehr nützen.«

Hier begegnet uns wieder eine bemerkenswerte Unkenntnis der biblischen Theologie. Der Bund, der die Beschneidung als Bundeszeichen mit einbeschließt, war mit Abraham und seiner Nachkommenschaft geschlossen. Zu keiner Zeit war dieser Bund auf die Heiden erweitert worden. Aber schon im Alten Testament lesen wir wiederholt, daß die Beschneidung des Fleisches, die durch Hände geschieht, von Gottes Sicht aus nicht ausreicht.

Immer wieder fordert Gott sein Volk auf, daß sie ihre Herzen beschneiden lassen sollen. Darin kommt zum Ausdruck, daß der Bund nicht eine äußerliche Sache ist, sondern die Seele und das Herz des Menschen betrifft. Der Neue Bund oder das Neue Testament öffnet die Türen für alle Menschen, die Gottes Gabe der Vergebung durch Jesus Christus empfangen wollen. Folglich tritt das Neue Testament an die Stelle des Alten, da das Alte Testament nur »ein Schatten des Zukünftigen war«.

Unter dem Neuen Bund wurde das Volk getauft. Die Taufe ist ein Ritual mit einer unterschiedlichen Bedeutung, aber genauso bedeutungslos wie die Beschneidung, wenn sie für sich selbst gesehen wird. Nur wenn der Akt der Taufe mit echtem Sinn erfüllt wird, wird dieser Neue Bund im Leben eines Mannes oder einer Frau wirkungsvoll. Die Juden zur Zeit des Paulus forderten, daß Gläubige aus den Heiden auch beschnitten werden sollten. Sie bestanden auf einer genauen Durchführung gemäß dem Gesetz des Mose als Ergänzung zum Glauben an Christus. Wir müssen nun den Zusammenhang, in dem dieser betreffende Vers steht, zur Kenntnis nehmen, denn es heißt dort weiter:

»Aus der Verbindung mit Christus seid ihr ausgeschieden, wenn ihr durch das Gesetz gerechtfertigt werden wollt: ihr seid dann aus der Gnade herausgefallen . . . Denn in Christus Jesus hat weder die Beschneidung noch das Unbeschnittensein irgendwelche Bedeutung, sondern nur der Glaube, der sich durch Liebe betätigt . . . Was mich aber betrifft, liebe Brüder: – wenn ich wirklich noch die Beschneidung predige, warum verfolgt man mich da noch? Dann ist ja das Ärgernis des Kreuzes aus der Welt geschafft« (Gal 5, 3.4.6.11).

Hier in diesem Text werden uns zwei Wege gezeigt, wie man zu Gott kommen kann, um gerettet zu werden. Der alte Weg besteht darin, daß man Gottes Gesetze hält, und zwar *alle* und *zu jeder Zeit* (Jak 2, 10). Das aber ist unmöglich. Oder der Mensch verläßt sich auf die Gnade Gottes, indem er den Neuen Bund annimmt und nicht auf seine eigenen Werke baut. Durch seinen Stolz schlägt der Mensch jedoch oft die Gnade und Barmherzigkeit Gottes aus. Der Stein des Anstoßes ist das Kreuz. Das ist nicht zu übersehen. Gott erklärt, daß wir uns nicht selbst durch gute Taten retten können. Und das ist der Todesstoß für jede Selbstrechtfertigung.

Der Islam hat den Weg der Werke gewählt, und aus diesem Grund kann er keine Gnade anbieten, sondern nur auf das gerechte Urteil Gottes warten, der die Lebenden und die Toten am Jüngsten Tage recht richten wird. Wer eine Begnadigung ablehnt, verwirkt sie.

11. Kritiker sehen einen Widerspruch zwischen 3 Mose 20, 21:

> »Und wenn ein Mann die Frau seines Bruders zum Weibe nimmt, so ist das Blutschande; er hat damit seinen Bruder geschändet: sie werden kinderlos bleiben.«

Verglichen mit 5 Mose 25, 5:

> »Wenn Brüder beisammen wohnen und einer von ihnen stirbt, ohne einen Sohn zu hinterlassen, so

soll sich die Ehefrau des Verstorbenen nicht nach auswärts an einen fremden Mann verheiraten, sondern ihr Schwager soll zu ihr eingehen und sie zu seiner Frau nehmen und die Schwagerehe mit ihr vollziehen.«

In einem Abschnitt ist es einem Mann erlaubt, seines Bruders Frau zu heiraten, und in einem andern nicht. Es ist unverständlich, daß der Kritiker die Tatsache übersehen hat, daß das Gebot in 3 Mose 20, 21, nicht die Frau seines Bruders zu nehmen, in keiner Weise 5 Mose 25, 5 widerspricht, wo von der Witwe seines Bruders die Rede ist.

12. Es wird häufig darauf hingewiesen, daß der Stammbaum Jesu in Matthäus 1 und Lukas 3 unterschiedlich ist. Christen wissen das. Eine mögliche Antwort ist die, daß wir im Matthäusevangelium den Stammbaum von Joseph und im Lukasevangelium den Stammbaum von Maria haben (in diesem Fall war Eli der Schwiegervater des Joseph).

13. Der Tod des Judas in zwei verschiedenen biblischen Berichten wird manchmal angefochten. In Matthäus 27, 5 erhängte sich Judas, und in Apostelgeschichte 1, 18 heißt es:

»Dieser hat sich nun zwar von seinem Sündenlohn einen Acker gekauft, ist aber kopfüber zu Boden gestürzt und mitten auseinander geborsten, so daß alle seine Eingeweide herausgetreten sind.«

Das Wort »ist abgestürzt« ist im Griechischen etwas seltsam und wahrscheinlich meint es »aufgebläht sein« oder »aufgedunsen sein«. Wir nehmen an, daß die letztere Bibelstelle sich auf das bezieht, was später geschah: der Körper fiel wohl halb verwest aus der Schlinge.

14. Ein häufig zitierter Widerspruch liegt in den Versen:

»denn auf Grund von Gesetzeswerken wird kein

Fleisch (Mensch) vor Gott gerechtfertigt werden« (Röm 3, 20);

»weil wir aber wissen, daß der Mensch nicht auf Grund von Gesetzeswerken gerechtfertigt wird, sondern nur durch den Glauben an Christus Jesus« (Gal 2, 16).

Aber beide Verse scheinen durch Jakobus 2, 21.24 und Römer 2, 13 widerlegt zu werden.

»Ist nicht unser Vater Abraham aus Werken gerechtfertigt worten ... So seht ihr, daß der Mensch aus Werken gerechtfertigt wird und nicht aus Glauben allein.«

»Denn nicht die Hörer des Gesetzes sind vor Gott gerecht, sondern die Täter des Gesetzes werden gerechtfertigt werden.«

Diese Verse müssen wir wieder im Zusammenhang betrachten. Sie beziehen sich auf Menschen, die unter dem Alten Bund lebten.

»... und alle, die innerhalb des Gesetzes gesündigt haben, werden durch das Gesetz gerichtet werden; denn nicht die Hörer des Gesetzes sind vor Gott gerecht, sondern die Täter des Gesetzes werden gerechtfertigt werden.«

Wenn man die Bibel nur oberflächlich liest, wird man immer auf solche Mißverständnisse stoßen. Wenn wir einen Text nicht in seinem text- und zeitgeschichtlichen Zusammenhang sehen, sind Entstellungen unvermeidlich. Bei den erwähnten Bibelstellen müssen wir ebenfalls auf den Kontext verweisen. Die Kritiker hätten fortfahren müssen, indem sie auf die Rechtfertigung Abrahams durch die Werke hinwiesen:

»Ist nicht unser Vater Abraham aus Werken gerechtfertigt worden, da er seinen Sohn Isaak auf dem Opferaltar darbrachte?«

Das ist die Antwort auf das »Problem«.

Der vollständige Text fördert zutage, daß theoretischer Glaube (das ist ein Glaube an die Existenz Gottes und an gewisse »göttliche« Eigenschaften) »tot ist«. Lebendiger Glaube besteht im Handeln nach Gottes Wort (»Meister, die ganze Nacht hindurch haben wir gearbeitet und nichts gefangen; doch auf *dein Wort* hin will ich die Netze auswerfen.« Lk 5, 5).

15. Matthäus 27, 9–10 wird auch von den Kritikern angefochten:

> »Damals erfüllte sich das Wort des Propheten Jeremia: Sie nahmen die dreißig Silberstücke . . .«

Dieser Vers findet sich nicht bei Jeremia, sondern steht in Sacharja 11, 12–13. Dies könnte zu einem ernsten Problem werden, wenn wir darauf bestünden, daß die Bibel vom Himmel gefallen sei. Wie schon früher erwähnt, sehen die Christen die Schreiber der Bibel nicht als Stenographen Gottes an, sondern es ist vielmehr so, daß Gott ihnen eine Botschaft aufgetragen hat, die sie in ihre Worte kleiden. Ihr Charakter, ihr Stil und Temperament kommen darin zum Ausdruck, und gelegentlich auch ihr Wissen und ihre Weisheit. Gott selbst wendet sich dem Menschen auf der Ebene seines Verstehens zu, indem er ihm einräumt, unter den Gegebenheiten seiner Zeit und Umstände, in denen er lebt, zu schreiben (lies S. 16/17).

In dem erörterten Abschnitt aus Matthäus 27 geht es um einen historischen Bericht, der von Matthäus erzählt wird. Diese Erzählung, das heißt ihre Botschaft, ist inspiriert (2 Petr 1, 21). Der Bezug des Matthäus zu Jeremia, der der Autor des Textes von Sacharja sein soll, ist falsch. Dies hat aber auf die Botschaft selbst keinen Einfluß. Das Problem mag schon in früheren Handschriften entdeckt worden sein. Einige lesen:

> »Dann wurde erfüllt, was durch den Propheten gesagt war«,

indem sie den Namen Jeremia weglassen. In diesem Fall

wäre das Wort »Jeremia« eine Einschiebung. Jedoch besteht durchaus die Möglichkeit, daß Sacharja tatsächlich eine nicht aufgezeichnete Äußerung Jeremias zitiert (s. a. Torrey: »Difficulties in the Bible«).

16. Es besteht auch ein »Widerspruch« zwischen Matthäus 2, 11 (wo Jesus in einem Haus geboren wurde) und Lukas 2, 7 (wo er in einem Stall geboren wurde). Vielleicht ist der Kritiker nicht daran gewöhnt, die Abschnitte sorgfältig genug zu untersuchen; denn in Matthäus 2, 11 wird die Geburt Christi nicht erwähnt.

Ein beträchtlicher Zeitunterschied liegt zwischen der Geburt und dem Besuch der Weisen aus dem Morgenland. Die Tatsache, daß Herodes befahl, alle Kinder bis zu zwei Jahren umzubringen, nachdem er sorgfältig die Weisen ausgefragt hatte, wann sie den Stern zum erstenmal sahen, spricht für sich. Denn wer könnte nicht ein Neugeborenes, das gerade eine Woche alt ist, von einem zweijährigen Kind unterscheiden, das im Garten spielt? Wir müssen also davon ausgehen, daß die Reise vom Osten, wahrscheinlich von Babylonien, nach Palästina beträchtliche Zeit in Anspruch genommen hat. Zu diesem Zeitpunkt waren Maria und Joseph schon längst aus dem Stall in ein Haus gezogen.

17. Ein anderer »Widerspruch« ergibt sich aus Lukas 3, 23. Jesus war ungefähr dreißig Jahre alt, und in Johannes 8, 57 sagen die Pharisäer zu Jesus: »Du bist noch keine fünfzig Jahre alt.«

Wenn jemand dreißig ist, dann ist er ganz sicher noch keine fünfzig Jahre alt!

C) Einwände gegen die Bibel

1. Warum sollte sich Gott darum kümmern, ob ein Mann sich seinen Bart scheren läßt oder nicht, fragt der Kritiker und bezieht sich dabei auf 3 Mose 19, 27:

> »Ihr dürft euer Haupthaar an den Schläfen nicht rund scheren; auch darfst du den Rand deines Bartes nicht stutzen.«

Dies ist eine echte Frage, aber wir würden umgekehrt auch einen moslemischen Kritiker fragen, warum er seinen Bart »auf allen Seiten gleich hat«. Es ist in der Tat »religiöse Pflicht für einen Moslem, einen Bart zu tragen«.

Wir fragen auch, warum »Bärte geölt, gekämmt und gewaschen und das Ungeziefer mit einem Staubwedel entfernt werden soll« (Mischkat I, S. 605) und nicht mit einer Gabel oder mit einem Zahnstocher.

2. »Glaubt ihr wirklich, daß Männer, die wie ein Hund Wasser lecken, die besten Soldaten sind?« so werden wir in bezug auf Richter 7, 5 gefragt. Diese Geschichte ist im Koran wiedergegeben, allerdings nicht ganz korrekt. In der biblischen Geschichte waren es die Männer Gideons, die auf diese Weise ausgesucht wurden; im Koran, Sure 2, 249, handelt es sich um die Soldaten Sauls, die auf ähnliche Weise geprüft werden. Wir nehmen an, daß dies eine rhetorische Frage ist, wie viele andere auch. –

3. Manchmal werden wir in bezug auf Gideons Sieg gefragt: »Glaubt ihr, daß ein Mann in seiner linken Hand eine Laterne halten und mit seiner rechten eine Trompete blasen und noch rufen kann: Hier Schwert des Herrn und Gideon und zur gleichen Zeit die Krüge zerbrechen kann?«

Nirgends in diesem erwähnten Vers Richter 7, 20 wird gesagt, daß dies alles gleichzeitig geschah.

4. Es wird voller Abscheu festgestellt, daß Gott sagt:

> »Mit einem Weibe wirst du dich verloben, aber ein anderer Mann wird bei ihr schlafen« (5 Mose 28, 30).

Der Kontext dieses Kapitels ist eine Prophetie, die die Nation Israel betrifft. Die Verse 1 bis 14 in 5 Mose 28 zeigen auf, was geschehen wäre, wenn die Israeliten Gott gehorcht hätten. Von Vers 15 an lesen wir von den Flüchen, die Israel treffen werden, wenn es ungehorsam ist, und in der langen Aufzählung all der schrecklichen Geschehnisse steht auch dieser Vers. Die Ironie des Schicksals will es, daß Mohammed selbst mit dazu beigetragen hat, daß sich diese Prophetie erfüllte. Eine der Konkubinen Mohammeds war Rihânah, eine jüdische Frau, die er sich als Beute nach der Niederlage des jüdischen Stammes der Quraiza und dem Gemetzel an ihren Männern mitnahm. (Ibn Ishaq: Siratu'r Rasul, Vers 693, S. 466).

5. Aus 2 Petrus 3, 3–10 geht hervor, daß die Wiederkunft Jesu sich nicht unbedingt in naher Zukunft ereignen wird, denn

> ». . . weil er nicht will, daß einige verlorengehen, sondern daß alle zur Buße gelangen.«

Dies wird mit einem Satz erklärt:

> »Ein Tag vor dem Herrn ist wie 1000 Jahre und 1000 Jahre wie ein Tag.«

Hier wird uns Gottes Auffassung von Zeit vor Augen gestellt. Der Kritiker Herr Joommal nennt dies eine Spitzfindigkeit: »Zu lächerlich, als daß man darüber diskutieren müßte.« Er muß scheinbar nicht gewußt haben, daß der folgende Text:

> »Gott wird nicht brechen, was er versprochen hat (aber er hat ein anderes Zeitmaß wie die Menschen). Ein Tag ist bei deinem Herrn wie bei eurer Berechnung 1000 Jahre. Die Engel und der Geist steigen auf der Himmelsleiter zu ihm auf in einem Tag, dessen Ausmaß nach menschlicher Berechnung 50 000 Jahre sind«

im Koran steht. (Sure 22, 47 und Sure 70, 4).

Mögen diese Argumente beispielhaft sein für viele andere, die ausgelassen wurden. Sie wiederholen sich ständig und sind weithin belanglos.

Wir können erkennen, daß dies in den meisten Fällen

die Widersprüche und Hirngespinste eines überkritischen Geistes sind; eines Menschen, der die biblische Botschaft ablehnt, weil sie sich nicht in Einklang mit seiner eigenen Meinung bringen läßt. Vielleicht ist er auch zu unwissend oder zu voreingenommen oder zu feige, um die Aussagen sachlich zu prüfen, bevor er ein Urteil abgibt. Inzwischen sollte der moslemische Leser die mangelnde Stichhaltigkeit vieler Anschuldigungen eingesehen haben, aber er wird wohl immer noch ernsthaft die Frage erwägen, wie überhaupt ein Irrtum im Wort Gottes möglich sei.

Wir sind der Meinung, daß es nicht ungerechtfertigt ist, unsere Kritiker um die Liste der 100 000 Irrtümer im Alten Testament zu bitten (nach der Aufzeichnung von Joommal) oder zumindest um 50 000 Fehler in der Bibel (wie es in dem Buch von Herrn Deedat steht »Is the Bible God's Word?«). Ohne Beweise können wir solche lächerlichen Anschuldigungen, auch wenn sie von dem einen oder anderen unbekannten und nicht hierfür zuständigen »Christen« kommen, nicht annehmen.

Auf die schwerwiegendsten »Irrtümer« der Kritik bin ich schon eingegangen und habe sie untersucht. Aber dabei zeigte es sich, daß alle diese »Irrtümer und »Verfälschungen« sich als böswillige Anklagen entpuppten, die jeder Grundlage entbehren. Wie wir schon früher gesehen haben (S. 23), können acht von möglichen 7 959 Versen eingeschoben worden sein. Außer Johannes 7, 53–8,11 sind sie jedoch völlig bedeutungslos. Die Widersprüche und Einwände, die hier angeführt wurden, stehen auf wackeligem Boden. Außer bei zehn Abschreibfehlern, die die unterschiedlichen Zahlen und Namen von rein historischen Berichten betreffen, können wir zwei dieser aufgelisteten Fehler (und wieder handelt es sich nur um belanglose Dinge) finden, die eine Erklärung aufweisen, die man in Frage stellen kann (siehe auch 12. und 15. auf Seite 59/61).

Wenn wir uns dies im Zusammenhang eines so großen Buches wie der Bibel vor Augen führen, die vor 3500 bis 2000 Jahren entstanden und immer wieder mit der Hand abgeschrieben wurde, bis vor 400 Jahren die Druckkunst erfunden wurde, dann sind die Texte mehr als zuverlässig.

Die Moslems sind dazu erzogen worden, davon auszugehen, daß es im Koran keine Widersprüche gibt und daß keine menschliche Hand dabei im Spiel war. Wir möchten jeden dazu auffordern, das Buch zu lesen »Christen fragen Moslems«. Dort werden der Koran und der Hadith kritisch unter die Lupe genommen. Das soll keine Rechtfertigung möglicher Irrtümer sein, wie sie sich durch das Abschreiben in der Bibel ergeben. Sie sind unvermeidbar, wenn über eine große Zeitspanne hinweg immer wieder abgeschrieben wird. Wir müssen auf Probleme hinweisen, die schwerwiegender sind und die mit den oben erwähnten Fehlern überhaupt nicht verglichen werden können. Wir reden von Tatsachen und Beweisen, die sich auf die göttliche Inspiration beziehen. Dabei möchten wir dem Leser ausdrücklich versichern, daß es uns dabei nicht darum geht, Vergeltung zu üben oder Argumente zu sammeln. Aber wir möchten Sie mit Tatsachen vertraut machen, die Ihrer Aufmerksamkeit entgangen sein müssen, aber um die wir uns doch mühen sollten. Sie sind von lebenswichtiger Bedeutung für unsere Suche nach göttlicher Offenbarung.

III. Glauben Christen an die Erbsünde?

Um diese Frage richtig zu beantworten, müssen wir erst das Wort definieren. Was ist mit »Erbsünde« gemeint? Wenn wir Christen sind, müssen wir auf biblischem Fundament stehen. Was sagt die Bibel über Erbsünde? Gar nichts!

Es gibt aber noch einen zweiten Begriff, den man anwenden kann: Ursünde. Das ist die Sünde, die Adam und Eva im Garten Eden begingen. Ihre Sünde bestand nicht, wie früher oft spekuliert wurde, im Sex. Sexualität ist eine Gabe Gottes. Sie kann mißbraucht werden. Dann ist sie Sünde. Aber wenn sie in den Grenzen der Ehe gebraucht wird, kann sie nicht Sünde sein.

Psalm 51, 7 sagt:

> »Ach! In Schuld bin ich geboren, und in Sünde hat meine Mutter mich empfangen.«

Wenn wir den Text genauer betrachten, erkennen wir, daß die Zeugung als solche nicht Sünde war. Aber die Empfängnis geschah, als der Mensch in einem Zustand der Sünde lebte. Zwischen diesen beiden Gesichtspunkten besteht ein himmelweiter Unterschied.

Es gibt noch zwei andere Abschnitte in der Bibel, die sich mit diesem Problem auseinandersetzen (Röm 5, 12–18 und 1 Kor 15, 21–22). Hier wird klar umrissen, daß die Sünde durch *einen* Menschen in die Welt kam, und die Übertretung durch diesen *Einen* führte zur Verdammnis der ganzen Menschheit. Aber es kommt auch deutlich zum Ausdruck, daß der Tod (die Folge der Sünde) alle Menschen trifft, weil *alle Menschen gesündigt haben.*

Es wird also kein Mensch verdammt, weil Adam gesündigt hat. Der Mensch steht unter dem Gerichtsurteil Gottes, weil er selbst sich Gott gegenüber versündigt hat. Deshalb ist es falsch, von Erbsünde zu reden. Man müßte vielmehr von der Ursünde sprechen.

Die Sünde nahm ihren Anfang bei Adam. Seit dieser Zeit vererbt sich bis auf den heutigen Tag die sündige Natur von einer Generation auf die andere. Wir werden regelrecht zum Sündigen getrieben. Und weil wir sündigen, sind wir auch alle Sünder. Kein Mensch hat von seinen Vorfahren eine Sünde geerbt, aber das Begehren zu sündigen, das haben wir mitbekommen.

Doch Gott hat für das Übel auch eine Heilung geschaffen:

> »Denn da die Übertretung eines Menschen zur Verdammnis der ganzen Menschheit führte, so hat die Gerechtigkeit eines Mannes zum Freispruch und zum Leben aller Menschen geführt.«

Dieser Mensch ist Jesus.

Die Sünde eines Menschen führte dazu, daß seine Nachkommen sündigten usw., aber doch entscheidet jeder aus freiem Willen, was er tun oder lassen möchte. Ebenso geschieht auch die Tilgung der Sünde nicht erzwungenermaßen, sondern aufgrund einer freien Entscheidung.

IV. Obszöne Aussagen und Grausamkeiten in der Bibel

Viele Moslems sind der Meinung, daß

> »die moralische Haltung im Alten Testament unanständig und barbarisch ist«.

Das bezieht sich auf die »obszönen Aussagen«, die die Bibel zu einem Buch machen, das eigentlich von Zensoren kontrolliert werden müßte.

Bevor wir uns mit diesen Anschuldigungen auseinandersetzen, möchten wir zwei Punkte herausstellen:

Die Tatsache, daß sich diese »Obszönitäten« noch in der Bibel finden, sagt entweder,

a) daß der Autor und die Leser aller Zeiten diese Partien als willkommene pornographische Stücke akzeptierten

oder

b) daß sie solche Hochachtung vor dem geoffenbarten Wort hatten, daß sie es nicht wagten, es abzuändern, obgleich es sehr demütigende und verachtenswerte Dinge über ihre eigenen Vorfahren aussagte. Hier sei erinnert an die Verbindung Lots zu seinen eigenen Töchtern, oder die verabscheuungswürdige Sünde König Davids, oder die Ereignisse um Thamar und den abscheulichen Bericht von Vergewaltigung und Greueltaten, wie er in Richter 19 aufgezeichnet ist.

Die Bibel enthält die aufgezeichnete Geschichte der Juden. Historiker eines jeden Landes bemühen sich, die Geschichte so darzustellen, daß ihr Land und ihre Leute verherrlicht werden. Geschichtsdokumentationen von identischen Ereignissen können von Land zu Land sehr unterschiedlich dargestellt sein, je nach ihrer Voreingenommenheit. In der offenen Berichterstattung der beschämenden Sünden Israels wird eines besonders deutlich: Niemand versuchte das Bild der Juden in ein besseres Licht zu rücken. Das spricht stark für die Echtheit und Vertrauenswürdigkeit der biblischen Berichte.

Uns wird gesagt, daß das hebräische Wort für »Frau« »sich nur auf das sexuelle Begehren, das ein Mann nach ihr hat«, bezieht. Diese Feststellung ist unwahr. Das hebräische Wort »ischah« ist die weibliche Form von »isch« = der Mann. Ohne zurückschlagen zu wollen, sind wir versucht, eine Überlieferung in der Mischkat (II, S. 426) heranzuziehen, wo der »Prophet der Propheten«, der in den Krieg ziehen will, Männer vom Kriegsdienst freistellt, »die sich mittels einer Brautgabe das Recht erworben haben, die Geschlechtsteile der Frau zu gebrauchen«.

Heute würde dies legalisierte Prostitution genannt.

Auch über Grausamkeiten im Islam könnten Christen einiges sagen. Es kann nicht geleugnet werden (obgleich das manchmal geschieht), daß zumindest in den frühen Eroberungen des Islams Greueltaten überaus häufig vorkamen. Wie dem auch sei, wir sehen in den Aufzeichnungen über Schandtaten einen Beweis für die Glaubwürdigkeit der Bibel. Die Bibel entschuldigt die Sünde nicht. Sie heißt auch nicht Schmutziges, Abscheuliches gut, sondern verkündigt vielmehr das drohende Gericht Gottes (siehe 2 Sam 11, 26.27–12,19).

> »Als nun die Frau Urias den Tod ihres Mannes erfuhr, hielt sie die Totenklage um ihren Gatten; sobald aber die Trauerzeit vorüber war, ließ David sie in sein Haus holen. Sie wurde also seine Frau und gebar ihm einen Sohn. Aber die Tat, die David verübt hatte, erregte das Mißfallen des Herrn.
>
> Hierauf sandte der Herr Nathan zu David; als dieser zu ihm gekommen war, redete er also zu ihm: ›Es lebten zwei Männer in derselben Stadt, ein reicher und ein armer. Der Reiche besaß

Kleinvieh und Rinder in großer Menge, der Arme aber hatte gar nichts als ein einziges Lämmchen, das er sich gekauft und aufgezogen hatte und das bei ihm und zugleich mit seinen Kindern aufwuchs; es aß von seinem Bissen und trank aus seinem Becher, es schlief an seinem Busen und wurde von ihm wie eine Tochter gehalten. Da kam eines Tages Besuch zu dem reichen Mann, und weil es ihm leid tat, ein Stück von seinem eigenen Kleinvieh oder von seinen Rindern zu nehmen, um es für den Besuch, der zu ihm gekommen war, als Mahl zuzubereiten, nahm er das Lämmchen des armen Mannes und richtete es für den Gast zu, der zu ihm gekommen war. Da geriet David in heftigen Zorn gegen den Mann, so daß er zu Nathan sagte: ›So wahr der Herr lebt: Der Mann, der das getan hat, ist ein Kind des Todes! Und das Lamm soll er vierfach erstatten zur Strafe dafür, daß er so gehandelt und weil er kein Mitleid bewiesen hat!‹

Da erwiderte Nathan dem David: ›Du bist der Mann! So hat der Herr, der Gott Israels, gesprochen: Ich habe dich zum König über Israel gesalbt, und ich habe dich aus Sauls Händen errettet, ich habe dir das Haus deines Herrn gegeben und die Frauen deines Herrn dir in den Schoß gelegt; ich habe dir das Haus Israel und Juda übergeben, und wenn dir das noch zu wenig war, so hätte ich dir noch dies und das hinzugefügt. Warum hast du dich über das Gebot des Herrn hinweggesetzt und etwas getan, was ihm mißfällt? Den Hethiter Uria hast du mit dem Schwert erschlagen lassen und sein Weib dir zum Weibe genommen, nachdem du ihn selbst durch das Schwert der Ammoniter hast umbringen lassen. So soll denn nun das Schwert aus deinem Hause

niemals weichen zur Strafe dafür, daß du mich mißachtet und das Weib des Hethiters Uria dir zum Weibe genommen hast! So hat der Herr gesprochen: Siehe, ich will Unheil über dich aus deinem eigenen Hause hervorgehen lassen und will dir deine Frauen vor deinen Augen wegnehmen und sie einem anderen geben, daß er im Angesicht dieser Sonne deinen Frauen beiwohnen soll. Denn du hast im geheimen gehandelt, ich aber will diese Drohung vor den Augen von ganz Israel und angesichts der Sonne zur Ausführung bringen.
Da sagte David zu Nathan: ›Ich habe gegen den Herrn gesündigt!‹ Nathan antwortete dem David: ›So hat der Herr dir deine Sünde vergeben: Du selbst wirst nicht sterben! Doch weil du den Feinden des Herrn durch diese Tat Anlaß zur Lästerung gegeben hast, so soll auch der Sohn, der dir geboren ist, unrettbar sterben!‹ Als Nathan hierauf nach Hause gegangen war, schlug der Herr das Kind, welches die Frau Urias dem David geboren hatte, so daß es todkrank wurde. Da suchte David Gott um des Knaben willen auf, und David fastete und brachte, als er heimgekommen war, die ganze Nacht hindurch auf dem Erdboden liegend zu. Obgleich nun die Ältesten seines Hauses zu ihm traten, um ihn zum Aufstehen von der Erde zu bewegen, weigerte er sich doch und speiste nicht mit ihnen. Als das Kind dann am siebten Tage starb, trugen die Hofleute Davids Bedenken, ihm den Tod des Kindes anzuzeigen; denn sie dachten: Solange das Kind noch am Leben war, hat er unsere Vorstellungen, wenn wir ihm zuredeten, unbeachtet gelassen: Wie können wir ihm da jetzt den Tod des Kindes anzeigen? Es gäbe ein Unglück ab! Als David

aber seine Hofleute miteinander flüstern sah und daran merkte, daß das Kind tot war, fragte er seine Hofleute: ›Ist das Kind tot?‹ Sie antworteten ihm: ›Ja, es ist tot.‹«

Eine ähnliche Geschichte wird uns in Josua 7, 18–26 berichtet.

V. Unerfüllte Prophezeiungen in der Bibel

Der Kommentator der Mischkat (IV, S. 396) stellt fest: »Das größte unter den Wundern ist eine Prophetie, d. h. die Voraussage zukünftiger Ereignisse. Dies ist nicht eine politische Vorhersage, sondern eine Vorhersage zukünftiger Geheimnisse, die aus göttlichem Wissen abgeleitet wird. Prophetie ist aus folgenden Gründen das größte Wunder: Sie kann historisch nachgewiesen werden, ein Wunder aber nicht. Prophetie offenbart Gottes Vorausschau, während die Wunder Gottes Macht sichtbar werden lassen. Da das Wissen aber größer ist als Macht, ist auch die Prophetie größer als ein Wunder.«

Eine wahre Prophetie bleibt hinter menschlicher Vorausschau zurück und kann im allgemeinen in den Einzelheiten nicht auf dies oder jenes Ereignis angewandt werden. Prophezeiungen sind gemäß biblischer Norm das Siegel der Glaubwürdigkeit eines Propheten.

> »Solltest du aber bei dir denken: Woran sollen wir das Wort erkennen, das der Herr nicht geredet hat? so wisse: Wenn das, was ein Prophet im Namen des Herrn verkündet, nicht eintrifft und nicht in Erfüllung geht, so ist das ein Wort, das der Herr nicht geredet hat; in Vermessenheit hat der Prophet es ausgesprochen: dir braucht vor ihm nicht bange zu sein!« (5 Mose 18, 21–22)
> (Tragt eure Rechtssache vor! spricht der Herr; schafft eure Beweismittel herbei! gebietet der König Jakobs. Sie mögen sie herbeischaffen und uns das kundtun, was sich ereignen wird: von dem Früheren berichtet uns, wie es damit gestanden hat, damit wir darauf achten und erfahren, wie es in Erfüllung gegangen ist. Oder laßt uns das

Zukünftige vernehmen: gebt an, was späterhin eintreten wird, damit wir erkennen, daß ihr Götter seid!« (Jes 41, 21–23)

Grundsätzlich müssen wir erwähnen, daß eine Anzahl von Prophezeiungen noch nicht erfüllt wurde. Einige Prophezeiungen, wie die Wiederherstellung von Israel und die Rückkehr der Juden in ihr Ursprungsland, erfüllen sich in unseren Tagen. Der größte Teil der Prophezeiung ist schon erfüllt.

Die moslemischen Kritiker haben einige noch ausstehende Prophetien herausgegriffen, um den göttlichen Charakter der Bibel in Frage zu stellen.

Als Beispiel dafür wird angeführt:

»Dieses Geschlecht wird nicht vergehen, bis dies alles geschieht« (Mt 24, 34).

»Diese Generation ist schon längst abgetreten«, ist der Vorwurf, der von jenen Kritikern gemacht wird. Welche Generation? Das ist die Frage. Der Textzusammenhang gibt uns mehr Information darüber.

»Vom Feigenbaum aber mögt ihr das Gleichnis lernen: Sobald seine Zweige saftig werden und Blätter hervorwachsen, so erkennt ihr daran, daß der Sommer nahe ist. So auch ihr: Wenn ihr dies alles seht, so erkennet daran, daß es nahe vor der Tür steht. Wahrlich, ich sage euch: Dieses Geschlecht wird nicht vergehen, bis dies alles geschieht« (Mt 24, 32–34).

Es ist die Generation, die lebt, wenn »die Zweige des Feigenbaums Blätter hervorsprießen lassen«. Der Feigenbaum ist in der Bibel das Symbol für Israel. Israel bringt jetzt wieder Blätter hervor, nachdem es fast 2000 Jahre »tot war«.

Eine andere falsche Vorhersage, so wird uns vorgeworfen, ist die folgende Behauptung:

»Wahrlich, ich sage euch: Einige von denen, die hier stehen, werden den Tod nicht schmecken, bis sie den Menschensohn in seiner Königsherrschaft haben kommen sehen« (Mt 16, 28).

Der Menschensohn kam in sein Reich (siehe die Himmelreichsgleichnisse) zu Pfingsten. Das war die Geburtsstunde des Himmelreichs. Viele der Menschen, die Christus zuhörten zu jener Zeit, erlebten Pfingsten noch.

Es wird auch gesagt, daß die Prophetie, die sich auf die Zerstörung von Tyrus durch Nebukadnezar in Hesekiel 26, 7–14 bezieht, noch nicht erfüllt ist.

> »Denn so hat Gott der Herr gesprochen: Nunmehr will ich Nebukadnezar, den König von Babylon, den König der Könige, vom Norden her gegen Tyrus heranziehen lassen, mit Rossen, Kriegswagen und Reitern und mit der Heeresmacht vieler Völker. Deine Töchterstädte auf dem Festland wird er mit dem Schwert vernichten; gegen dich aber wird er Belagerungstürme errichten und einen Damm gegen dich aufführen und Schilddächer gegen dich aufstellen; . . . Infolge des Heranflutens seiner Rosse wird ihr Staub dich bedecken; vom Getöse seiner Reiter und der Räder seiner Streitwagen werden deine Mauern erbeben, wenn er in deine Tore einzieht, wie man in eine eroberte Stadt einzieht.«

Wir beachten den Wechsel der dritten Person von Singular auf Plural:

> »Sie werden deine Schätze rauben, deine Handelsgüter plündern, deine Mauern niederreißen, deine Prachtgebäude zerstören und deine Steine, deine Balken und den Schutt von dir ins Wasser werfen.«

Dies geschah, als ein Damm als Weg ins Meer hinaus zur Insel gebaut wurde, die ungefähr 700 m entfernt vom Festland lag.

> »Ich will dich zu einem kahlen Felsen machen.«

Über den folgenden Versteil müssen wir noch sprechen:

»Nie sollst du wieder aufgebaut werden.«

Aber wir möchten zunächst die Frage stellen: Was? Die Mauern und Häuser oder die Stadt als solche, das großartigste Handelszentrum der damals bekannten Welt? Wenn das letztere gemeint war, dann stimmte die Prophezeiung! Nebukadnezar zerstörte Tyrus, aber er legte nicht alle Teile in Schutt und Asche.

Tyrus bestand aus zwei Teilen, dem kleineren auf der Insel und dem größeren auf dem Festland. Nebukadnezar eroberte das Festland oder das alte Tyrus und belagerte das Insel-Tyrus (Tyrus = Fels) 13 Jahre lang. Die Geschichte hat uns keinen Bericht hinterlassen, wie die Belagerung ausgegangen ist, außer daß die Herrscher, die den Königen von Tyrus folgten, anscheinend Vasallen Babylons waren. (Josephus berichtet in Apion 1, 21 nach phönizischen Annalen; da Tyrus ein Teil der phönizischen Provinz war, wird dort das für die Phönizier demütigende Ergebnis verschwiegen.)

Trotzdem nahm die Prophezeiung ihren Lauf und wurde erfüllt, als die Ruinen des alten Tyrus von Alexander dem Großen einige Jahre später als Damm gebraucht wurden, der unmittelbar zur Inselstadt führte, die später zerstört wurde. Dies war in der Prophezeiung des Hesekiel vorhergesagt. Wir wissen, daß Tyrus mehrmals aufgebaut, aber immer wieder zerstört wurde. Aber niemals erlangte sie ihre frühere Machtposition und ihren Einfluß zurück. In den letzten 800 Jahren war Tyrus ein unbewohnter Fels im Meer. Damit ist der letzte Teil von Hesekiels Prophezeiung in Erfüllung gegangen.

Aber all diese Prophezeiungen liegen uns wohl etwas fern. Wenn wir nur dabei stehenblieben, hätte es den Anschein, daß die Bibel sonst nichts an Prophetie zu bieten hätte. Doch das ist nicht der Fall. Betrachten wir deshalb das Folgende.

VI. Erfüllte biblische Prophetie

Es gibt im Alten Testament zwei umfangreiche prophetische Themen: den inspirierten Bericht von Gottes Bund mit Israel und seine Führung innerhalb des Bundes. Beide dieser Themen wurden verschiedenen Propheten von Mose (1550 v. Chr.) bis Maleachi (400 v. Chr.) aufgetragen. Das eine betrifft das Volk des Alten Testaments, die Juden und ihre spätere Geschichte; das andere handelt vom Messias des Herrn. Messias (hebräisch) oder Christus (griechisch) bedeutet »Der Gesalbte« oder, in der modernen Terminologie, der Priesterkönig. Keinen anderen Themen wird aus biblischer Sicht so viel Aufmerksamkeit gewidmet wie diesen beiden. Wir wollen beginnen mit den Prophetien, die Jesus betreffen. Um der Kürze willen werden nur einzelne ausgewählt.

Einige Prophezeiungen, die Jesus betreffen

Vorhersage des Ortes der Geburt Jesu und seine Präexistenz ± 700 v. Chr.:

> »Du aber, Bethlehem Ephrath, bist zwar zu klein, als daß du zu den Gaustädten Judas gehörtest, aber aus dir wird mir der hervorgehen, der in Israel Herrscher sein soll und dessen Herkunft der Vergangenheit, den Tagen der Urzeit angehört« (Mi 5, 1).

Erfüllung:

> »So zog denn auch Josef von Galiläa aus der Stadt Nazareth nach Judäa hinauf, nach der Stadt Davids, die Bethlehem heißt, weil er aus Davids Hause und Geschlecht stammte, um sich daselbst

mit Maria, seiner jungen Ehefrau, die guter Hoffnung war, einschätzen zu lassen. Während ihres dortigen Aufenthalts kam aber für Maria die Stunde ihrer Niederkunft und sie gebar ihren ersten Sohn, den sie in Windeln wickelte und in eine Krippe legte, weil es sonst keinen Platz in der Herberge für sie gab« (Lk 2, 4–7).

Vorhersage der Jungfrauengeburt, der Göttlichkeit Jesu und der einzigartigen Sohnschaft. ± 700 v. Chr.:

»Darum wird der Allherr selbst euch ein Zeichen geben: Seht, die Jungfrau wird guter Hoffnung werden und einen Sohn gebären, dem sie den Namen Immanuel (d. h. Gott mit uns) geben wird« (Jes 7, 14). »Denn ein Kind wird uns geboren, ein Sohn uns geschenkt werden, auf dessen Schulter die Herrschaft ruhen wird; und sein Name lautet ›Wunderrat, Heldengott, Ewigvater, Friedefürst‹« (Jes 9, 5).

Erfüllung:

»Mit der Geburt Jesu Christi aber verhielt es sich so: Als seine Mutter Maria mit Josef verlobt war, stellte es sich heraus, noch ehe sie zusammengekommen waren, daß sie vom Heiligen Geist guter Hoffnung war. Da faßte Josef, ihr Verlobter, der ein rechtschaffener Mann war und sie nicht in üblen Ruf bringen wollte, den Entschluß, sich, ohne Aufsehen zu erregen, von ihr loszusagen. Doch als er sich mit solchen Gedanken trug, siehe, da erschien ihm ein Engel des Herrn im Traum und sagte zu ihm: ›Josef, Sohn Davids, trage keinerlei Bedenken, Maria, deine Verlobte, als Ehefrau zu dir zu nehmen! Denn das von ihr zu erwartende Kind stammt vom Heiligen Geist. Sie wird Mutter eines Sohnes werden, dem du den Namen Jesus geben sollst; denn er ist es, der sein Volk von ihren Sünden erretten wird.‹

Dies alles ist aber geschehen, damit das Wort erfüllt würde, das der Herr durch den Propheten gesprochen hat, der da sagt: ›Siehe, die Jungfrau wird guter Hoffnung und Mutter eines Sohnes werden, dem man den Namen Immanuel geben wird‹, das heißt übersetzt: ›Mit uns ist Gott‹« (Mt 1, 18–23).

Vorhersage in bezug auf die Zeit seines Kommens – 520 v. Chr.

»70 Wochen (Jahrwochen, d. h. 70 x 7 = 490 Jahre) sind über dein Volk (Daniels Volk = Juden) und über deine heilige Stadt (Jerusalem) bestimmt, um den Frevel zum Abschluß zu bringen und das Maß der Sünde voll zu machen, um die Verschuldung zu sühnen und ewige Gerechtigkeit herbeizuführen und das Gesicht und den Propheten zu bestätigen (d. h. es folgen danach keine biblischen Propheten mehr) und ein Hochheiliges zu salben (salben bedeutet erhöhen, krönen, weihen). Wisse also und verstehe: vom Ausgang des Wortes in betreff der Wiederherstellung und Neugründung Jerusalems (welches damals zerstört war und dessen Einwohner Gefangene in Babylon waren) bis zu einem Gesalbten, einem Fürsten, sind sieben Jahrwochen, und innerhalb von 62 Jahrwochen (434 Jahre) wird es wiederhergestellt und neuerbaut sein mit Marktplätzen und Gräben, allerdings in drangsalsreichen Zeiten« (Dan 9, 24.25).

49 Jahre waren nötig zum Wiederaufbau Jerusalems, nachdem Nehemia von Artaxerxes (465–425 v. Chr.) den königlichen Befehl empfangen hatte, den er im 20. Jahr seiner Regierungszeit, d. h. im Jahre 445 v. Chr., gab (Neh 2, 1.8b). Das Buch Nehemia berichtet, daß Jerusalem wirklich in notvoller Zeit aufgebaut wurde, denn viele Feinde versuchten, dies zu verhindern. Die

verbleibenden 434 Jahre führen uns auf das Jahr 38 n. Chr. Obwohl dies einige Jahre nach dem triumphalen Einzug in Jerusalem liegt, müssen wir folgendes bedenken:

a) Historische Daten aus dieser Zeit sind nicht so genau wie in der neueren Geschichte, weil es damals noch keinen genauen Kalender gab und die Jahre von unterschiedlicher Länge waren (Israel hatte ein Mondjahr von 354 Tagen).

b) Dieses beschriebene Ereignis paßt auf kein anderes Geschehen in der Geschichte, und wir müssen folglich daraus schließen, daß der Irrtum eher in der geschichtlichen Zeitangabe als in der Bibel selbst liegt.

> »Und nach den 62 Jahrwochen wird ein Gesalbter ums Leben gebracht werden ohne Richterspruch; und die Stadt samt dem Heiligtum wird das Kriegsvolk eines Fürsten zerstören, der heranzieht, dessen Ende aber durch eine Sturmflut eintritt; und bis zum Ende wird Krieg stattfinden, festbeschlossene Verwüstungen.« (Der »Fürst« ist zweifellos Titus, der römische Eroberer und Sohn des Kaisers Hadrian, der nach dem Tod des Messias kam, Jerusalem zerstörte und gegen seinen Willen im Jahre 70 n. Chr. auch den Tempel in Schutt und Asche legte. Danach kam »das Ende des Streites«, ein Zustand der bis in unser Jahrhundert anhielt.) (Dan 9, 26)

Vorhersage des Retters ± 700 v. Chr.

> »Seht, da ist euer Gott! Es kommt die Rache, die Vergeltung Gottes! Er selbst kommt und wird euch Heil spenden! Alsdann werden die Augen der Blinden sich auftun und die Ohren der Tauben sich öffnen« (Jes 35, 4–5).

Erfüllung:

> »Sie wird Mutter eines Sohnes werden, dem du den Namen Jesus geben sollst; denn er ist es, der

sein Volk von ihren Sünden erretten wird« (Mt 1, 21).
»Denn der Menschensohn ist gekommen, das Verlorene zu suchen und zu retten« (Lk 19, 10).
»Und niemand ist in den Himmel hinaufgestiegen, außer dem Einen, der aus dem Himmel herabgekommen ist; . . . Und wie Mose die Schlange in der Wüste erhöht hat, so muß auch der Menschensohn erhöht werden, damit alle, die glauben, in ihm ewiges Leben haben. Denn so sehr hat Gott die Welt geliebt, daß er seinen eingeborenen Sohn hingegeben hat, damit alle, die an ihn glauben, nicht verlorengehen, sondern ewiges Leben haben. Denn Gott hat seinen Sohn nicht dazu in die Welt gesandt, daß er die Welt richte, sondern daß die Welt durch ihn gerettet werde. Wer an ihn glaubt, wird nicht gerichtet; wer nicht glaubt, ist schon gerichtet, weil er nicht an den Namen des eingeborenen Sohnes Gottes geglaubt hat. Darin besteht aber das Gericht, daß das Licht in die Welt gekommen ist, die Menschen aber die Finsternis mehr geliebt haben als das Licht, denn ihre Werke waren böse. Denn jeder, der Nichtiges treibt, haßt das Licht und kommt nicht zum Licht, damit seine Werke nicht bloßgestellt werden; wer aber die Wahrheit tut, der kommt zum Licht, damit seine Werke offenbar werden, denn sie sind in Gott getan« (Joh 3, 13–21).
»Jetzt aber ist, unabhängig vom Gesetz, jedoch bezeugt von dem Gesetz und den Propheten, die Gottesgerechtigkeit geoffenbart worden, nämlich die Gottesgerechtigkeit, die durch den Glauben an Jesus Christus für alle da ist und allen zukommt, die da glauben. Denn hier gibt es keinen Unterschied; alle haben ja gesündigt und

ermangeln des Ruhmes, den Gott verleiht; so werden sie umsonst durch seine Gnade gerechtfertigt vermöge der Erlösung, die in Christus Jesus ist. Ihn hat Gott in seinem Blute als ein durch den Glauben wirksames Sühnemittel hingestellt, damit er seine Gerechtigkeit erweise, weil die Sünden, die früher während der Zeiten der Langmut Gottes begangen worden waren, bisher ungestraft geblieben waren; er wollte also seine Gerechtigkeit in der gegenwärtigen Zeit erweisen, damit er selbst als gerecht dastehe und jeden, der den Glauben an Jesus besitzt, für gerecht erkläre« (Röm 3, 21–26). »Da wir nun aus Glauben gerechtfertigt worden sind, so haben wir Frieden mit Gott durch unseren Herrn Jesus Christus, durch den wir im Glauben auch den Zugang zu unserem jetzigen Gnadenstande erlangt haben, und wir rühmen uns auch der Hoffnung auf die Herrlichkeit Gottes« (Röm 5, 1–2).
»So gibt es also jetzt keine Verurteilung mehr für die, welche in Christus Jesus sind; denn das Gesetz des Lebensgeistes in Christus Jesus hat uns von dem Gesetz der Sünde und des Todes freigemacht« (Röm 8, 1–2).
»Da blieb Jesus stehen und ließ ihn zu sich führen. Als er nun nahe herangekommen war, fragte Jesus ihn: ›Was wünschest du von mir?‹ Er antwortete: ›Herr, ich möchte sehen können.‹ Jesus erwiderte ihm: ›Werde sehend! Dein Glaube hat dir Rettung verschafft.‹ Da konnte er augenblicklich sehen und schloß sich ihm an, indem er Gott pries; auch das gesamte Volk, das zugesehen hatte, gab Gott die Ehre durch Lobpreis« (Lk 18, 40–43).
»Jesus zog dann in ganz Galiläa umher, indem er in ihren Synagogen lehrte, die Heilsbotschaft

vom Reiche verkündigte und alle Krankheiten und alle Gebrechen im Volk heilte; und der Ruf von ihm verbreitete sich in ganz Syrien, und man brachte alle, die an den verschiedenartigsten Krankheiten litten und mit schmerzhaften Übeln behaftet waren, Besessene, Fallsüchtige und Gelähmte, und er heilte sie« (Mt 4, 23–24).

»Als aber Johannes im Gefängnis von dem Wirken Christi hörte, sandte er durch seine Jünger Botschaft an ihn und ließ ihn fragen: ›Bist du es, der da kommen soll, oder sollen wir auf einen anderen warten?‹ Jesus gab ihnen zur Antwort: ›Geht hin und berichtet dem Johannes, was ihr hört und seht: Blinde werden sehend und Lahme gehen, Aussätzige werden rein und Taube hören, Tote werden auferweckt, und Armen wird die Heilsbotschaft verkündet, und selig ist, wer an mir keinen Anstoß nimmt« (Mt 11, 2–6).

»Als es dann Abend geworden war, brachte man viele Besessene zu ihm, und er trieb die bösen Geister durchs Wort aus und heilte alle, die ein Leiden hatten. So sollte sich das Wort des Propheten Jesaja erfüllen, der da sagt: ›Er hat unsere Gebrechen hinweggenommen und unsere Krankheiten getragen‹« (Mt 8, 16–17).

Vorhersage des Namens Jesu ± 700 v. Chr.

»Höret auf mich, ihr Meeresländer, und merkt auf, ihr Völker in der Ferne! Der Herr hat mich von Geburt an berufen, von meiner Mutter Schoß an meinen Namen in Erinnerung gebracht. Und er hat meinen Mund einem scharfen Schwerte gleich gemacht, . . . nein, ich bestimme dich auch zum Licht der Heidenvölker, damit mein Heil (hebräisch Jeshua, das ist der tatsächliche Name Jesu, als er in Israel lebte) bis ans Ende der Erde reiche. So hat der Herr, der Erlöser Israels, sein

Heiliger, zu dem gesprochen, den jedermann tief verachtet« (Jes 49, 1–8 und viele andere Stellen).

Erfüllung:

Der Engel sagte zu Josef:

»Sie (Maria) wird Mutter eines Sohnes werden, dem du den Namen Jesus geben sollst; denn er ist es, der sein Volk von ihren Sünden erretten wird« (Mt 1, 21).

Bis hierher können Moslems und Christen so ziemlich übereinstimmen, obgleich die Moslems den Abschnitt aus Jesaja in Frage stellen, der die Gottheit und Sohnschaft Jesu voraussagt. Aber wir sollten das Gewicht des Anspruchs Gottes in der Prophetie und in der Erfüllung beachten.

Von keinem anderen Menschen kann gesagt werden, daß er

1. auf solch wunderbare Weise geboren wurde;
2. alle Arten von Gebrechen heilen konnte;
3. unreine Geister austrieb;
4. sündlos und heilig war (Sure 19, 19; Hebr 4, 15; 1 Joh 3, 5; 2 Kor 5, 11; 1 Petr 2, 22; Jes 53, 9 usw.);
5. das Wort Gottes ist (Sure 4, 171; Joh 1, 1–2.14);
6. der Geist Gottes ist (Sure 4, 171);
7. bis in alle Einzelheiten hinein vor Hunderten von Jahren vorausgesagt wurde, ehe sich diese erfüllten.

Aber das ist noch längst nicht alles. Wir wollen uns das Ende Jesu ansehen, wie es im Alten Testament vorausgesagt wurde, und seine Erfüllung:

Vorhersage vom Einzug Jesu in Jerusalem auf einem Esel. ± 480 v. Chr.

»Frohlocke laut, Tochter Zion! Brich in Jubel aus, Tochter Jerusalem! Siehe, dein König kommt zu dir, gerecht und ein Retter ist er, demütig, und reitet auf einem Esel, auf einem Füllen, dem Jungen einer Eselin« (Sach 9, 9).

Erfüllung:

»Als sie sich dann Jerusalem näherten und nach Bethphage an den Ölberg gekommen waren, da sandte Jesus zwei von seinen Jüngern ab mit der Weisung: Geht in das Dorf, das vor euch liegt! Ihr werdet dort sogleich eine Eselin angebunden finden und ein Füllen bei ihr; bindet sie los und bringt sie mir her! Und wenn euch jemand etwas sagen sollte, so antwortet ihm: Der Herr hat sie nötig, wird sie aber sofort zurückschicken. Dies ist aber geschehen, damit das Wort des Propheten erfüllt werde, das da lautet: ›Sagt der Tochter Zion: Siehe! Dein König kommt zu dir sanftmütig und auf einem Esel reitend, und zwar auf einem Füllen, dem Jungen des Lasttiers.‹ Als nun die Jünger hingegangen waren und den Auftrag Jesu ausgerichtet hatten, führten sie die Eselin mit dem Füllen herbei, legten ihre Mäntel auf sie, und er setzte sich darauf. Die überaus zahlreiche Volksmenge aber breitete ihre Mäntel auf den Weg aus, andere hieben Zweige von den Bäumen ab und streuten sie auf den Weg; und die Scharen, die im Zuge vor ihm hergingen, und die, welche ihm nachfolgten, riefen laut: Hosianna, dem Sohne Davids! Gepriesen sei, der da kommt im Namen des Herrn! Hosianna in den Himmelshöhen!« (Mt. 21, 1–9)

Vorhersage des Verrats an Jesus. ± 480 v. Chr.

»Sogar mein bester Freund, dem ich fest vertraute, . . . hat die Ferse gegen mich erhoben« (Ps 41, 10).

». . . als ich zu ihnen sagte: Wenn es euch gut scheint, so gebt mir meinen Lohn, wo nicht, so laßt es bleiben! Als sie mir nun 30 Silberstücke als meinen Lohn dargewogen hatten, gebot mir der Herr: Wirf ihn in den Tempelschatz, den kostbaren Preis, dessen ich von ihnen wertgeachtet worden bin! Dann nahm ich die dreißig Silberstücke und warf sie im Hause des Herrn in den Tempelschatz« (Sach 11, 12–13).

Erfüllung:

»Da ging Judas Iskariot, der eine von den Zwölfen, zu den Hohenpriestern, um ihnen Jesus in die Hände zu liefern. Als sie das hörten, freuten sie sich und versprachen, ihm Geld zu geben. Darauf suchte er nach einer guten Gelegenheit, um ihn zu überantworten . . . Als es dann Abend geworden war, fand er sich dort mit den Zwölfen ein; und während sie bei Tische saßen und das Mahl einnahmen, sagte Jesus: ›Wahrlich ich sage euch: Einer von euch wird mich überantworten, einer, der hier mit mir ißt.‹ Da wurden sie betrübt und fragten ihn, einer nach dem andern: ›Ich bin es doch nicht?‹ Er antwortete ihnen: ›Einer von euch Zwölfen, der mit mir in die Schüssel eintaucht. Denn der Menschensohn geht zwar dahin, wie über ihn in der Schrift steht; doch wehe dem Menschen, durch den der Menschensohn verraten wird. Für diesen Menschen wäre es besser, er wäre nicht geboren‹. . . und sogleich darauf, während er noch redete, erschien Judas, einer von den Zwölfen, und mit ihm eine Schar mit Schwertern und Knütteln, von den Hohenpriestern, den Schriftgelehrten und Ältesten. Sein Verräter hatte aber ein Zeichen mit ihnen verabredet, nämlich: ›Der, den ich küssen werde, der ist's; den nehmt fest und führt ihn sicher ab!‹ Als er nun ankam, trat er sogleich auf Jesus zu und sagte: ›Rabbi!‹ und küßte ihn; da legten sie Hand an Jesus und nahmen ihn fest« (Mk 14, 10–11; 17–21; 43–46).

»Als jetzt Judas, sein Verräter, erkannte, daß er verurteilt worden war, bereute er seine Tat. Und er brachte die dreißig Silberstücke den Hohenpriestern und Ältesten zurück: ›Ich habe unrecht getan, daß ich unschuldiges Blut überantwortet habe.‹ Sie aber erwiderten: ›Was geht das uns an? Da, sieh du selber zu!‹ Da warf er das Geld in das Tempelhaus und machte sich davon, ging hin und erhängte sich. Die Hohenpriester aber nahmen das Geld und sagten: ›Es geht nicht an, daß wir es in den Tempelschatz tun, denn es ist Blutgeld.‹ Nachdem sie dann einen Beschluß gefaßt hatten, kauften sie dann für das Geld den ›Töpferacker‹ zum Begräbnisplatz für die Fremden; daher führt jener Acker den Namen ›Blutacker‹ bis auf den heutigen Tag« (Mt 27, 3–8).

Vorhersage der Mißhandlung Jesu bei der Verurteilung. ± 700 v. Chr.:

»Meinen Rücken habe ich denen hingehalten, die mich schlugen; und meine Wangen denen, die mir den Bart rauften; mein Angesicht habe ich vor Beschimpfungen und Speichelwurf nicht verhüllt« (Jes 50, 6).

Erfüllung:

»Sie gaben die Erklärung ab: ›Er ist des Todes schuldig!‹ Hierauf spien sie ihm ins Gesicht und schlugen ihn mit den Fäusten; andere gaben ihm Backenstreiche und sagten: ›Weissage uns, Christus! Wer ist es, der dich geschlagen hat?‹« (Mt 26, 66–68). »Als er das ausgesprochen hatte, gab einer von den Dienern, der dabeistand, Jesus einen Schlag ins Gesicht« (Joh 18, 22).

Vorhersage des Leidens und Sterbens Jesu durch die Kreuzigung. ± 700 v. Chr.:

»Er hatte keine Gestalt und keine Schönheit, daß wir ihn hätten ansehen mögen, und kein Aussehen, daß wir Gefallen an ihm gehabt hätten; nein, er war verachtet und gemieden von den Männern,

ein Mann der Schmerzen und mit Krankheit vertraut, ja, wie einer, vor dem man das Angesicht verhüllt, verachtet, so daß wir ihn für nichts ansahen. Jedoch unsere Krankheiten waren es, die er getragen hat, und unsere Schmerzen hatte er sich aufgeladen, während wir ihn für einen Gestraften, von Gott Geschlagenen und Gemarterten hielten. Und doch war er verwundet um unserer Übertretungen willen und zerschlagen infolge unserer Verschuldungen: Die Strafe war auf ihn gelegt zu unserm Frieden, und durch seine Striemen ist uns Heilung zuteil geworden. Wir gingen alle in der Irre wie Schafe, ein jeder wandte sich seinem eigenen Wege zu; der Herr aber hat unser aller Schuld auf ihn fallen lassen. Als er mißhandelt wurde, ergab er sich willig darein und tat seinen Mund nicht auf wie ein Lamm, das zur Schlachtung geführt wird, und wie ein Mutterschaf, das vor seinen Scherern stumm bleibt: Er tat seinen Mund nicht auf. Aus der Drangsal und dem Gericht ist er hinweggenommen worden, doch wer unter seinen Zeitgenossen bedachte es, daß er vom Lande der Lebenden abgeschnitten war? Wegen der Verschuldung meines Volkes hat die Strafe ihn getroffen. Und man wies ihm sein Grab bei Frevlern an und bei Missetätern seine Gruft, wiewohl er keine Gewalttat verübt hatte und kein Betrug in seinem Munde gewesen war. Doch dem Herrn hatte es gefallen, ihn mit Krankheit zu zerschlagen; wenn er sein Leben als Sühne einsetzen wird, soll er Samen sehen und lange Tage leben und der Wille des Herrn durch ihn gedeihen.
Infolge seiner Seelenqual wird er Frucht erwachsen sehen und satt werden; durch seine Erkenntnis wird als Gerechter mein Knecht den Vielen

zur Gerechtigkeit verhelfen, indem er ihre Verschuldungen auf sich lädt. Darum will ich ihm die Vielen zuteilen, und mit Starken soll er Beute teilen zum Lohn dafür, daß er sein Leben in den Tod hingegeben hat und unter die Übeltäter gezählt worden ist, während er doch die Sünde der Vielen getragen hat und für die Übeltäter fürbittend eingetreten ist« (Jes 53).

»Mein Gott, mein Gott, warum hast du mich verlassen? Ach, fern von meiner Rettung bleiben die Worte meiner Klage! . . . Alle, die mich sehen, spotten mein, reißen den Mund auf, schütteln den Kopf: ›Er werf's auf den Herrn: der möge ihn befreien, der möge ihn retten: er hat ja Wohlgefallen an ihm!‹ Ja, du bist's, der mich der Mutter gelegt in den Schoß, mich sicher geborgen an meiner Mutter Brust . . . den Rachen sperren sie gegen mich auf – ein reißender, brüllender Löwe! Wie Wasser bin ich ausgegossen, alle meine Glieder sind ausgerenkt; das Herz ist mir geworden wie Wachs, zerschmolzen in meinem Innern. Vertrocknet wie eine Scherbe ist meine Kraft, und die Zunge klebt mir am Gaumen: in den Staub des Todes hast du mich gelegt. Ach, Hunde umgeben mich ringsum, eine Rotte von Übeltätern umkreist mich; sie haben mir Hände und Füße durchbohrt. Alle meine Gebeine kann ich zählen: sie aber blicken mich an und weiden sich an dem Anblick. Sie teilen meine Kleider unter sich und werfen das Los um mein Gewand« (Ps 22, 2.8–10; 14–19).

Erfüllung:

»Mein Reich ist nicht von dieser Welt. Wäre mein Reich von dieser Welt, so würden meine Diener für mich kämpfen, damit ich den Juden nicht überliefert würde; nun aber ist mein Reich nicht

von hier. Da sagte Pilatus zu ihm: ›Ein König bist du also?‹ Jesus antwortete ›Ja, ich bin ein König. Ich bin dazu geboren und dazu in die Welt gekommen, um für die Wahrheit Zeugnis abzulegen; jeder, der aus der Wahrheit ist, hört auf meine Stimme.‹ Darauf antwortete ihm Pilatus: ›Was ist Wahrheit?!‹ Nach diesen Worten ging er wieder zu den Juden hinaus und sagte zu ihnen: ›Ich finde keinerlei Schuld an ihm. Es ist aber herkömmlich bei euch, daß ich euch am Passah einen Gefangenen freigebe: Soll ich euch also den König der Juden freigeben?‹ Da riefen sie wieder laut: ›Nein, nicht diesen, sondern den Barabbas!‹ Barabbas war aber ein Raubmörder.
Da ließ nun Pilatus Jesus ergreifen und geißeln; dann flochten die Soldaten eine Dornenkrone, setzten sie ihm aufs Haupt und legten ihm einen scharlachroten Mantel um; hierauf traten sie vor ihn hin und riefen aus: ›Sei gegrüßt, Judenkönig!‹ und versetzten ihm Schläge ins Gesicht. Pilatus kam dann wieder heraus und sagte zu ihnen: ›Seht, ich führe ihn zu euch heraus, damit ihr erkennt, daß ich keinerlei Schuld an ihm finde.‹ So kam denn Jesus heraus, indem er die Dornenkrone und den Purpurmantel trug, und Pilatus sagte zu ihnen: ›Seht, der Mensch!‹ Als ihn nun die Hohenpriester und die Tempeldiener erblickten, schrien sie: ›Ans Kreuz mit ihm, ans Kreuz!‹ Pilatus entgegnete ihnen: ›Nehmt ihr ihn und kreuzigt ihn, denn ich finde keine Schuld an ihm.‹ Die Juden antworteten ihm: ›Wir haben ein Gesetz, und nach diesem Gesetz muß er sterben, weil er sich selbst zu Gottes Sohn gemacht hat.‹ Als nun Pilatus dies Wort hörte, geriet er in noch größere Angst; er ging also wieder in die Statthalterei hinein und fragte Jesus: ›Woher bist du?‹ Jesus aber gab ihm keine Ant-

wort. Da sagte Pilatus zu ihm: ›Mir willst du nicht Rede stehen? Weißt du nicht, daß ich die Macht habe, dich freizugeben, und auch die Macht habe, dich kreuzigen zu lassen?‹ Jesus antwortete ihm: ›Du hättest keine Macht über mich, wenn sie dir nicht von oben her gegeben wäre; deshalb trifft den, welcher mich dir ausgeliefert hat, eine größere Schuld.‹ Von da an suchte Pilatus ihn freizugeben; aber die Juden schrien: ›Gibst du diesen frei, so bist du kein Freund des Kaisers! Jeder, der sich selbst zum König macht, lehnt sich gegen den Kaiser auf!‹ Als Pilatus diese Worte hörte, ließ er Jesus hinausführen und setzte sich auf den Richterstuhl, an dem Platze, welcher ›Steinpflaster‹, auf hebräisch Gabbatha, heißt. Es war aber der Rüsttag auf das Passahfest, und zwar um die sechste Stunde. Nun sagte Pilatus zu den Juden: ›Seht, da ist euer König!‹ Da schrien jene: ›Weg, weg mit ihm, kreuzige ihn!‹ Pilatus entgegnete ihnen: ›Euren König soll ich kreuzigen lassen?‹ Die Hohenpriester aber antworteten: ›Wir haben keinen König als den Kaiser!‹ Darauf übergab er ihnen Jesus zur Kreuzigung. So übernahmen sie denn Jesus; und dieser ging, indem er sein Kreuz selber trug, hinaus nach der sogenannten ›Schädelstätte‹, die auf hebräisch Golgatha heißt; dort kreuzigten sie ihn und mit ihm noch zwei andere auf beiden Seiten, Jesus aber in der Mitte. Auch eine Aufschrift hatte Pilatus schreiben und oben am Kreuz anbringen lassen; sie lautete: ›Jesus von Nazareth, der König der Juden.‹ Diese Aufschrift nun lasen viele von den Juden, weil der Platz, wo Jesus gekreuzigt wurde, nahe bei der Stadt lag und die Aufschrift in hebräischer, römischer und griechischer Sprache abgefaßt war. Da sagten die Hohenpriester der Juden zu Pilatus: ›Schreibe nicht: Der

König der Juden, sondern: Dieser Mensch hat behauptet, er sei der König der Juden‹; Pilatus aber antwortete: ›Was ich geschrieben habe, das habe ich geschrieben!‹
Als nun die Soldaten Jesus gekreuzigt hatten, nahmen sie seine Kleidungsstücke und machten vier Teile daraus, für jeden Soldaten einen Teil, außerdem noch das Unterkleid. Dieses Unterkleid war aber ohne Naht, von oben an in einem Stück gewebt. Da sagten sie zueinander: ›Wir wollen es nicht zerschneiden, sondern darum losen, wem es gehören soll‹ – so sollte das Schriftwort seine Erfüllung finden: ›Sie haben meine Kleider unter sich verteilt und über mein Gewand das Los geworfen.‹ Auf diese Weise verfuhren also die Soldaten.
Es standen aber beim Kreuze Jesu seine Mutter und die Schwester seiner Mutter, auch Maria, die Frau des Kleopas, und Maria von Magdala. Als nun Jesus seine Mutter und neben ihr den Jünger, den er liebhatte, stehen sah, sagte er zu seiner Mutter: ›Frau, siehe dein Sohn!‹ Darauf sagte er zu dem Jünger: ›Siehe deine Mutter!‹ Und von dieser Stunde an nahm der Jünger sie zu sich in sein Haus. Darauf, weil Jesus wußte, daß nunmehr alles vollbracht war, sagte er, damit die Schrift ganz erfüllt würde: ›Mich dürstet.‹ Es stand dort nur ein mit Essig gefülltes Gefäß. Sie umwickelten also einen mit dem Essig getränkten Schwamm mit Isop und hielten ihm diesen an den Mund. Als nun Jesus den Essig genommen hatte, sagte er: ›Es ist vollbracht!‹, neigte dann das Haupt und gab den Geist auf.
Weil es nun Rüsttag war, trugen die Juden, damit die Leichen nicht während des Sabbats am Kreuz blieben – dieser Sabbattag war nämlich ein hoher

Festtag –, dem Pilatus die Bitte vor, es möchten ihnen (den Gekreuzigten) die Schenkel mit Keulen zerschlagen und sie dann (vom Kreuz) herabgenommen werden. So kamen denn die Soldaten und zerschlugen dem ersten die Schenkel, ebenso auch dem anderen, der mit gekreuzigt worden war. Als sie aber zu Jesus kamen und sahen, daß er bereits tot war, zerschlugen sie ihm die Schenkel nicht, sondern einer von den Soldaten stieß ihn mit seiner Lanze in die Seite; da floß sogleich Blut und Wasser heraus. Ein Augenzeuge hat dies bezeugt, und sein Zeugnis ist zuverlässig, und jener weiß, daß er die Wahrheit sagt, damit auch ihr zum Glauben kommet. Dies ist nämlich geschehen, damit das Schriftwort erfüllt würde: ›Es soll kein Knochen an ihm zerbrochen werden.‹ Und noch eine andere Schriftstelle lautet: ›Sie werden auf den blicken, den sie durchbohrt haben‹« (Joh 18, 36–19, 37).

Vorhersage der Auferstehung Jesu ± 1000 v. Chr.:

»Ich habe den Herrn mir beständig vor Augen gestellt: steht er mir zur Rechten, so wanke ich nicht. Drum freut sich mein Herz, und meine Seele frohlockt: auch mein Leib wird sicher wohnen. Denn du gibst meine Seele dem Totenreich (hier: Unterwelt, Grab) nicht preis, du läßt deinen Frommen nicht schaun die Vernichtung« (Ps 16, 8–10).

Erfüllung:

»Am ersten Tage nach dem Sabbat aber kamen sie beim Morgengrauen zum Grabe mit den wohlriechenden Stoffen, die sie zubereitet hatten. Da fanden sie den Stein vom Grabe weggewälzt, doch als sie hineingetreten waren, fanden sie den Leichnam des Herrn Jesus nicht. Während sie nun hierüber ratlos waren, standen plötzlich zwei

Männer in strahlenden Gewändern bei ihnen; und als sie in Furcht gerieten und den Blick zu Boden schlugen, sagten diese zu ihnen: ›Was sucht ihr den Lebenden bei den Toten? Er ist nicht hier, sondern ist auferweckt worden. Denkt daran, wie er zu euch geredet hat, als er noch in Galiläa war und aussagte, der Menschensohn müsse in die Hände sündiger Menschen ausgeliefert und ans Kreuz geschlagen werden und am dritten Tage auferstehen.‹ Da erinnerten sie sich seiner Worte, kehrten vom Grabe zurück und berichteten dies alles den elf (Jüngern) und allen übrigen. Es waren dies aber Maria von Magdala und Johanna und Maria, die Mutter des Jakobus, und die anderen Frauen mit ihnen, die den Aposteln dies berichteten; doch diese Mitteilungen erschienen ihnen als leeres Gerede, und sie schenkten ihnen keinen Glauben« (Lk 24, 1–11).

Vorhersage der Himmelfahrt ± 1000 v. Chr.:

»So lautet der Ausspruch des Herrn an meinen Herrn: Setze dich zu meiner Rechten, bis ich deine Feinde hinlege zum Schemel für deine Füße!« (Ps 110, 1)

Erfüllung:

»Da fragten ihn die dort Versammelten: ›Herr, stellst du in dieser Zeit das Königtum Israel wieder her?‹ Er antwortete ihnen: ›Euch kommt es nicht zu, Zeiten und Fristen zu wissen, die der Vater vermöge seiner eigenen Machtvollkommenheit festgesetzt hat. Ihr werdet jedoch Kraft empfangen, wenn der Heilige Geist auf euch kommt, und ihr werdet Zeugen für mich sein in Jerusalem und in ganz Judäa und Samaria und bis ans Ende der Erde.‹

Nach diesen Worten wurde er vor ihren Augen emporgehoben: eine Wolke nahm ihn auf und entzog ihn ihren Blicken; und als sie ihm noch unverwandt nachschauten, während er zum Himmel auffuhr, standen mit einemmal zwei Männer in weißen Gewändern bei ihnen, die sagten: ›Ihr Männer aus Galiläa, was steht ihr da und blickt zum Himmel empor? Dieser Jesus, der aus eurer Mitte in den Himmel emporgehoben worden ist, wird in derselben Weise kommen, wie ihr ihn in den Himmel habt auffahren sehen‹« (Apg 1, 6–11).

Noch steht die Vorhersage der Buße und Hinwendung Israels zu Jesus aus ± 480 v. Chr.:

»Sodann will ich über das Haus Davids und über die Bewohner Jerusalems den Geist der Gnade und der Bitte um Gnade ausgießen, so daß sie auf den hinblicken werden, den sie durchbohrt haben, und um ihn wehklagen, wie man um den einzigen Sohn wehklagt, und bitterlich Leid um ihn tragen, wie man um den Erstgeborenen Leid trägt« (Sach 12, 10).

Vorhersage unserer Situation, in der die Menschen Jesus, den Sohn Gottes, von Gott dem Vater trennen möchten. ± 1000 v. Chr.:

»Die Könige der Erde rotten sich zusammen, und die Fürsten halten Rat miteinander gegen den Herrn und den von ihm Gesalbten: ›Laßt uns zerreißen ihre Bande und von uns werfen ihre Fesseln!‹ . . . Laßt mich kundtun den Ratschluß des Herrn! Er hat zu mir gesagt: ›Mein Sohn bist du; ich selbst habe heute dich gezeugt. Fordre von mir, so gebe ich dir die Völker zum Erbe und dir zum Besitz die Enden der Erde . . . Küsset den Sohn, auf daß er nicht zürne und ihr zugrunde geht auf eurem Wege! Denn leicht entbrennt sein Zorn. Wohl allen, die bei ihm sich bergen!‹« (Ps 2, 2–3.7–8.12)

Kein Kritiker der Welt kann die Echtheit dieser erfüllten Prophezeiungen wegdiskutieren. Sie sind einzigartig in der Geschichte und in allen religiösen Büchern. Sie sind Gottes Dokument, das mit seiner Botschaft an die Menschheit verknüpft ist, so daß jeder aufrichtige und ernsthafte Sucher völlig überzeugt sein kann, daß er nicht irgendein Buch von religiösen Menschen liest, die versuchen, ihre Ansichten anderen aufzudrängen. Kein Mensch kann nach dem oben erwähnten Zeugnis darauf bestehen, daß die Bibel verfälscht wurde.

Jedoch erhebt sich die Frage: Wurde das Alte Testament, zumindest teilweise erst aufgeschrieben, nachdem das Neue Testament verfaßt worden war? Wollte man das Evangelium durch solche »Prophezeiungen« abstützen? Dies ist aus mehreren Gründen undenkbar. Die Juden verwahrten die Schriften sehr sorgfältig und hatten acht auf sie. Sie selbst waren wirklich nicht daran interessiert, diese Voraussagen in ihrem heiligen Buch vorzufinden, denn sie richteten sich gegen ihren eigenen Glauben und gegen ihr Leben. Es ist bezeichnend, daß kaum einer dieser Abschnitte bei der üblichen Sabbatlesung in der Synagoge vorgelesen wird. Und außerdem war das Alte Testament schon vor Christus weit verbreitet, und es war schon zwischen 200 und 100 v. Chr. ins Griechische übersetzt worden. Es ist unmöglich, einen Text, der so weit verbreitet ist, zu »revidieren«. Außerdem haben wir Abschriften alttestamentlicher Bücher aus der Zeit vor Christus in unserem Besitz, die diese Prophezeiungen enthalten.

Aber wäre es nicht denkbar, daß man das Neue Testament auf die Prophezeiungen abstimmte? Könnte Christus sie nicht gekannt und danach gelebt haben, um sie zu erfüllen? Hätten die Jünger dies nicht so verfassen können?

Diese Erfüllung der Prophezeiung fand nicht in einem verborgenen Winkel fern von jeglichen Zeugen statt. Sie geschah vor aller Öffentlichkeit, und ganz Israel nahm sie wahr. Als das Evangelium von den vier Verfassern niedergeschrieben und die Lehre des Neuen Testaments in den Briefen festgelegt wurde, wäre ganz Israel in Protest dagegen aufgestanden, wenn es sich um Fälschungen gehandelt hätte. Die Apostel forderten die Menschen des öfteren heraus, sie sollten die vielen Augenzeugen befragen!

Paulus sagte bei seiner Verteidigung vor dem König Agrippa:

> »Ich bin nicht von Sinnen, hochedler Festus, sondern ich rede wahre und wohlüberlegte Worte! Denn der König versteht sich auf diese Dinge; an ihn wende ich mich darum auch mit meiner freimütigen Rede; denn ich bin überzeugt, daß ihm nichts von diesen Dingen verborgen geblieben ist; dies alles hat sich ja nicht in einem Winkel abgespielt« (Apg 26, 25–26).

Auch Petrus sagte vor einer großen Menschenmenge der Juden an Pfingsten und kurz nach der Kreuzigung:

> »Ihr Männer von Israel, vernehmt die Worte! Jesus von Nazareth, einen Mann, der als Gottgesandter durch Machttaten, Wunder und Zeichen, die Gott durch ihn in eurer Mitte getan hat, wie ihr selbst wißt, vor euch erwiesen worden ist, diesen Mann, der nach dem festgesetzten Ratschluß und der Vorherbestimmung Gottes euch preisgegeben war, habt ihr durch die Hand der Gesetzlosen ans Kreuz nageln und hinrichten lassen. Gott aber hat ihn auferweckt, indem er die Wehen des Todes löste, weil er ja unmöglich vom Tode festgehalten werden konnte« (Apg 2, 22–24).

Wir stellen fest, daß die Juden die Hinrichtung Jesu durch die Kreuzigung nie leugneten, sie leugneten nur seine Sendung als Messias. Etwas später wurden Petrus und die anderen Apostel wegen ihrer Lehre ins Gefängnis geworfen. Als sie von den Juden beim Verhör befragt wurden, erwiderten sie:

> »Man muß Gott mehr gehorchen als den Menschen! Der Gott unserer Väter hat Jesus auferweckt, den ihr ans Holz gehängt und hingerichtet habt. Diesen hat Gott durch seine rechte Hand zum Anführer und Retter erhöht, um Israel Buße und Vergebung der Sünden zu verleihen. Für diese Tatsachen sind wir Zeugen und auch der Heilige Geist, den Gott denen verliehen hat, die ihm gehorsam sind« (Apg 5, 29–32).

Paulus stützte sich gleichfalls sowohl auf die Schrift (indem er auf die Propheten im Alten Testament hinwies) als auch auf die vielen Zeugen, von denen viele zu jener Zeit noch lebten. Sie konnte man befragen. Dies wurde den Menschen in Griechenland gesagt, denn in Israel sah man keine Notwendigkeit, dies zu erwähnen.

> »Ich habe euch nämlich an erster Stelle mitgeteilt, was ich auch überkommen habe, daß Christus für unsere Sünden gestorben ist, den Schriften gemäß, und daß er begraben und daß er am dritten Tage auferweckt worden ist, den Schriften gemäß, und daß er dem Kephas erschienen ist, danach den Zwölfen. Darauf ist er mehr als 500 Brüdern auf einmal erschienen, von denen die meisten jetzt noch leben, einige aber entschlafen sind. Darauf ist er dem Jakobus erschienen, danach sämtlichen Aposteln« (1. Kor. 15, 3–7).

Diese Aussage wird kurze Zeit später vom Apostel Petrus untermauert, der den Bericht der Augenzeugen hervorhebt, aber sich auf die Erfüllung der Prophetie als sicheres Zeichen beruft. Ein Zeuge kann lügen, auch viele Zeugen können die Unwahrheit sagen. Aber bei einer Prophezeiung und ihrer Erfüllung kann man nichts manipulieren.

»Denn wir sind nicht klug ersonnenen Fabeln nachgegangen, als wir euch die Macht und Wiederkunft unseres Herrn Jesus Christus verkündigten, sondern wir sind Augenzeugen seiner wunderbaren Herrlichkeit gewesen. Denn von Gott dem Vater hat er Ehre und Verherrlichung empfangen, als von der hocherhabenen Herrlichkeit jener Zuruf an ihn erging: Dieser ist mein geliebter Sohn, an dem ich Wohgefallen gefunden habe. Diesen Ruf haben wir ja vom Himmel her erschallen hören, als wir mit ihm auf dem heiligen Berge waren, und um so fester steht uns nun das prophetische Wort, das wir besitzen, und ihr tut wohl, auf dieses achtzugeben als auf ein Licht, das an einem dunklen Ort scheint, bis der volle Tag anbricht und der Morgenstern in euren Herzen aufgeht. Dabei müßt ihr euch vor allem darüber klar sein, daß keine Weissagung der Schrift eine eigenmächtige Deutung zuläßt; denn noch niemals ist eine Weissagung durch menschlichen Willen ergangen, sondern, vom Heiligen Geist getrieben, haben Menschen von Gott aus geredet« (2 Petr 1, 16–21).

Lukas, der einzige Akademiker unter den Verfassern der Evangelien, beginnt seinen Bericht folgendermaßen:

»Weil bekanntlich schon viele es unternommen haben, einen Bericht über die Begebenheiten, die sich unter uns erfüllt haben, so abzufassen, wie die Männer sie uns überliefert haben, die von Anbeginn an Augenzeugen und Diener des Wortes gewesen sind, habe auch ich mich entschlossen, nachdem ich allen Tatsachen von den Anfängen an sorgfältig nachgegangen bin, alles für dich, hochedler Theophilus, in richtiger Reihenfolge aufzuzeichnen, damit du dich von der Zuverlässigkeit der Nachrichten, in denen du unterwiesen worden bist, überzeugen kannst« (Lk 1, 1–4).

Abgesehen davon, wie hätte Jesus die vorhergesagte Zeit seines Kommens wählen können, die Art seiner Geburt (durch eine Jungfrau) oder die Art und Weise seines Todes (Kreuzigung), die dem Propheten, der sie voraussagte, selbst unbekannt war? Denn zu seiner Zeit war der Kreuzigungstod nicht üblich. Weiter, wie hätte er seine Wunder vollbringen können?

Auf der Grundlage dessen, was vorausgegangen ist, müssen wir die Behauptungen von Moslems zurückweisen, wie sie z. B. in den Worten von Herrn Joommal zum Ausdruck kommen:

> »Die Bibel war einmal das Wort Gottes . . . Die gegenwärtige Bibel kann bei noch so starker Vorstellungskraft nie das inspirierte Wort Gottes sein . . . Der Glaube fordert völlige Hingabe an die Bibel mit ihren Fehlern, Absurditäten, ja mit allem. Auf der anderen Seite ist der Verstand abgeneigt, Dinge zu akzeptieren, die für die menschliche Vernunft eine Zumutung sind.«

Wir fordern jeden wahrhaftigen Moslem auf, seine Ansichten über die Verfälschungen und Unzuverlässigkeiten der Bibel zu überprüfen, indem er Beweise für die Inspiration des Korans sucht, die ebenso stichhaltig und durchschlagend sind wie die oben erwähnten für die Bibel. Im Koran finden wir keine annehmbare Prophetie, die in Erfüllung gegangen ist. Wir können auch keinen annehmbaren Beweis der Zeugenaussagen finden, die das Prophetentum im Islam unterstützen. Im Grunde beruht der Anspruch des Korans, göttlicher Natur zu sein, nur auf einem Menschen. Daß er es verstanden hat, seine Nachfolger davon zu überzeugen, ist etwas völlig anderes, aber an sich ist diese Art von Beweisführung nicht annehmbar; denn Tausende von Gründern religiöser Gruppen haben das gleiche getan.

Wir erkennen, daß Behauptungen dieser Art nur

Unwillen oder Zweifel hervorrufen und schließlich nur auf Ablehnung stoßen. In solch einem Falle ist die Grundlage der Ablehnung weder geistlich noch vernünftig, sondern gründet sich auf Emotionen oder Furcht. Es tut uns herzlich leid, daß wir die Gefühle unserer moslemischen Freunde durch solche Feststellungen verletzen müssen. Es ist unsere Bitte, daß sie doch erkennen möchten, daß es um die Wahrheit Gottes geht und um ihre geistliche Stellung vor dem lebendigen Gott.

Einige Voraussagen in bezug auf die Juden

Jedem, der ein Gespür für Geschichte hat, vor allen Dingen, der mit jüdischer Geschichte vertraut ist, wird es natürlich nicht schwerfallen, die Voraussagen, die viele Jahre zuvor von den Propheten gemacht wurden, mit den jeweiligen Ereignissen selbst zu verknüpfen. 1500 Jahre v. Chr. wurde Mose inspiriert, diese prophetische Aussage zu machen:

> »Wenn du aber den Weisungen des Herrn, deines Gottes, gewissenhaft nachkommst, indem du auf die Beobachtung aller seiner Gebote, die ich dir heute zur Pflicht mache, bedacht bist, so wird der Herr, dein Gott, dich über alle Völker der Erde erhöhen, und alle die folgenden Segnungen werden dir zuteil werden und bei dir eintreffen, wenn du den Weisungen des Herrn, deines Gottes, nachkommst: Gesegnet wirst du sein in der Stadt und gesegnet auf dem Felde. Gesegnet wird die Frucht deines Mutterleibes sein und die Frucht deines Ackers und die Frucht deines Viehs, der Wurf deiner Rinder und der Nachwuchs deines Kleinviehs. Gesegnet wird dein Fruchtkorb und dein Backtrog sein. Gesegnet wirst du bei deinem Eingang sein und gesegnet bei deinem Ausgang.

. . . Wenn du aber den Weisungen des Herrn, deines Gottes, nicht gehorchst, daß du auf die sorgfältige Beobachtung seiner Gebote und Satzungen, dich ich dir heute zur Pflicht mache, bedacht sein sollst, so werden alle folgenden Flüche über dich kommen und dich treffen: Verflucht wird dein Fruchtkorb und dein Backtrog sein. Verflucht wird die Frucht deines Mutterleibes und die Frucht deines Ackers sein, der Wurf deiner Rinder und der Nachwuchs deines Kleinviehs. Verflucht wirst du bei deinem Eingang sein und verflucht bei deinem Ausgang. Der Herr wird den Fluch, die Bestürzung und die Verwünschung gegen dich senden bei allen Geschäften, die du unternimmst, bis du wegen deines frevelhaften Tuns, weil du mich verlassen hast, vertilgt bist und schnellen Untergang gefunden hast . . . Der Herr wird dich und deinen König, den du über dich setzen wirst, zu einem Volke führen, das dir und deinen Vätern bis dahin unbekannt gewesen ist; dort wirst du anderen Göttern, Götzen von Holz und Stein, dienen müssen und wirst ein Gegenstand des Entsetzens, des Spottes und Hohns bei allen Völkern werden, wohin der Herr dich führen wird. Aussaat wirst du in Menge aufs Feld bringen, aber nur wenig einernten; denn die Heuschrecken werden es abfressen; Weinberge wirst du anpflanzen und bearbeiten, aber Wein weder trinken noch einkellern, denn der Wurm wird ihn abfressen; Ölbäume wirst du überall in deinem Gebiet haben, aber dich nicht mit Öl salben; denn deine Ölbäume werden die Früchte abfallen lassen. Söhne und Töchter wirst du zeugen, aber sie werden dir nicht verbleiben, denn sie müssen in die Gefangenschaft wandern. Alle deine Bäume und die Früchte deines Ackers wird das Ungeziefer aufzehren. Der Fremdling, der in deiner Mitte lebt, wird immer höher über dich emporsteigen, während du immer tiefer hinabsinkst: er wird dir leihen, du aber wirst ihm nichts zu leihen haben; er wird zum Haupt, du aber zum Schwanz werden. Alle diese Flüche werden über dich kommen, dich verfolgen und dich treffen, bis du vernichtet bist, weil du den Weisungen des Herrn, deines Gottes, nicht gehorcht hast und seinen Geboten und Satzungen, die er dir zur Pflicht gemacht hat, nicht nachgekommen bist; und sie werden an dir und deinen Nachkommen als Zeichen und Wunder bis in Ewigkeit haften. Zur Strafe dafür, daß du dem Herrn, deinem Gott, trotz des Überflusses an allem nicht mit freudigem und bereitwilligem Herzen gedient hast, wirst du deinen Feinden, die der Herr gegen dich senden wird, dienen müssen bei Hunger und Durst, bei Mangel an Kleidung und bei völliger Verarmung; und er wird dir ein eisernes Joch auf den Nacken legen, bis er dich vertilgt hat. Der Herr wird gegen dich aus der Ferne, vom Ende der Erde her, ein Volk heranführen, das so schnell wie ein Adler daherfliegt, ein Volk, dessen Sprache du nicht verstehst, ein Volk mit wildtrotzigem Angesicht, das auch auf einen Greis keine Rücksicht nimmt und mit keinem Kinde Erbarmen hat. Es wird den Ertrag deines Viehstandes und den Ertrag deines Feldes verzehren, bis du vertilgt bist, da es dir vom Getreide, von Wein und Öl, vom Wurf deiner Rinder und vom Nachwuchs deines Kleinviehs nichts übriglassen wird, bis es dich zugrunde gerichtet hat. Es wird dich in all deinen Städten belagern, bis deine hohen und starken Mauern, auf die du dein Vertrauen setzt, in deinem ganzen Lande gefallen sind, und es wird dich in all deinen Städten belagern, in deinem ganzen Lande, das der Herr, dein Gott, dir gegeben hat. Da wirst du dann in der Angst und Bedrängnis, in die dein Feind dich versetzen wird, deine leiblichen Kinder verzehren, das Fleisch deiner Söhne und Töchter, die der Herr, dein Gott, dir geschenkt hat. Sogar der an Wohlleben und die größte Üppigkeit gewöhnte Mann bei dir wird dann auf seinen Bruder und auf das Weib an seinem Busen und auf den Rest seiner Kinder, die er noch übrigbehalten hat, voll Mißgunst blicken, so daß er keinem von ihnen etwas von dem Fleisch seiner Kinder abgibt, die er, ohne sich irgendeins übrigzulassen, in der Angst und Bedrängnis verzehrt, in die dich dein Feind in all deinen Ortschaften versetzen wird. . . . Auch alle Krankheiten und alle Heimsuchungen, die in diesem Gesetzbuch nicht verzeichnet stehen, wird der Herr über dich kommen lassen, bis du vertilgt bist; und es werden Männer von euch nur in geringer Anzahl übrigbleiben, statt daß ihr vorher den Sternen des Himmels an Menge gleichkamt, weil du den Weisungen des Herrn, deines Gottes, nicht nachgekommen bist. Und wie der Herr vorher seine Freude daran gehabt hatte, euch Gutes zu erweisen und euch zahlreich werden zu lassen, ebenso wird der Herr dann bei euch seine Freude daran haben, euch zugrunde zu richten und zu vertilgen, so daß ihr aus dem Lande herausgerissen werdet, in das du jetzt einziehst, um es in Besitz zu nehmen. Der Herr wird dich alsdann unter alle Völker von einem Ende der Erde bis zum anderen zerstreuen, und du wirst dort anderen Göttern dienen müssen, von denen ihr, du und deine Väter, nichts gewußt habt, Götzen von Holz und Stein.

Und du wirst unter jenen Völkern zu keiner Ruhe kommen, und für deine Fußsohlen wird es keine Stätte der Rast geben, sondern der Herr wird dir dort ein immer zitterndes Herz und vor Sehnsucht schmachtende Augen und eine verzweifelnde Seele geben. Dein Leben wird dir an einem Faden zu hangen scheinen, so daß du bei Tag und bei Nacht in Angst schwebst und dich deines Lebens niemals sicher fühlst, am Morgen wirst du sagen: ›Ach, wäre es doch erst Abend!‹ Und am Abend wirst du wünschen: ›Ach, wäre es doch schon Morgen!‹ infolge der Angst deines Herzens, die du empfinden wirst, und infolge des Anblicks der Schrecknisse, die dir vor Augen stehen« (5 Mose 28, 1–6; 15–20; 36–55; 61–67).

Wir merken, wie die Juden wegen ihres Erfolges in dieser Welt beneidet werden. Oft hat Antisemitismus hier seinen Ursprung. Die Juden sind erfolgreich im Geschäftsleben, in Kunst und Wissenschaft. Sie stellen die höchste Zahl der Nobelpreisträger. Warum? Ein Blick in ihre Geschichte wird uns dies verdeutlichen.

Kurze Zusammenfassung der jüdischen Geschichte, die die Erfüllung dieser Weissagungen aufzeigt

Wir wollen so kurz wie möglich der Geschichte dieses Volkes nachspüren. In der Frühzeit der Geschichte, um das Jahr 2000 v. Chr., also vier Jahrhunderte nach der Sintflut, berief Gott den Semiten Abraham aus Ur in Chaldäa zum Vater einer neuen Nation:

»Der Herr sprach zu Abraham: Verlaß dein Land und deine Verwandtschaft und deines Vates Haus und ziehe in das Land, das ich dir zeigen werde; denn ich will dich zu einem großen Volke machen und will dich segnen und deinen Namen groß machen, und du sollst ein Segen werden. Ich will die segnen, die dich segnen, und wer dich verflucht, den will ich verfluchen; und in dir sollen alle Geschlechter der Erde gesegnet werden« (1 Mose 12, 1–3).

Wir sollten darauf achten, daß diese Verheißung an Abraham nicht an eine bestimmte Bedingung geknüpft wurde, und es gibt auch nirgends in der Bibel einen Abschnitt, der sie wieder aufhebt. Diese bedingungslose Verheißung wurde seinem Sohn Isaak und seinem Enkel Jakob bestätigt. Als die Nachkommen Abrahams ungefähr auf 70 Menschen angewachsen waren, zogen sie nach Ägypten und wurden im Lande Gosen angesiedelt, wo sie 400 Jahre in der Sklaverei schuften mußten, so wie es in 1 Mose 15, 13–14 vorausgesagt worden war.

Das nächste große Ereignis in der jüdischen Geschichte war der Exodus. Als die Zeit ihrer Befreiung aus Ägypten kam, bereitete Gott sie darauf vor, indem er die Bürde ihres Schicksals noch schwerer machte. Und als sie dann zu Gott schrien, sandte er ihnen Mose, um sie zu befreien. Innerhalb der ersten beiden Jahre nach ihrer Flucht aus Ägypten wurde ihnen das Gesetz gegeben, die Stiftshütte gebaut, eine gottesdienstliche Ordnung geschaffen und das jüdische Gemeinwesen gegründet. Aber als sie am Ende diese Jahres Kadesch-Barnea erreicht hatten und sich weigerten, von dem Land Besitz zu ergreifen, strafte Gott sie, indem er sie zwang, 40 Jahre in der Wüste herumzuziehen, wo sie auf wunderbare Weise ernährt, gekleidet und göttlich geführt wurden durch die »Wolken- und Feuersäule«.

Am Ende dieser 40 Jahre überquerten sie unter der Führung Josuas den Jordan, zogen in das »Gelobte Land« ein und nahmen es in Besitz. Damit begann die dritte Periode ihrer Geschichte, die Zeit der Richter, die ungefähr 450 Jahre dauerte. Die Regierung bestand in einer Theokratie, die zuerst von den Ältesten und dann von den Richtern verwaltet wurde. Das Volk jedoch war nicht damit zufrieden, nur von einem unsichtbaren König regiert zu werden. Es wollte einen König, wie die übrigen Nationen ringsum. So gingen sie zum Propheten Samuel und baten ihn um einen König. Samuel war traurig darüber, weil er empfand, daß sich dieses Ansinnen gegen sein Amt richtete. Aber als er die Sache vor Gott brachte, sagte dieser:

> »Komm der Forderung des Volkes in allem nach . . . denn nicht dich haben sie verworfen, sondern mich.«

Samuel warnte deshalb das Volk und wies es darauf hin, was der erwählte König von ihnen fordern würde. Aber die mahnenden Worte verhallten im Leeren, und Saul wurde erwählt. Dies war der Beginn der vierten Geschichtsperiode. Saul regierte 40 Jahre und wurde von David abgelöst, einem Mann »nach dem Herzen Gottes«, der wiederum 40 Jahre regierte. Auf ihn folgte Salomo, der ebenfalls 40 Jahre König war. Während der Regierungszeit Salomos wurde der erste Tempel gebaut. Diese Zeit war äußerst glorreich, aber Salomos schwacher Punkt bestand darin, daß er heidnische Frauen heiratete und ihnen erlaubte, den Götzenkult in Jerusalem einzuführen. Das war der Anfang vom Niedergang der jüdischen Nation. Nach dem Tode Salomos 975 v. Chr. wurde das Reich geteilt. Sein Sohn Rehabeam herrschte über zwei Stämme, Juda und Benjamin. Dazu gehörten Jerusalem und der Tempel. Jerobeam, ein Emporkömmling, wurde zum Herrscher über die noch verbliebenen Stämme und erklärte Samaria zur Hauptstadt. Dieser Teil des Reiches, als Israel bekannt, zerfiel schnell, und im Jahre 721 v. Chr. wurden die zehn Stämme gefangen nach Assyrien gebracht. Die zwei Stämme, die man unter dem Namen Juda kennt, hielten sich 100 Jahre länger. Aber 606 v. Chr. wurden auch sie in die Gefangenschaft nach Babylonien geführt. Jerusalem wurde 587 v. Chr. von Nebukadnezar zerstört.

Mit der Gefangenschaft Judas und der Zerstörung Jerusalems begann eine lange Periode, die ausführlich im Buch Daniel beschrieben wird. Dieser Zeitabschnitt ist noch nicht vollständig abgelaufen.

Begonnen hat der fünfte Zeitabschnitt mit der Beendigung der 70jährigen Babylonischen Gefangenschaft. Die Juden kehrten nach Jerusalem zurück, um den Tempel und die Mauern der Stadt wieder aufzubauen. Aber obwohl sie in ihr eigenes Land zurückkehren durften, erlangten die Juden doch nie mehr ihre wirkliche Unabhängigkeit. Sie blieben verschiedenen Eroberern ihres Landes untertan. Dennoch wurden sie meistenteils von Herrschern ihrer eigenen Rasse regiert; so wie es in der Prophezeiung vorausgesagt war, daß das Zepter nicht von Juda genommen werden sollte, bis sein Herrscher komme (1 Mose 49, 10).

Die folgende Weissagung, die der nationalen Gefangenschaft Judas in Babylon unter Nebukadnezar (± 605–538 v. Chr.) vorausging, stammt von Jeremia:

> »Denn so hat der Herr gesprochen: Wisse wohl: ich mache dich zum Grauen für dich selbst und für alle deine Freunde! Denn sie werden durch das Schwert ihrer Feinde fallen, und zwar so, daß du es mit eigenen Augen ansiehst; und ganz Juda will ich der Gewalt des Königs von Babylon preisgeben, damit er sie gefangen nach Babylon wegführt und sie mit dem Schwert erschlägt. Dazu will ich den ganzen Reichtum dieser Stadt, ihren gesamten Besitz samt allen ihren Kostbarkeiten, dahingeben, und alle Schätze der Könige von Juda ihren Feinden zu eigen geben: die sollen sie plündern und mitnehmen und nach Babylon bringen« (Jer 20, 4–5).
>
> »Dieses ganze Land soll zur Einöde, zur Wüste werden, und diese Völkerschaften sollen dem Könige von Babylon dienstbar sein 70 Jahre lang« (Jer 25, 11).

»Die Früchte deines Feldes und den ganzen Ertrag deiner Arbeit wird ein Volk verzehren, das du bis dahin nicht gekannt hast, und du wirst allezeit nur der Vergewaltigte und Mißhandelte sein: wahnsinnig wirst du werden beim Anblick dessen, was deine Augen zu sehen bekommen. Der Herr wird dich mit bösen Geschwüren an den Knien und Schenkeln schlagen, von denen du nicht wirst geheilt werden können, von der Fußsohle bis zum Scheitel. Der Herr wird dich und deinen König, den du über dich setzen wirst, zu einem Volke führen, das dir und deinen Vätern bis dahin unbekannt gewesen ist; dort wirst du anderen Göttern, Götzen von Holz und Stein, dienen müssen« (5 Mose 28, 33–36).

Im Jahre 168 v. Chr. eroberte der syrische König Antiochus Epiphanes Palästina von Ägypten her. Zweimal nahm er Jerusalem ein, plünderte und entheiligte es, schloß den Tempel und verfolgte die Juden auf grauenvolle Weise, bis sie so aufgestachelt waren, daß sie sich unter der Führung der Makkabäer in einem Aufstand gegen ihn erhoben. Dieser Aufstand dauerte von 160–40 v. Chr.

Im Jahre 63 v. Chr. wurde Judäa von Rom unterworfen, und während der nächsten Jahre hielt das Römische Weltreich das Heilige Land fest in seinem Griff. Ungefähr um diese Zeit, 5 v. Chr., besuchten viele in der Prophetie Bewanderte den Tempel, da sie von dem Propheten Daniel wußten, daß die Zeit für das Erscheinen des Messias, des Fürsten, nicht mehr fern sei (Dan 9, 24–27). Dort warteten sie auf den »Trost Israels«.

Jesus wurde in Bethlehem geboren, von den Hirten aufgesucht, und einige Wochen später von Simeon und Hanna im Tempel erkannt. Die Weisen aus dem Morgenland huldigten ihm; er wurde nach Ägypten gebracht und kehrte dann wieder nach Nazareth zurück, wo er seine Kindheit und Jugend verbrachte. Mit 30 Jahren erschien er am Jordan, wurde von Johannes getauft und trat dann seinen Dienst in der Öffentlichkeit an. Aber sein Anspruch als Messias wurde von den Juden abgelehnt. Sie lieferten ihn an die Heiden aus, damit sie ihn kreuzigten, und schrien: »Sein Blut komme über uns und unsere Kinder.« Wie sich dieser Ausspruch wortwörtlich erfüllte, das lesen wir in den Geschichtsbüchern. Im Jahre 70 n. Chr. marschierte die römische Armee gegen Jerusalem. Die Stadt und der Tempel wurden von Titus zerstört, und die Juden wurden unter alle Nationen der Erde zerstreut, so wie es im 9. Kapitel des Buches Daniel vorausgesagt war. Mit der Ablehnung und Kreuzigung des Messias nahm das Elend der jüdischen Rasse erst richtig seinen Anfang.

Im Jahre 50 n. Chr. wurden 30 000 im Kampf mit den Römern in Jerusalem getötet. Die schlimmsten Leiden setzten danach unter Gessius Florus, dem römischen Statthalter von Judäa, im Jahre 66 n. Chr. ein. Seine Unterdrückung führte zu einem Aufstand großer Teile der Juden. Nero schickte Vespasian, der von seinem Sohn Titus begleitet wurde, mit einer Armee von 60 000 Mann. Josephus, ein berühmter General des hasmonäischen Geschlechts und ein anerkannter Geschichtsschreiber, trat ihm im oberen Galiläa entgegen, wo er sich bei Jotapata verschanzt hatte. Schließlich wurde er nach einer Belagerung von 47 Tagen überwältigt. Er verlor dabei über 40 000 Mann. Die Unterjochung Galiläas folgte. Tausende kamen in diesem Krieg ums Leben. Judäa und Jerusalem wurden verschont, weil Vespasian durch den Tod Neros nach Rom zurückgerufen wurde.

Als Vespasian zum Kaiser ernannt wurde, sandte er seinen Sohn Titus, um die Unterwerfung des Heiligen Landes und die Eroberung Jerusalems zu Ende zu führen.

Es war im April 70 n. Chr., als das römische Heer mit 100 000 Mann auf Jerusalem zumarschierte. Die Stadt war nur schlecht auf eine Belagerung vorbereitet. Rivalisierende Parteien stritten sich untereinander, wer die Macht haben sollte. Die Stadt wurde von einer dreifachen Mauer umgeben und von 90 Türmen aus verteidigt. Die Belagerung dauerte vier Monate. Große Schleudermaschinen aus biegsamem Holz und dicken Tauen schleuderten Steine gegen die Mauer. In der Stadt selbst herrschte Hungersnot. Frauen entrissen ihren Männern die Nahrung, Kinder ihren Eltern und Müttern Babys. Einige, die ihre mütterlichen Gefühle völlig eingebüßt hatten, töteten, kochten und aßen ihre eigenen Kinder. Viele flohen aus der Stadt und gerieten dabei in noch größere Not, denn sie wurden von Titus gefangengenommen und zur Warnung außerhalb der Stadtmauer gekreuzigt. Die Lage der Bedrängten wurde so schrecklich, daß Titus Gott zum Zeugen anrief, daß er nicht dafür verantwortlich sei.

Schließlich wurde am 5. August im Jahre 70 n. Chr. die Burg Antonia eingenommen. Die Römer drängten in die Tempelanlage. Obwohl Titus befohlen hatte, seine Soldaten sollten den wunderschönen Tempelbau verschonen, denn er galt auch in Rom als eines der Weltwunder, lief ein Soldat mit einer brennenden Fackel durch einen Torgang. In der Feuersbrunst, die ausbrach, wurde der Tempel des Herodes zerstört. Es blieb nichts übrig als der Fels, auf dem er stand.

Josephus sagte, daß über eine Million Menschen bei der Belagerung ihr Ende fanden. Nur 97 000 überlebten als Gefangene. Die schönsten jungen Männer wurden nach Rom gebracht, um den Triumphzug des Eroberers zu zieren. So wurde die Voraussage Daniels erfüllt:

> »Und die Stadt samt dem Heiligtum wird das Kriegsvolk eines Fürsten zerstören, der heranzieht . . .« (Dan 9, 26).

Obgleich die Zerstörung Jerusalems durch Titus die Juden weit und breit zerstreute, war dies keineswegs der letzte Schlag. 65 Jahre später, im Jahr 136 n. Chr., hatten sich die Juden genügend von dem niederschmetternden Schlag erholt, um sich erneut in einer Revolte gegen die römische Autorität zu erheben. Hadrian vollendete dann das Werk der Vernichtung. In einem Krieg, der dreieinhalb Jahre dauerte, verwüstete er Palästina, brachte 580 000 Menschen um und ließ mit Pflugscharen Zion zerstören (so wurde die Voraussage von Micha 3, 12 erfüllt, die 885 Jahre zuvor gegeben worden war). Hadrian verbot den Juden bei Todesstrafe, sich der neuen römischen Stadt, der Aelia Capitolina, auch nur zu nähern, die er in der Gegend Jerusalems erbauen ließ. Von dieser Zeit an gab es nur noch wenige Juden in Palästina.

Im Jahre 362 n. Chr. machte Kaiser Julian der Abtrünnige den Versuch, die Mauern Jerusalems wieder aufzubauen. Dies allerdings wäre der Prophezeiung des Herrn zuwidergelaufen. Aber seine Arbeiter wurden von einem Feuer, das in den Ruinen ausbrach, vertrieben. In der Zeit von Hadrian (140 n. Chr.) bis Konstantin ging es dem jüdischen Volk besser. Es erholte sich und erstarkte im Exil in vielen Ländern des Römischen Weltreiches. Diese Juden waren auch an der Verfolgung der frühen Kirche mitbeteiligt. Aber die Bekehrung Konstantins zum Christentum im Jahre 312 n. Chr. änderte die Zustände grundlegend. Die Juden wurden zu einer verfluchten und verfolgten Sekte. Damit begann eine erschütternde Zeitspanne, in der die römische Kirche sowohl ihren Einfluß und ihre politische Macht als auch die Unwissenheit ihrer Glieder nutzte, um das jüdische Volk im Namen Gottes zu verfolgen.

Diese traurige, dunkle Periode verschlimmerte sich bis zum Jahre 1096 n. Chr., der Zeit des ersten Kreuzzuges, der in der Geschichte als der »Heilige Krieg« bekannt ist.

Damals fiel das Grauen der mitternächtlichen Dunkelheit auf die Juden und lüftete sich erst wieder lange nach der Reformation.

Im Jahre 1020 verbannte Canute alle Juden von England. Wenig später gab es in ganz England für Juden nur einen Friedhof in Cricklegate in London. Dann begann der Heilige Krieg mit dem Versuch, alle Juden in Europa hinzuschlachten, die sich nicht taufen lassen wollten. Heinrich II. befahl den Juden, 60 000 £ zu bezahlen, um davon seine Ausgaben für einen Kreuzzug zu bestreiten. Beim Herrschaftsantritt Richards I., 1089 n. Chr., wurden mörderische Aufstände gegen die Juden inszeniert, und nicht eine jüdische Familie wurde von Ausplünderung und Mord verschont.

Das darauffolgende Jahr sah die Tragödie von York Castle, als der Oberrabbiner von York und 500 Anhänger in York Castle belagert wurden. Als eine Flucht hoffnungslos erschien, tötete einer den anderen. Der Oberrabbiner, der als letzter sterben sollte, legte einen Brand und nahm sich selbst das Leben. Als die Soldaten eindrangen, fanden sie die Belagerten tot aufeinanderliegend, wie Opfer, auf dem Altar.

Bis zur Zeit Edwards I., 1272, beanspruchte die Krone das Besitzrecht auf die Juden und damit auf alles, was sie besaßen. Von Zeit zu Zeit wurde ihnen erlaubt, sich Reichtümer zu erwerben, um sie ihnen dann wieder wegzunehmen. Sie wurden ausgequetscht, wie man einen nassen Schwamm ausdrückt. Edward I. trieb alle Juden, 16 500 an der Zahl, aus England, und vier Jahrhunderte lang betrat kein jüdischer Fuß britische Erde.

1306, am Morgen der Fastenzeit zur Erinnerung an die Zerstörung Jerusalems, wurden alle Juden in Frankreich, Männer, Frauen und Kinder, 100 000 an der Zahl, ihres Besitzes enthoben und des Landes verwiesen. Der Besitz fiel dem königlichen Staatsschatz zu. Nach zehn Jahren durften sie wieder zurückkehren, aber bald verjagten die »Pastoreaux-Banden«, fanatische Hirten und Übeltäter, sie zu Tausenden. Im Jahre 1683 wurde den Juden befohlen, alle französischen Kolonien zu verlassen. Erst 1723, als Ludwig XV. den Juden erlaubte, Besitz zu erwerben, wendete sich das Blatt.

Der »Schwarze Tod«, die Seuche, die 1348–1350 über Europa hinwegjagte und ein Viertel der Bevölkerung hinwegraffte, verschonte die Juden zum größten Teil. Der Grund dafür ist in ihrem einfachen Lebensstil und der genauen Befolgung der hygienischen Auflagen aus dem dritten Buch Mose zu suchen. Diese Verschonung von der Pest brachte sie wieder in Verdacht, die Urheber dieser Plage zu sein, und sie wurden dafür verantwortlich gemacht, die Quellen und Wasserläufe vergiftet zu haben.

In Deutschland hieß es, man kenne die Zusammensetzung des angeblichen Giftes, die Farbe der Verpackungen, in denen es transportiert wurde, und die Menschen, die es weitergaben. Das führte dazu, daß sie Folterungen ausgesetzt wurden, die ihnen durch die »Flagellanten«, einem Orden von Fanatikern, der ganz Deutschland überschwemmte und die Ausmerzung aller Ungläubigen predigte, zugefügt wurden. Die ganze jüdische Gemeinde in Straßburg, 2000 Menschen, wurden auf ein riesengroßes Schafott getrieben, das dann in Brand gesteckt wurde.

Es wurde den Juden auch vorgeworfen, sie würden die Kinder der Christen stehlen und sie anstelle des Passahlamms kreuzigen. Auch an den geheiligten Hostien würden sie sich vergehen und sie mit Messern durchbohren. Im Jahre 1560 wurden die Juden aus Prag ausgewiesen, und in Konstantinopel wurden wenig später 3000 Häuser in jüdischen Vierteln angesteckt und das Vermögen im Werte von 50 000 000 Kronen eingezogen.

In Spanien war die Maschinerie der Inquisition in vollem Gange. Sie war unter anderem auch dazu errichtet worden, um Juden zum christlichen Glauben zu proselytisieren. Männer und Frauen verschwanden zu Hunderten, als wenn sich der Boden unter ihnen aufgetan und sie verschlungen hätte. Einige kehrten nie mehr zurück, andere tauchten erst nach Jahren wieder auf, als menschliche Wracks, blaß, ausgezehrt, ausgemergelt und halb wahnsinnig durch die lange Dunkelhaft in kalten, unterirdischen Kerkern. Immer wieder wanderten Prozessionen durch die Straßen zum Scheiterhaufen. Die Opfer wurden gefoltert in der Hoffnung, sie würden widerrufen und Abbitte tun, bevor sie in die Flammen geworfen wurden.

Viele wurden von den Gerichtssälen in unterirdischen Gängen zu der Kammer der »eisernen Jungfrau« geführt. Das war eine rauhe, ausgehöhlte Frauenfigur aus Eisen, die bei der Berührung einer Feder aufsprang. Im Inneren war sie mit eisernen Nägeln gespickt. Wenn der Verurteilte hineinstieg, schloß sich die Figur allmählich und umfaßte mit eisernem Griff ihre Opfer. Die Nägel drangen dabei unter dem Geschrei des Menschen immer tiefer in den Körper ein, bis sie schließlich ein lebenswichtiges Organ trafen. Wenn alles vorbei war, öffnete sich die Figur wieder, um den Leichnam in einen gähnenden Abgrund fallen zu lassen.

Aber das war noch nicht alles. Ferdinand und Isabella erließen im Jahre 1492 eine Verfügung, nach der alle Juden aus Spanien verbannt werden sollten. Ein Jude bot 600 000 Kronen, damit der Erlaß rückgängig gemacht werden sollte. Der König und die Königin zögerten zunächst und waren geneigt, das Angebot anzunehmen, als der spanische Inquisitor »Torquemada« vor das verwirrte Herrscherpaar trat und ihnen mit einem Kruzifix in der Hand zurief: »Seht den, welchen Judas für dreißig Silberlinge verkaufte. Verkauft ihr ihn jetzt zu einem höheren Preis, wie wollt ihr dann diesen Handel vor Gott verantworten?«

Die Herrscher zitterten angesichts des entschlossenen Dominikanermönchs, und die Juden wurden ausgewiesen. Man gab ihnen vier Monate zur Vorbereitung, aber sie wußten nicht, wohin sie gehen sollten, denn es gab kein gastliches Land, das sie hätte aufnehmen wollen. Einige schifften sich nach Afrika ein und wurden in die Sklaverei verkauft. Etliche erreichten Italien. Ihre Leiden waren unbeschreiblich. Noch 200 Jahre danach, im Jahre 1680, war die Haltung Spaniens den Juden gegenüber unverändert.

Und so berichtet uns die Geschichte wie ein fürchterlicher Alptraum Jahrhunderte hindurch von schrecklichen Bestrafungen und Verfolgungen, die die Nachkommen Abrahams trafen; und noch heute, in einem Zeitalter des Humanismus und der Zivilisation, haben wir den frischen Eindruck von dem, wie Hitler und seine Gruppe fanatischer Irrer 6 000 000 Juden in den Konzentrationslagern und Gaskammern vernichteten. Für das Wunder, daß das Volk der Juden während der langen dunklen Zeit seiner Verfolgung dennoch erhalten blieb, gibt es keine andere Erklärung als die, daß es zu einem ganz bestimmten Zweck aufbewahrt wurde. (Diesen historischen Bericht habe ich mir vor 20 Jahren aus einem Buch abgeschrieben, dessen Titel und Verfasser mir leider nicht mehr in Erinnerung sind. Anm. d. Verf.)

Die Juden waren keineswegs das einzige Volk, das zu leiden hatte, aber sie waren sicher die am meisten verfolgten. Sie sind die einzige Nation der Welt, die die »Diaspora« (d. h. die Zerstreuung unter andere Völker der Welt) nahezu 2000 Jahre erlitten und überlebt haben. Die Bibel hat uns das vorausgesagt:

> »Der Herr wird dich alsdann unter alle Völker von einem Ende der Erde bis zum andern zerstreuen, und du wirst dort anderen Göttern dienen müssen, von denen ihr, du und deine Väter, nichts gewußt habt, Götzen von Holz und Stein.

Und du wirst unter jenen Völkern zu keiner Ruhe kommen, und für deine Fußsohle wird es keine Stätte der Rast geben, sondern der Herr wird dir dort ein immer zitterndes Herz und vor Sehnsucht schmachtende Augen und eine verzweifelnde Seele geben. Dein Leben wird an einem Faden zu hangen scheinen, so daß du bei Tag und bei Nacht in Angst schwebst und dich deines Lebens niemals sicher fühlst . . .« (5 Mose 28, 64–66).

»Denn wisse wohl: es kommt die Zeit – so lautete der Ausspruch des Herrn –, da werde ich das Geschick meines Volkes Israels und Juda wenden – so spricht der Herr – und sie in das Land zurückführen, das ich ihren Vätern gegeben habe: sie sollen es wieder in Besitz nehmen« (Jer 30, 3).

»Vernehmt das Wort des Herrn, ihr Völker, und verkündet in den fernen Meeresländern folgende Botschaft: Er, der Israel zerstreut hat, sammelt es wieder und hütet es wie ein Hirt seine Herde; denn der Herr hat Jakob losgekauft und ihn befreit aus der Gewalt dessen, der stärker war als er« (Jer 31, 10–11). »Fürchte dich nicht, denn ich bin mit dir: Vom Sonnenaufgang will ich deine Volksgenossen heimbringen und vom Sonnenniedergang dich sammeln; ich will dem Norden gebieten: Gib sie heraus! und dem Süden: Halte sie nicht zurück! Bringe meine Söhne aus der Ferne heim und meine Töchter vom Ende der Erde, alle, die nach meinem Namen genannt sind und die ich zu meiner Ehre geschaffen, alle, die ich gebildet und hervorgebracht habe! Man lasse das Volk hinausgehen, das blind ist, wiewohl es Augen hat, und die taub sind, wiewohl sie Ohren haben!« (Jes 43, 5–8).

Das unerklärlichste Ereignis für mich ist die

Rückkehr der Juden nach Israel, die gegen Ende des vergangenen Jahrhunderts begann, aber erst nach dem Zweiten Weltkrieg mit der Gründung des Staates Israel 1948 zur großen Bewegung wurde.

Das konnte niemand erwarten – und doch war es vorausgesagt und hat sich auch erfüllt.

VII. Prophetie, die sich heute erfüllt

Der Höhepunkt der biblischen Lehre ist die Wiederkunft Jesu. Obgleich die meisten Juden Jesus als ihren Messias ablehnen, schauen sie doch nach dem Messias aus, denn sie erwarten ihn: den Sieger, den Befreier, den großen Herrscher. Und als solcher wird er zum zweitenmal wiederkommen.

> »Sodann will ich über das Haus Davids und über die Bewohner Jerusalems den Geist der Gnade und der Bitte um Gnade ausgießen, so daß sie auf den hinblicken werden, den sie durchbohrt haben, und um ihn wehklagen, wie man um den einzigen Sohn wehklagt, und bitterlich Leid um ihn tragen, wie man um den einzigen Sohn und Erstgeborenen Leid trägt« (Sach 12, 10).

Dies wird eine Zeit der großen Trübsal sein. Christus und die Propheten haben es vorausgesagt:

> »Stoßt in die Posaune auf dem Zion und blast Lärm auf meinem heiligen Berge, daß alle Bewohner des Landes erzittern! Denn der Tag des Herrn kommt heran, ja, er steht nahe bevor, ein Tag der Finsternis und des Dunkels, ein Tag des Gewölks und der Wolkennacht! Wie Morgengrauen liegt über die Berge ausgebreitet ein großes, starkes Kriegsvolk, wie seinesgleichen von Ewigkeit her nicht gewesen ist und in Zukunft keines wieder sein wird bis in die Jahre der fernsten Geschlechter. Fressendes Feuer geht vor ihm her, und hinter ihm drein lodert Lohe; wie der Garten Eden liegt das Land vor ihm, und hinter ihm eine öde Wüste; und dabei ist ein Entrinnen vor ihm nicht möglich. Sie sehen ganz aus wie Rosse, und wie Rennpferde, so stürmen sie

vorwärts. Rasselnd wie Kriegswagen hüpfen sie über die Höhen der Berge, knisternd wie die Feuerflamme, welche Stoppeln verzehrt, wie ein gewaltiges, kampfgerüstetes Heer. Vor ihm erzittern die Völker, alle Gesichter entfärben sich. Wie Kriegshelden stürmen sie daher, wie geübte Streiter ersteigen sie die Mauern; jeder zieht seines Weges geradeaus, ohne sich aus der Richtung bringen zu lassen; keiner stößt den andern, ein jeder verfolgt seine Bahn für sich; auch durch Pfeilhagel hindurch dringen sie vor, ohne sich aufhalten zu lassen. Sie stürmen gegen die Stadt an, rennen auf die Mauer, klettern an den Häusern hinauf; durch die Fenster dringen sie ein wie der Dieb. Vor ihnen her bebt die Erde, wankt der Himmel; Sonne und Mond verfinstern sich, und die Sterne verlieren ihren Glanz. Und der Herr läßt vor seiner Kriegerschar her seine Stimme erschallen; denn gar gewaltig ist sein Kriegsvolk, zahlreich der Vollstrecker seines Befehls. Ja, groß ist der Tag des Herrn und gar furchtbar: wer mag ihn bestehen?« (Joel 2, 1–11).

Man braucht nicht viel Phantasie zu haben, um sich das vorzustellen, was Joel in seiner Vision sah. Obwohl ihm sicher die Worte fehlten, dieses Stück modernen Krieges zu beschreiben. Aber man kann sich im Geist tatsächlich Panzer, Artillerie und grausame Kämpfe vor Augen führen. Wie konnte der Prophet das wissen?

Der Prophet Hesekiel beschäftigt sich bis in Einzelheiten hinein mit der Endzeit. Er berichtet von der Rückkehr nach Israel und von der geistlichen Erweckung, die noch aussteht. Aber er schreibt auch von Krieg, Terror und Tod, die von den umgebenden Nationen verursacht werden in Verbindung mit Gog (dem Fürsten von Ros, Mesech und Thubal in Magog). Hebräische und griechische Überlieferung nimmt an, daß dies die Skythen sind.

Das ist das Volk, das innerhalb der offenen Grenzen zwischen dem Kaukasus und dem Fluß Don in der Steppe Rußland lebt. Gomer wurde für gewöhnlich als in Nordwestasien gelegen betrachtet, später sah man darin die Ukraine, das Herz des europäischen Rußlands. Die keltischen Stämme scheinen von ihnen abzustammen (Welsch). Togarmah (toka = Stamm in Sanskrit und Armah = Armenien) sollte man auch im südlichen Rußland suchen. Peras (Persien), Kusch (Äthiopien) und Put (Lybien), gehören zu den umgebenden Mächten, und sie versuchen, das neu erstandene Israel zu zerstören.

> »Menschensohn, solange die vom Hause Israel in ihrem Lande wohnten, verunreinigten sie es durch ihren Wandel und ihr ganzes Tun; ihr Wandel war vor meinen Augen wie die Unreinheit einer Frau, die ihren Blutgang hat. Da ließ ich denn meinem Zorn gegen sie freien Lauf wegen des Blutes, das sie im Lande vergossen hatten, und wegen ihres Götzendienstes, durch den sie es verunreinigt hatten. Ich zerstreute sie also unter die Heidenvölker, und sie wurden in die Länder versprengt: Nach ihrem Wandel und ihrem ganzen Tun ging ich mit ihnen ins Gericht. Als sie nun unter die Heidenvölker kamen, da brachten sie, wohin sie kamen, meinen heiligen Namen in Unehre, indem man von ihnen sagte: Das Volk des Herrn sind diese, und doch haben sie aus seinem Lande wegziehen müssen! Da tat es mir leid um meinen heiligen Namen, weil das Haus Israel ihn unter den Heidenvölkern überall, wohin sie kamen, in Unehre brachte. Darum saget zum Hause Israel: So hat der Herr gesprochen. Nicht um euretwillen, Haus Israel, greife ich ein, sondern um meines heiligen Namens willen, den ihr unter den Heidenvölkern überall entehrt habt, wohin ihr gekommen seid. So will ich denn meinen großen Namen, der unter den

Heiden entheiligt worden ist, weil ihr ihn unter ihnen entheiligt habt, wieder zu Ehren bringen, damit die Heiden erkennen, daß ich der Herr bin – so lautet der Ausspruch des Herrn –, wenn ich mich vor ihren Augen an euch als den Heiligen erweise. Ich will euch also aus den Heidenvölkern herausholen und euch aus allen Ländern sammeln und euch in euer Land zurückbringen . . . Das verödete Land soll aufs neue bestellt werden, während es zuvor als Wüste vor den Augen aller Vorüberziehenden dagelegen hat. Dann wird man sagen: Dieses Land, das verödet dalag, ist wie der Garten Eden geworden, und die Städte, die in Trümmern lagen und verwüstet und zerstört waren, sind jetzt wohl befestigt und volkreich. Da werden dann die Völkerschaften, die rings um euch her übriggeblieben sind, zu der Erkenntnis kommen, daß ich, der Herr, es bin, der das Zerstörte neu aufgebaut und das Verwüstete neu bepflanzt hat« (Hes 36, 17–24; 34–36).

»Menschenkind , richte deine Blicke auf Gog im Lande Magog, den Fürsten von Ros, Mesech und Thubal, und sprich folgende Weissagungen über ihn aus: So hat Gott der Herr gesprochen: Nunmehr will ich an dich, Gog, Fürst von Ros, Mesech und Thubal! Ich will dich herbeilocken und dir Haken in die Kinnbacken legen und dich ins Feld ziehen lassen mit deiner ganzen Kriegsmacht, Rosse und Reiter, allesamt in voller Ausrüstung, ein gewaltiges Heer mit Schilden und Tartschen, durchweg mit Schwertern bewaffnet, Perser, Äthiopier und Libyer befinden sich unter ihnen, allesamt mit Schild und Helm; Kimmerier mit all ihren Scharen, das Haus Thogarma aus dem äußersten Norden mit all seinen Scharen: Ja viele Völker sind mit dir. Rüste dich und halte dich bereit, du mit all deinen Scharen, die sich bei dir gesammelt haben, und sei du ihr Anführer! Nach geraumer Zeit sollst du Befehl erhalten: Am Ende der Jahre sollst du über ein Land kommen, das sich vom Kriege erholt hat, das aus vielen Völkern auf den Bergen Israels, die dauernd verödet lagen, gesammelt worden ist; jetzt aber ist es aus den Völkern zurückgeführt, und sie wohnen nun in Sicherheit allesamt. Da wirst du dann heranziehen, wie ein Ungewitter daherkommen, wirst wie eine Wetterwolke sein, um das Land zu bedecken, du und alle deine Scharen und die Völkermenge mit dir. So hat Gott der Herr gesprochen: Zu jener Zeit werden böse Gedanken in deinem Herzen aufsteigen, und du wirst einen schlimmen Anschlag ersinnen; du wirst nämlich denken: ich will zu Felde ziehen gegen ein Land von Bauernhöfen, will über friedliche Leute herfallen, die ruhig und sorglos leben; sie wohnen ja allesamt ohne Mauern und haben keine Riegel und Tore (gegen diese gedenkst du zu ziehen), um schonungslos zu rauben und Beute zu machen, um deine Hand an wiederbewohnte Trümmerstätten zu legen und an ein Volk, das aus den Heidenländern gesammelt worden ist, das sich Hab und Gut erworben hat und auf dem Nabel der Erde wohnt« (Hes 38, 2–12).

». . . und von deinem Wohnsitz, vom äußersten Norden her, kommen, du und viele Völker mit dir, allesamt hoch zu Roß, eine große Schar und ein gewaltiges Heer; und du wirst gegen mein Volk Israel heranziehen wie eine Wetterwolke, um das Land zu bedecken. Am Ende der Tage wird es geschehen, daß ich dich gegen mein Land zu Felde ziehen lasse, damit die Heidenvölker mich kennenlernen, wenn ich mich vor ihren Augen an dir,

Gog, als den Heiligen erweise. . . . So wird denn an demselben Tage, an dem Gog in das Land Israel einrückt – so lautet der Ausspruch Gottes des Herrn –, da wird die Zornesglut in mir auflodern . . .« (Hes 38, 15–16; 18).
». . . auf freiem Felde sollst du fallen; denn ich habe es gesagt!« (Hes 39, 5)
Wir sehen, daß die Hälfte dieser Voraussagen sich schon vor unseren Augen erfüllt haben. Die Entwicklung der Sowjetunion zur Supermacht, ihre ideologische Beeinflussung Asiens und Afrikas, und die Staatsgründung Israels als nominelle Macht, die aber von den anderen Nationen abgelehnt wird, sind eine Realität – eine Realität, die aus einer solchen Zeitdistanz völlig unvorhersehbar war (6. Jahrh. v. Chr.). Der letzte Konflikt steht noch aus, genauso wie die geistliche Erwekkung Israels als Nation, die von Hesekiel vorausgesagt wurde (Hes 36, 25–31; 37, 1–14; Röm 11, 25–26).

Das Neue Testament setzt sich auch mit diesem Thema auseinander. In einer Rede kurz vor seinem Tode (Mt 24; Mk 13 und Lk 21) sagt Jesus, daß vor seinem zweiten Kommen auf diese Erde gewisse Ereignisse stattfinden werden. Die Rede beginnt mit der Voraussage von der Zerstörung des wiederaufgebauten Tempels (Mt 24, 2; Mk 13, 1; Lk 21, 6). Dann fährt Jesus fort, daß es Kriege und Kriegsgerüchte geben wird, aber dies sollte uns nicht erschrecken. – Sie müssen kommen, und ihnen werden Konflikte folgen, die die ganze Welt umspannen. Erdbeben und Hungersnöte werden in erschreckendem Maße zunehmen. Zu keiner Zeit in der überlieferten Geschichte hat es jemals so viele Erdbeben wie heute gegeben, ganz zu schweigen von den furchtbaren Hungerkatastrophen in dem Gürtel quer durch Afrika, südlich der Saharazone. Schreckliche Mißernten in Asien und Hungersnöte in

Bangladesch kommen hinzu. Christus prophezeite Angriffe und Verfolgung für die Christen (nie zuvor gab es so viele Märtyrer in der Geschichte wie in unserem Jahrhundert) und das Auftreten falscher Propheten. Gibt es überhaupt welche? Man denke nur an Joseph Smith, den Gründer der Mormonen; Madame Blavatsky, die die Theosophie ins Leben rief; Frau Baker-Eddy, die Frau, die die sogenannte Christliche Wissenschaft inspirierte; Pastor Russel, den Gründer der Zeugen Jehovas; Ellen White und Jesaja Shembe, Lekganyane, um nur zwei schwarze »Messiasse« zu nennen. Wir könnten fortfahren mit den indischen Gurus, die die Transzendentale Meditation und andere Bewegungen vertreten; mit den »Aposteln«, die die Alt- und Neuapostolische Kirche gründeten; und mit einem Mann wie William Branham, der für sich in Anspruch nimmt, der letzte Prophet zu sein.

Es ist traurig, daß viele Menschen diesen sonderbaren, fragwürdigen Sekten in die Arme fallen in der Meinung, dies sei das wahre Christentum. Die Ungerechtigkeit wird überhandnehmen und die Liebe in vielen Christen erkalten. Das Evangelium wird in der ganzen Welt gepredigt werden (wir brauchen dabei nur an die christlichen Radiostationen zu denken als Zeugnis für alle Völker; ob wir uns das vor 100, 500, 1000 oder 1900 Jahren hätte vorstellen können?), und dann wird das Ende kommen. Die »große Trübsal« von Hesekiel 38 und Joel 2 wurde schon erwähnt. Wir leben in einer Welt großer Konflikte. Deshalb sagt uns Christus: »Wachet!« Warum? Damit wir die »Zeichen der Zeit« mit dem »um so festeren Wort der Prophetie« (2 Petr 1, 19) vergleichen können und zu einem vernünftigen Schluß kommen. Alle diese Zeugnisse sind zugunsten des Wortes Gottes zu werten. Ihnen darf man im alltäglichen Leben voll vertrauen.

VIII. Der Islam erkennt grundlegende biblische Wahrheiten nicht an

Wie wir schon sahen (S. 26/27), gehen die Hoffnungen des Islams dahin, »aus nichtmoslemischen Quellen Material heranzuziehen, das die christlichen Theorien von der angeblichen Gottessohnschaft Jesu, der Kreuzigung des Messias und der Lehre der Erlösung des Menschen durch Jesus Christus widerlegt«.

Leider müssen wir eingestehen, daß der Islam in diesem Bemühen äußerst erfolgreich gewesen ist, zumindest unter Moslems. Wir sind traurig darüber, weil auf diese Weise offenbarte Wahrheit zerrissen wurde – Wahrheit, die unter göttlicher Beglaubigung steht.

Im Gegensatz zu islamischen Anschuldigungen wurde die Bibel nie verfälscht, und was das Neue Testament betrifft, so wurde nichts daran verändert, seit es kanonisiert wurde. Dies kann tausendfach bewiesen werden und ist schon untersucht worden. (S. 58). Wir haben schon von der Prophetie her gezeigt, daß wir in der Botschaft der Bibel die »Hand Gottes« finden können (S. 64 ff.). Es wurde auch deutlich, daß diese Botschaft sich endgültig als wahrhaftig erwies, obgleich Gott sein Wort dem Menschen inspirierte und es nicht einfach mechanisch diktierte. Dies soll später noch weiter belegt werden.

Wenn wir den Plan Gottes in der Bibel studieren – natürlich wird das vom Islam abgelehnt –, dann entdekken wir eine völlige Übereinstimmung durch die ganze Bibel hindurch, obwohl sie aus zwei Bündnissen besteht (dem Alten und dem Neuen Testament; das eine war ein nationaler Bund mit Israel, das andere ein Bund mit allen, die bereit sind, sich Gottes Angebot der Vergebung zu unterstellen). Dieser Plan wurde von etwa 40 verschiedenen Schreibern über einen Zeitraum von 1600

Jahren in 66 Büchern (Bibelteilen) aufgezeichnet. Wir wollen diese Übereinstimmung in der Bibel anhand der folgenden »heißen Eisen« betrachten:

1. das Sühnopfer Christi (Versöhnung)
2. Jesus und seine göttliche Natur in der Dreieinigkeit; seine Gottessohnschaft
3. die Kreuzigung

Wieder sind die kritischen Anmerkungen dem Buch von Herrn Joommal entnommen.

A) Die Lehre von der Versöhnung

Was ist Versöhnung? Es ist die Wiederherstellung der Gemeinschaft mit Gott. Der Mensch hat sich gegen Gott aufgelehnt, indem er den Bund Gottes mit dem Menschen gebrochen hat. Diesen Vorgang nennen wir Sünde. Deshalb ist alles Sünde, was sich in Gedanken, Worten oder Taten gegen das Wort, das Gebot und das Ziel Gottes mit den Menschen richtet. Jeder Sünder, der Gott verraten oder sich gegen ihn aufgelehnt hat, ist von Gott verworfen. Die Folge davon ist der Tod – der geistliche Tod –, das heißt die ewige Trennung von Gott.

> »Denn was haben Gerechtigkeit und Gesetzlosigkeit miteinander gemein, oder was hat das Licht mit der Finsternis zu schaffen? Wie stimmt Christus mit Belial überein, oder welche Gemeinschaft besteht zwischen einem Gläubigen und einem Ungläubigen? Wie verträgt sich der Tempel Gottes mit den Götzen? Wir sind ja doch der Tempel des lebendigen Gottes, wie Gott gesagt hat: Ich werde unter ihnen wohnen und wandeln; ich will ihr Gott sein, und sie sollen mein Volk sein« (2 Kor 6, 14–16).

Gott befahl im Alten Testament, daß nach begangenen Sünden (nicht willentlich begangenen! 3 Mose 4, 2) der Missetäter für seine Schuld Sühnung suchen sollte, damit er mit Gott versöhnt würde. Die Art und Weise, wie dies geschehen konnte, war bis ins einzelne hinein angeordnet (3 Mose 1–7, 16 usw.), und zwar mittels eines Opfers. Im Neuen Testament tritt an die Stelle eines Opfertieres Jesus, der für die Missetaten jedes einzelnen gelitten hat und gestorben ist.

Die Versöhnungstat Gottes ist aus der Sicht des Moslems problematisch, weil hier in der Erlösungstat Gottes für bußfertige Sünder ein Stellvertreter geopfert wird. Dieser wird von Gott anstelle des Missetäters angenommen, und die Strafe wird an ihm ausgeführt. Moslems glauben, daß Gott ungerecht ist, wenn er den Unschuldigen für das Vergehen des Schuldigen bestraft. Der Gerechte sollte mit Gutem belohnt werden und der Ungerechte Bestrafung erleiden. Jesus, der Gerechte, kann nicht wirklich leiden. Es widerstrebt seinem Gerechtigkeitssinn, daß der gerechte Jesus für den Ungerechten bestraft wird; dies entspricht in keiner Weise seiner Vorstellung von Gottes Recht und Gerechtigkeit. Dieses Denken eines Moslems widerspricht jedoch auch dem Koran, denn dort wird gesagt, daß Propheten litten und getötet wurden (Sure 3, 183).

Mohammed selbst litt, als er vergiftet wurde und dadurch fast den Tod fand (nach der Hadith hat er an den Folgen bis zu seinem Lebensende gelitten). Zudem wurde er im Gesicht verwundet und büßte zwei Vorderzähne ein, als er die Niederlage in der Schlacht bei Uhud hinnehmen mußte. Von daher gesehen ist es sicher nicht übertrieben, anzunehmen, daß wir es hier wiederum mit einem rhetorischen Argument der moslemischen Geistlichkeit zu tun haben.

Ferner könnten wir uns auf die »Bismillah« beziehen, wo Allah »al-Rahman« und »al-Rahim« genannt wird (gnädig und barmherzig). Gnade ist ein unverdientes Geschenk. In der Sprache des Gesetzes bedeutet es

Begnadigung. Barmherzigkeit ist ein Akt des Mitleids, bei dem es keine Rolle spielt, ob der Mensch, dem sie zuteil wird, sie verdient hat oder nicht. Sie ist vielmehr eine spontane Hilfe.

Verzeihung (Begnadigung) oder Sühnung sind strenggenommen ungerecht. Der Missetäter verdient sie nicht. Gottes Liebe aber bereitet einen Weg, auf dem die Sünde zwar bestraft wird (um der Gerechtigkeit zu genügen), der Missetäter aber gerettet wird. So umfassend ist die Versöhnung Gottes. Selbst darüber hinaus müssen wir erkennen:

> »Meine Gedanken sind nicht eure Gedanken, und eure Wege sind nicht meine Wege«, spricht der Herr, »sondern soviel der Himmel höher als die Erde ist, soviel höher sind meine Wege als eure Wege und meine Gedanken als eure Gedanken« (Jes 55, 8–9).

Wenn Gott einen Plan macht zu retten, wen er liebt und die ihn lieben, dann können wir diesen annehmen oder ihn verwerfen. Wir können Gott und seinen offenbarten Weg in Frage stellen, indem wir argumentieren: »Warum handelt Gott so und nicht anders?« Wer sind wir überhaupt, daß wir Gottes Wege anzweifeln oder daß wir Ratgeber des allmächtigen Gottes sein wollen? Unsere Verantwortung ist es, die Bibel zu erforschen und die scheinbar widersprüchlichen Stellen, die doch Offenbarung Gottes sind, auf ihre Authentizität zu überprüfen. Dann gilt es, der erkannten Wahrheit gemäß zu leben. Wir müssen davon ausgehen, daß die islamische Vorstellung vom gerechten Gott, der dem Gerechten nicht erlaubt zu leiden, eigenwilliges und philosophisches Denken ist, das dazu dienen soll, die Erlösungstat Jesu am Kreuz zu entkräften.

Des weiteren gehen Moslems fälschlicherweise davon aus, daß:

> »diese Lehre den Menschen einräumt, freizügig

und ungehemmt sündigen zu können. Alles, was der einzelne zu tun hat, ist, unerschütterlich an das Blut Jesu Christi zu glauben, das er für uns dahingegeben hat und das die gegenwärtigen und zukünftigen Sünden der Menschheit reinwäscht. Dies ist eine überaus bequeme und leicht zu befolgende Lehre. Sie fordert keine anstrengende, strenge oder praktische Form der Gottesverehrung. Er muß nur glauben und vertrauen, und seine Rettung ist ihm zugesichert« (A. S. K. Joommal).

Wir erkennen in diesen Worten den Versuch, die Möglichkeit einer Selbsterlösung des Menschen einzubringen. Dies aber ist gerade die eine Sünde, die nie vergeben werden kann, weil es eine Sünde wider den Heiligen Geist Gottes ist. Der Mensch sieht sich in der Lage, selbst mit seiner Sünde fertig zu werden. Dieses Thema logisch bis zur letzten Konsequenz durchzudenken, würde bedeuten, daß der Mensch Gott nicht nötig hat. Er könnte seine Verfehlungen durch gute Taten oder eigene Anstrengung in seinem Dienst für Gott ausgleichen. Ob dies das Ziel der fünf Säulen des Islams ist? Gutes zu tun ist unsere *Pflicht*. Darin liegt überhaupt *kein Verdienst*. Wenn wir versuchen, unsere Sünde durch gute Taten zu kompensieren, sind wir selbstgerecht, und die Bibel sagt unmißverständlich: »Alle unsere Gerechtigkeitserweise sind wie ein besudeltes Gewand« (Jes 64, 6).

Haben wir je schon einmal gehört, daß ein Verbrecher vor Gericht aufgrund seines Versprechens, in Zukunft als untadeliger Mensch zu leben, freigelassen worden ist?

Das entscheidende Problem liegt darin, daß Moslems die Sünde ganz anders beurteilen, als die Bibel es tut. Nach der Bibel ist Sünde die Macht, die alle Menschen zwingt, Sünden zu tun. Es ist die Haltung des Menschen, der eigenwillig leben will und der damit in offener

Rebellion gegen Gott lebt. Dabei ist es letztlich nicht entscheidend, ob es sich um eine »große« Sünde wie Mord oder um eine »kleine« Sünde wie Lüge im Geschäftsleben oder um das »Mitgehenlassen« von Gegenständen aus der Firma handelt. Beides resultiert aus der Verdrängung Gottes aus dem innersten Kern des Willens und Gewissens des Menschen. Der Mensch kann allerlei religiöse Übungen vollbringen, um sich Gott hinzugeben, doch wird die Aufrichtigkeit des Gottesdienstes durch diese Taten zutiefst in Frage gestellt. Sünde trennt uns von Gott!

> »So hat er auch euch, die ihr *tot* waret durch eure Übertretungen und Sünden, in denen ihr einst wandeltet, abhängig vom Zeitgeist dieser Welt, abhängig von dem Machthaber, der die Gewalt über die Luft hat, dem Geist, der gegenwärtig in den Söhnen des Ungehorsams wirksam ist – unter diesen haben auch wir alle einst in unseren fleischlichen Lüsten dahingelebt, indem wir den Willen des Fleisches und unserer Gedanken ausführten und von Natur Kinder des Zornes waren wie die anderen auch –; Gott aber, der an Barmherzigkeit reich ist, hat uns um seiner großen Liebe willen, die er zu uns hegte, und zwar als wir tot waren durch unsere Übertretungen, zugleich mit Christus lebendig gemacht . . . Denn durch die Gnade seid ihr gerettet worden aufgrund des Glaubens, und zwar nicht aus euch (durch euren Verdienst) – nein, Gottes Geschenk ist es –, nicht aufgrund von Werken, damit niemand sich rühme. Denn sein Gebilde (Werk) sind wir, in Christus Jesus geschaffen zu guten Werken, die Gott im voraus bereitgestellt hat, damit wir in ihnen wandeln sollen« (Eph 2, 1–5, 8–10).

Kritiker nehmen oft an, daß jedes Kirchenmitglied tatsächlich ein Christ ist und gehen davon aus, daß Buße (die Abkehr von Sünde) entweder nicht nötig oder aber Teil eines kirchlichen Rituals ist. Die Folge davon ist, daß sie Gott für seine Versöhnungstat nicht durch ihre Liebe danken. Deshalb führt solch ein »Christ« auch kein geheiligtes Leben. Aber das ist eine falsche Sichtweise. Ein gläubiger Christ gibt sich aus Dankbarkeit für die Vergebung seiner Sünde und der wiederhergestellten Gemeinschaft mit Gott ganz Gott hin. Die logische Auswirkung seiner Errettung wird zweifellos in der Heiligung seines Lebens bestehen, »ohne welche niemand den Herrn sehen wird« (Hebr 12, 14).

Ohne die Quelle zu nennen, besteht Herr Joommal darauf, daß Martin Luther lehrte, daß als Ergebnis der Versöhnung »ein Gläubiger kräftig sündigen mag, denn er wird doch ganz sicher gerettet werden«. Dieses Zitat stimmt nicht mit der biblischen Lehre überein, und deshalb sehen wir dieses Zitat, so es eines ist, sehr kritisch an.

Die Folge dieser Lehre zeigt sich nach der Meinung von Herrn Joommal in »der großen Unmoral und im sittlichen Zerfall, in dem sich die christlichen Kontinente Amerika und Europa wälzen«. Wir kennen weder einen christlichen Kontinent noch ein christliches Volk. Unglücklicherweise ist der falsche Eindruck entstanden, daß alle Kirchenmitglieder Christen seien, und der oberflächliche Beobachter kann leicht zu einem falschen Schluß kommen. Die Bibel selbst widerlegt diesen Irrtum unmißverständlich:

> »Dagegen den Feigen und Ungläubigen, den Unreinen und Mördern, den Unzüchtigen und Zauberern, den Götzendienern und allen Lügnern soll ihr Teil in dem See werden, der mit Feuer und Schwefel brennt: dies ist der zweite Tod« (Offb 21, 8). »Offenbar aber sind die Werke des Fleisches, nämlich Unzucht, Unsittlichkeit, Ausschweifung, Götzendienst, Zauberei, Feind-

seligkeiten, Zank, Eifersucht, Zerwürfnisse, gemeine Selbstsucht, Zwietracht, Parteiungen, Neid, Trunksucht, Schwelgerei und so weiter. Von diesen Sünden habe ich euch schon früher gesagt und wiederhole es jetzt, daß, wer derartiges verübt, das Reich Gottes nicht erben wird. Die Frucht des Geistes dagegen besteht in Liebe, Freude, Friede, Geduld, Freundlichkeit, Gütigkeit, Treue, Sanftmut, Beständigkeit; gegen derartige Geistesfrüchte kann das Gesetz keine Anklage erheben. Die aber Christus Jesus angehören, haben ihr Fleisch samt seinen Leidenschaften und Begierden gekreuzigt« (Gal 5, 19 bis 24).

Wenn wir dies übersehen, haben wir ein völlig falsches Verständnis von Gottes Versöhnung. Wir werden immer *aus etwas heraus* und *zu etwas hin* errettet. Es ist zwar falsch zu meinen, »daß Christen nicht mehr den Geboten Gottes zu folgen brauchen«, aber es ist wahr, daß Christen nicht mehr länger *unter* dem Gesetz leben.

»Denn ich muß ihnen das Zeugnis ausstellen, daß sie Eifer für Gott haben, aber leider nicht in der rechten Erkenntnis. Denn weil sie die Gottesgerechtigkeit verkannt haben und dagegen beflissen sind, ihre eigene Gerechtigkeit zur Geltung zu bringen, haben sie sich der Gottesgerechtigkeit nicht unterworfen.

Denn dem Gesetz hat Christus ein Ende gemacht, damit jeder, der da glaubt, zur Gerechtigkeit gelange. Mose schreibt nämlich: Der Mensch, der die vom Gesetz geforderte Gerechtigkeit geübt hat, wird durch sie das Leben haben« (Röm 10, 2–5).

»Weil wir aber wissen, daß der Mensch nicht aufgrund von Gesetzeswerken gerechtfertigt wird, sondern nur durch den Glauben an Christus Jesus, haben auch wir den Glauben an Christus

Jesus angenommen, um aufgrund des Glaubens an Christus und nicht aufgrund von Gesetzeswerken gerechtfertigt zu werden; denn aufgrund von Gesetzeswerken wird kein Mensch gerechtfertigt werden« (Gal 2, 16).

Kein Gesetz der Welt macht einen Menschen gerecht. Das Gesetz bestimmt, was Recht und Unrecht ist, aber es kann per se keinen Menschen gerecht machen. Es ist der Maßstab, nach dem der Urteilsspruch gefällt wird.

»Aus der Verbindung mit Christus seid ihr ausgeschieden, wenn ihr durch das Gesetz gerechtfertigt werden wollt: Ihr seid dann aus der Gnade herausgefallen; denn wir erwarten durch den Geist das Hoffnungsgut der Gerechtigkeit aufgrund des Glaubens. Denn in Christus Jesus hat weder die Beschneidung noch das Unbeschnittensein irgendwelche Bedeutung, sondern nur der Glaube, der sich durch Liebe betätigt« (Gal 5, 4–6).

»Ja, es ist so wie bei Abraham: er glaubte Gott, und das wurde ihm zur Gerechtigkeit gerechnet. Ihr erkennt also: die Gläubigen, die sind Abrahams Söhne. Weil aber die Schrift voraussah, daß Gott die Völker um des Glaubens willen rechtfertigt, hat sie dem Abraham die Heilsverheißung im voraus verkündigt: In dir sollen alle Völker gesegnet werden. Somit empfangen die, welche aus dem Glauben sind, den Segen zugleich mit dem gläubigen Abraham. Denn alle, die aus Werken des Gesetzes sind, stehen unter einem Fluch; denn es steht geschrieben: ›Verflucht ist jeder, der nicht in allen Geboten, die im Buch des Gesetzes geschrieben stehen, beharrt, um sie zu erfüllen.‹ Daß aber aufgrund des Gesetzes niemand bei Gott gerechtfertigt wird, ist offenbar; denn ›der Gerechte wird aus Glauben leben‹. Das Gesetz aber hat mit dem Glauben nichts zu tun, sondern da gilt: ›Wer die Vorschriften des Gesetzes erfüllt hat, der wird durch sie leben.‹ Christus hat uns vom Fluch des Gesetzes dadurch losgekauft, daß er für uns zum Fluch geworden ist; denn es steht geschrieben: ›Verflucht ist jeder, der am Holzpfahl hängt.‹ Es sollte eben der dem Abraham verheißene Segen den Heiden in Christus Jesus zuteil werden, damit wir das Verheißungsgut des Geistes durch den Glauben empfangen könnten.

Liebe Brüder, ich will an menschliche Verhältnisse erinnern: Auch die letztwillige Verfügung eines Menschen, die rechtskräftig geworden ist, kann doch niemand umstoßen oder nachträglich mit Zusätzen versehen. Nun sind aber die göttlichen Verheißungen dem Abraham ›und seinem Samen‹ zugesprochen worden. Es heißt nicht: ›und *den* Samen (Nachkommen)‹ in der Mehrzahl, sondern mit Bezug auf einen einzigen: ›und *deinem* Samen‹, und das ist Christus. Ich meine das aber so: Eine von Gott bereits früher vollgültig gemachte Verfügung kann durch das Gesetz, das erst 430 Jahre später gekommen ist, nicht außer Kraft gesetzt werden, so daß es die Verheißung aufhöbe. Wenn nämlich das Erbe vom Gesetz abhängt, so hängt es nicht mehr von der Verheißung ab; dem Abraham aber hat Gott es durch eine Verheißung als Gnadengabe verliehen.

Was soll nun aber das Gesetz? Der Übertretungen wegen ist es der Verheißung hinzugefügt worden, bis der Same käme, dem die Verheißung gilt; und zwar ist es durch Engel verordnet worden unter Mitwirkung eines Mittlers. Ein Mittler aber vertritt nicht einen einzigen; Gott aber ist ein einziger.

Steht demnach das Gesetz mit den Verheißungen Gottes in Widerspruch? Nimmermehr! Ja, wenn ein Gesetz gegeben worden wäre, das die Kraft besäße, Leben zu verleihen, dann käme die Gerechtigkeit tatsächlich aus dem Gesetz. Nun aber hat die Schrift alles (die ganze Menschheit) unter die Sünde zusammengeschlossen, damit das Verheißungsgut den Gläubigen aufgrund des Glaubens an Jesus Christus zuteil würde.

Bevor aber der Glaube kam, wurden wir unter dem Gesetz in Verwahrung gehalten und waren unter Verschluß gelegt für den Glauben, der erst später geoffenbart werden sollte. Somit ist das Gesetz unser Erzieher für Christus geworden, damit wir durch den Glauben gerechtfertigt würden.

Seitdem nun aber der Glaube gekommen ist, stehen wir nicht mehr unter einem Erzieher; denn ihr alle seid Söhne Gottes durch den Glauben an Christus Jesus« (Gal 3, 6–26).

Dies bedeutet jedoch nicht, daß Gläubige Gottes Gesetz leichtfertig übertreten dürfen:

> »Wollen wir in der Sünde verharren, damit sich die Gnade um so reicher erweise? Nimmermehr! Wie sollen wir, die wir der Sünde gestorben sind, in ihr noch weiterleben?« (Röm 6, 1–2).
>
> »Ihr könnt nicht zugleich den Kelch des Herrn und den Kelch der Dämonen trinken; ihr könnt nicht zugleich am Tisch des Herrn und am Tisch der Dämonen Gäste sein. Oder wollen wir den Herrn zur Eifersucht reizen? Sind wir etwa stärker als er?
>
> ›Alles ist uns Christen erlaubt!‹ – Ja, aber nicht alles ist zuträglich. ›Alles ist erlaubt!‹ – Ja, aber nicht alles erbaut. Niemand sei auf seinen eigenen Vorteil bedacht, sondern auf die Förderung des anderen« (1 Kor 10, 21–24).

Christus lehrte seine Jünger sehr entschieden, Gott zu lieben, aber auch den Nächsten.

> »Wenn ihr mich liebt, so werdet ihr meine Gebote halten« (Joh 14, 15). »Ein neu Gebot gebe ich euch, daß ihr einander lieben sollt; wie ich euch geliebt habe, so sollt auch ihr einander lieben.« – »Jesus antwortete ihm mit den Worten: Wenn jemand mich liebt, wird er mein Wort halten, und

> mein Vater wird ihn lieben, und wir werden zu ihm kommen und Wohnung bei ihm nehmen« (Joh 14, 23).

Darin sind alle Gebote des Alten Testaments erfüllt.

> »Als aber die Pharisäer vernahmen, daß er die Sadduzäer zum Schweigen gebracht hatte, versammelten sie sich um ihn; und einer von ihnen, ein Gesetzeslehrer, versuchte ihn mit der Frage: ›Meister, was ist ein Hauptgebot im Gesetz?‹ Er antwortete ihm: ›Du sollst den Herrn, deinen Gott, lieben mit deinem ganzen Herzen, mit deiner ganzen Seele und mit deinem ganzen Denken. Dies ist das Hauptgebot, das obenan steht. Ein zweites aber steht im gleich: ›Du sollst deinen Nächsten lieben wie dich selbst!‹ In diesen beiden Geboten hängt das ganze Gesetz und die Propheten« (Mt 22, 34–40).

Von islamischen Kritikern wird oft die Frage gestellt: »Wie können wir glauben, daß der himmlische Gott sich selbst für so geringe, sündige, unwesentliche Menschen, die im Vergleich zu ihm ohne jegliche Bedeutung sind, geopfert hat? Solch ein Gedanke widerspricht dem gesunden Menschenverstand und steht im Widerspruch zu den Naturgesetzen.«

Wir sehen nicht ganz ein, aus welchem Grund hier die Naturgesetze angeführt werden. Liebe ist niemals rational. (Man denke nur an die aufopferungsvolle Liebe einer Mutter.) Mancher unter uns hat erfahren, was Liebe ist, auch wenn unsere Vorstellung davon nur unvollkommen ist. »Gott ist Liebe« (1 Joh. 4, 8), und weil er sich als solcher offenbart und sich in seinem Wort bekennt, können wir glauben, daß der himmlische Gott sich selbst opferte, wie sein Wort es sagt; und zwar nicht für eine unbedeutende Kreatur, sondern für die Objekte seiner Liebe. Wo Liebe ist, weicht Bedeutungslosigkeit. (Schon in zwischenmenschlichen Beziehungen ist es so, daß ein unbedeutender Mensch bedeutungsvoll wird, wenn er geliebt wird und diese Liebe erwidert.) Natürlich läuft dieser Gedanke dem natürlichen Menschenverstand entgegen, aber die Gläubigen werden dadurch ermächtigt:

> »daß ihr fähig werdet, im Verein mit allen Heiligen (Gläubigen) die Breite und Länge, die Tiefe und Höhe des göttlichen Ratschlusses zu erfassen und die alle Erkenntnis übersteigende Liebe Christi kennenzulernen, damit ihr schließlich zum Erfülltsein mit der ganzen Gottesfülle gelangt« (Eph 3, 18–19).

Wir können unserem himmlischen Vater Glauben schenken, weil er sich selbst in seinem Wort dazu bekannt hat, und wir können ihm vertrauen.

> »Aus diesem Grunde ist auch Gott, weil er den Erben seiner Verheißung das Unabänderliche seines Ratschlusses in besonderem Grade deutlich dartun wollte, als Bürge mit einem Eid eingetreten, damit wir durch zwei unabänderliche Tatsachen (Verheißungen und Eidschwur), bei denen Gott unmöglich getäuscht haben kann, eine starke Ermutigung besäßen, wir, die wir unsere Zuflucht dazu genommen haben, die uns eröffnete Hoffnung zu ergreifen« (Hebr 6, 17 bis 18).

Unsere Kritiker behaupten nicht zu Unrecht, daß auch die an Christus Gläubigen dem Tod verfallen sind, wie alle anderen Sterblichen. Folglich, so schließt man, habe die Versöhnung keinen Wert. Nun steht nirgends in der Bibel, daß ein Mensch, der mit Gott versöhnt ist, dadurch auf Erden unsterblich wird. Aber uns ist zugesagt:

> »Wohnt dagegen Christus in euch, so ist euer Leib zwar tot um der Sünde willen, euer Geist aber ist Leben um der Gerechtigkeit willen. Und wenn

der Geist dessen, der Jesus von den Toten auferweckt hat, in euch wohnt, so wird er, der Christus von den Toten auferweckt hat, auch eure sterblichen Leiber lebendig machen durch seinen in euch wohnenden Geist« (Röm 8, 10–11).

(Dies ist geistlich zu verstehen und bezieht sich auch auf die Auferstehung der Gläubigen, Anm. d. Verf.).

In einem anderen Abschnitt lesen wir:

»Gott aber, der an Barmherzigkeit reich ist, hat uns um seiner großen Liebe willen, die er zu uns hegte, und zwar als wir tot waren durch unsere Übertretungen, zugleich mit Christus lebendig gemacht« (Eph 2, 4–5).

Die Versöhnung wirkt sich nicht körperlich, sondern geistlich aus. Obwohl wir körperlich sterben, werden wir doch am Jüngsten Tag auferweckt, wie alle Menschen, aber wir bleiben vom Gericht verschont, denn dies ist an Jesus schon vollzogen worden.

Moslems behaupten auch, daß Christus sein Leben nicht freiwillig als Lösegeld hingegeben habe. Sie zitieren dazu Matthäus 26, 39:

»Nachdem er dann ein wenig weitergegangen war, warf er sich auf sein Angesicht nieder und betete mit den Worten: Mein Vater, wenn es möglich ist, so laß diesen Kelch an mir vorübergehen!«

Auch hier übersehen die Kritiker wieder den Textzusammenhang. Kurz vor der Gefangennahme betet Jesus im Garten Gethsemane. Die eben zitierten Worte sind ein Teil dieses Gebets. Er sagte auch:

»Meine Seele ist betrübt bis an den Tod«, und schloß sein Gebet: »doch nicht wie ich will, sondern wie du willst.«

Und eine andere Stelle im Evangelium berichtet, daß Christus

»mit dem Tode rang und betete noch inbrünstiger; und sein Schweiß wurde wie Blutstropfen, die zur Erde niederfielen« (Lk 22, 44).

Medizinisch betrachtet, kann sich folgendes abgespielt haben: Christus wurde von Satan so bedrängt, daß er in Gethsemane dem Tode sehr nahe war (»er rang mit dem Tode«). Dies wurde deutlich durch den Schweiß, der wie Blutstropfen zur Erde fiel, ein sehr seltenes Phänomen, das nach medizinischem Gutachten bei extremen Angstzuständen zum Tode führen kann. Wir müssen uns vergegenwärtigen, daß Jesus keiner »leichten Züchtigung entgegenging« (A. S. K. Joommal), sondern der wohl grauenvollsten körperlichen Quälerei, die man sich überhaupt vorstellen kann. Hinzu kamen bei Christus die geistlichen Leiden, die die körperlichen Qualen bei weitem übertrafen, denn der Reine und Heilige wurde mit der Sünde der ganzen Welt beladen.

Es ist aufschlußreich, dazu einige Erklärungen aus Hebräer 5, 7 zu lesen:

> »Er (Jesus) hat in den Tagen seines Fleisches Gebete und flehentliche Bitten mit lautem Schreien und Tränen vor den gebracht, der ihn vom Tode zu erretten vermochte, und *hat auch Erhörung gefunden* und ist aus seiner Angst befreit worden.«

Wenn sich dieses Geschehen auf das Kreuz bezieht, dann wurde er nicht erhört, denn er starb ja dort. Wir müssen deshalb schließen, daß das »Vorübergehen des Kelches« nicht ein Gebet um Befreiung vom Kreuz war, sondern um Bewahrung vor einem Sterben, das ihm die Möglichkeit genommen hätte, ans Kreuz zu gehen!

Das stellvertretende Sühneopfer Jesu ist die Lösung Gottes – die der Islam aber nicht annehmen will – für das echte Problem:

> Wie kann ein gerechter und heiliger Gott zugleich ein vergebender, barmherziger und gnädiger Gott sein?

Indem er die Sünde straft, bringt Gott seine Gerechtigkeit zum Ausdruck, und indem er die Strafe auf sich nimmt, wird seine Barmherzigkeit offenbar. Das ist die einzige Möglichkeit für einen gerechten Gott, zugleich barmherzig zu sein. Ein Ereignis aus der Geschichte soll dies veranschaulichen.

Shamül, ein kaukasischer Prinz, lebte vor einigen 100 Jahren. Sein Volk lag in beständigem Krieg mit den Türken. Einmal belagerte er mit seiner Armee eine türkische Stadt. Wie immer, war auch seine Mutter im Heereslager. Eines Nachts plante er einen Überraschungsangriff, doch der Feind lag in Bereitschaft. Die geheimen Pläne waren verraten worden! Die Schlacht wurde verloren. In seinem Zorn kündigte Shamül an, daß der Verräter mit 100 Peitschenhieben bestraft werden sollte, wenn er entdeckt würde. Wieder wurde unter großer Geheimhaltung ein erneuter Angriff geplant, mit demselben Ergebnis. Aber diesmal wurde der Verräter entlarvt. Es war Shamüls Mutter. Drei Tage und Nächte zog er sich in sein Zelt zurück. Was sollte er tun? Wenn er seine Mutter schonte, würden alle zu Recht sagen, er sei ungerecht. Würde er sie strafen, dann hieße es: »Seht euch Shamül an. Er hat noch nicht einmal Erbarmen mit seiner eigenen Mutter.« Schließlich erschien er. Seine Armee versammelte sich erwartungsvoll. Gefaßt wandte er sich an sein Volk: »Wir verloren wegen eines Verrates zwei Schlachten. Unsere Männer sind getötet worden. Es gibt hier keine mildernden Umstände. Das Verbrechen wurde begangen, und deshalb muß die schuldige Person nach meinem Gesetz mit 100 Peitschenhieben bestraft werden. Recht und Strafe dürfen nicht gebeugt werden.«

Seine Mutter wurde in den Kreis der Krieger geführt, blaß und zitternd vor Angst. Der Henker erhob seine Peitsche – aber ehe der erste Schlag niedersauste, schrie Shamül: »Halt, das ist meine Mutter! Ich bin von ihrem Fleisch und Blut. Ich nehme ihre Strafe auf mich.« Er trat in den Kreis, legte seine Kleider ab und befahl: »Kriegsknecht, wage ja nicht, mich mehr zu schonen als dein letztes Opfer. Tu deine Pflicht! Schlag zu!« Schlag auf Schlag trafen ihn, bis er bewußtlos zusammenbrach. Wider Erwarten überlebte er dennoch.

Dieses Ereignis zeichnet, wie kein anderes in der Geschichte, das Bild Jesu. Er war Gott in Menschengestalt. Er hat gerecht gerichtet und wird dies auch in Zukunft tun. Aber in seiner vollkommenen Liebe nahm er unsere (meine und deine) Sünde auf sich und ertrug am Kreuz die grausamen, wenn auch gerechten Folgen unserer Sünde.

Aber wir wissen, daß es nicht nur das körperliche Leiden, obgleich furchtbar genug, war, sondern daß der reine und heilige Gott all den abscheulichen Schmutz unserer Sünde auf sich nahm. Gerechtigkeit und Liebe kommen am Kreuz Christi zusammen.

> »Denn Gott war in Christus und hat die Welt mit sich versöhnt, indem er ihnen ihre Übertretungen nicht anrechnete und in uns das Wort von der Versöhnung niedergelegt hat« (2 Kor 5, 19).

Dies geschah ein für allemal. Dieses Opfer für die Sünde reicht für alle Menschen zu allen Zeiten aus. Es ist Gottes Gnade, Gottes Geschenk an uns, das wir nicht verdienen. Ein Geschenk gehört mir erst, wenn ich es annehme und festhalte.

Wenn ein Bildhauer eine Statue schafft und die gleiche Statue auf ein Blatt Papier zeichnet, dann muß er das dreidimensionale Objekt in ein zweidimensionales abändern. Wir wollen den Menschen mit einem Wesen vergleichen, das in seiner natürlichen Vorstellungswelt nur zweidimensional denken kann und dem die Dimension der Tiefe nur durch eine Offenbarung erschlossen werden kann. Gott in seinem Handeln am Menschen aus menschlicher Sicht heraus erklären zu wollen – und genau das geschieht, wenn Kritiker von der Bestrafung eines Sünders als Mittel der Korrektur und Besserung sprechen – ist immer falsch. Sie haben nicht begriffen, was Sünde aus göttlicher Sicht heraus ist. Wenn wir dies verkennen, müssen wir unweigerlich zu dem Schluß kommen, daß religiöse Bemühungen unsere »kleinen Fehler« ausgleichen sollen. Die *Sünde ist* jedoch in jedem Bereich des praktischen Lebens *Eigenwille,* und es scheint nur so, als ob man sie durch religiöse Pflichtübungen »wiedergutmachen« kann.

Sünde ist grundsätzlich eine bewußte oder unbewußte Auflehnung gegen Gott und trennt den Sünder ganz und für immer von Gott. Es gibt keine Korrektur für vormals begangene Sünde, es sei denn, Gott selbst bringt sie zuwege. Der Schaden des Menschen sitzt viel tiefer, als daß eine Reform ihn beheben könnte. Es muß eine Umwandlung des ganzen Menschen stattfinden.

> »So ermahne ich euch nun, liebe Brüder, durch die Barmherzigkeit Gottes: Bringt eure Leiber als ein lebendiges, heiliges und Gott wohlgefälliges Opfer dar: das sei euer vernünftiger Gottesdienst! Gestaltet eure Lebensführung nicht nach der Weise dieser Weltzeit, sondern wandelt euch um durch die Erneuerung eures Sinnes, damit ihr ein sicheres Urteil darüber gewinnt, welches der Wille Gottes sei, nämlich das Gute und Gott Wohlgefällige und Vollkommene« (Röm 12, 1–2).

Wir können diese Umwandlung nicht selber an uns vornehmen. Sie ist auch nicht durch gedankenlos vollzogene religiöse Handlungen zu bewerkstelligen. Sie ist einzig das Ergebnis des Heilshandelns Gottes durch Gnade.

Noch ein letzter Punkt ist in dieser Sache zu betrachten. Wenn Gottes Strafe darauf abzielt, den Menschen wieder zurechtzubringen, wie kann sie dann am Tage des Gerichtes von Nutzen sein, wenn Sünder ihre Strafe empfangen sollen? Wenn wir Gottes ewigen Plan ablehnen und an seine Stelle Religion setzen, betrügen wir uns selbst und wählen den Weg der Trennung von Gott. Hölle ist dann nicht Strafe, sondern unsere eigene Wahl. Versöhnung ist die einzige Alternative, die uns von Gott angeboten wird, um die verlorengegangene Gemeinschaft mit Ihm wieder herzustellen. Dies wirkt sich auf alle Lebensgebiete aus und zielt auf eine Lebensveränderung oder Lebenserneuerung hin. Die Überzeugung, in der eigenen Rechtschaffenheit Gott gefallen zu können, ist ja, wie bereits festgestellt, die einzige Sünde, die nicht vergeben werden kann. Wird dies erkannt und bereut, dann beginnt ein neues Leben. Viele lehnen tatsächlich Jesus und seine Heilstat ab, weil sie so irregeführt sind, daß sie noch nicht einmal in der Lage sind, den Plan Gottes bis zum Ende durchzudenken.

Der Christ erfährt zu seiner Überraschung von Herrn Joommal, daß er die Idee von der Versöhnung Paulus zu verdanken habe. Er erzählt, daß Jesus am Kreuz nicht wirklich tot war, sondern nur den Anschein erweckte. Er wurde also scheintot vom Kreuz genommen und in ein Grab gelegt.

Diese Auffassung steht nicht nur im Gegensatz zur Bibel, sondern auch zum Koran, wo es in Sure 4, 158 heißt:

> »Sie haben ihn aber nicht getötet und nicht gekreuzigt.«

Die Aussage des Herrn Joommal gründet sich auf die Glaubensauffassung der Ahmadiyas (gegründet durch Mirza Ghulam Ahmad).

Seine Ansichten werden von den Sunniten abgelehnt, aber doch wiederum oft propagiert, weil sie ihren Zielen dienlich sind. Er setzt seinen Bericht fort, indem er sagt, das Jesus

> »sich von seinen Wunden wieder erholte, nachdem sie behandelt worden waren. Er verließ das

Grab und traf seine Jünger heimlich. Es wäre sehr gefährlich gewesen, sich lebend zu zeigen, da er ja formal von der römischen Obrigkeit zum Tode verurteilt worden war. Wenn seine Identität entdeckt worden wäre, hätte man ihn wieder gefangengenommen und zum zweitenmal verurteilt. Wie hätten seine Jünger die Tatsache ans Licht bringen können, daß Christus nicht tot war, sondern noch lebte? Die Juden erklärten andererseits voller Triumph, daß Jesus gestorben sei, weil er ein verfluchter Mensch und ein Betrüger war. Ein Gehenkter ist ja von Gott verflucht, wie es in 5 Mose 21, 22 heißt.«

Diese Behauptung stimmt überhaupt nicht mit dem neutestamentlichen Augenzeugenbericht vom Tod Jesu überein; dem einzigen ausführlichen Bericht, der uns überliefert ist.

»Das Ziel der Juden war, Jesus durch die Kreuzigung als Betrüger zu überführen. Sie wollten so die Wahrheit des Wortes Gottes beweisen. Die Jünger Jesu wußten nicht, was sie tun oder sagen sollten. Sie waren in einem großen Dilemma. Hätten sie seinen Tod am Kreuz zugegeben, dann hätten sie den Glauben gestärkt, daß Jesus der Verfluchte Gottes sei. Aber die Erklärung, daß er lebte, wäre sehr gefährlich gewesen. Dies war die Situation, in der die Erfindung des Paulus ins Spiel gebracht wurde. Er entwarf einen klugen Plan, an dem die Jünger keinen Anstoß nahmen, weil es der einzige Weg schien, sich unter diesen Umständen aus der mißlichen Lage zu befreien. Paulus weitete die Theorie aus, daß Jesus zweifellos einen verfluchten Tod sterben mußte. Aber da er selbst völlig unschuldig war, als er die Sündenlast der Menschen auf sich nahm, war das nicht mehr schändlich, sondern im Gegenteil eine sehr

> verdienstvolle Tat. So hatten die Christen etwas in der Hand, um den Juden keine Antwort schuldig zu bleiben. Diese Theorie, die ursprünglich als Antwort für die Juden formuliert worden war, entwickelte sich Schritt um Schritt zu einer Lehre der Versöhnung, wie sie nun von den christlichen Missionaren gepredigt wird.«

Herr Joommal beruft sich unter anderem auf ein Buch von Prof. Dr. Arnold Meyer mit dem Titel: »Jesus oder Paulus«. Doch würden wir gern mehr über die Quellen wissen, aus denen Herr Joommal seine einzigartige Information bezieht.

Dazu erfahren wir:

> »Der Professor weist überzeugend nach, daß die Göttlichkeit Jesu und die Erlösung Dogmen sind, die ihren Ursprung bei Paulus haben. ›Jesus und seine Apostel‹, so sagt der Professor, ›wußten überhaupt nichts von dieser Lehre.‹«
>
> »Meander sagt in seiner ›History of the Christian Religion and the Church‹, daß die Lehre von der Versöhnung, wie sie heute von der christlichen Kirche geglaubt wird, bis zum 12. Jahrhundert nicht definitiv und klar formuliert gewesen sei.«
>
> »Auch im Talmud oder in der Thora wird die Versöhnung nicht erwähnt.«

Wir möchten diese Behauptungen widerlegen:

1. Kein historisches Ereignis des Altertums ist so gut bezeugt wie das Leben Christi. Historiker haben keinerlei begründete Zweifel, was die Zuverlässigkeit der Dokumentation des Neuen Testaments angeht. (s. S. 147 ff.)

2. Neben den innerchristlichen Zeugnissen gibt es auch außerhalb des christlichen Lagers in anderen zeitgenössischen Schriften Beweismaterial über die Kreuzigung. (ebd.)

3. Wir müssen an der intellektuellen Redlichkeit des Verfassers zweifeln, die man von einem Gelehrten

erwarten müßte. Der Behauptung, daß sich Paulus mit den Jüngern verschworen habe, diese Theorie zu entwikkeln, müssen wir entschieden widersprechen, da Paulus die christliche Gemeinschaft bis zu seiner Bekehrung, die um das Jahr 36 n. Chr. oder sechs Jahre nach dem Tode Christi datiert werden kann, heftig verfolgt hat. Dann blieb er noch drei Jahre allein in Arabien. So waren ungefähr zehn Jahre zwischen der Auferstehung und Himmelfahrt und dem Beginn der Lehrtätigkeit des Paulus in der Gemeinde in Antiochien verstrichen. Dorthin war er von Barnabas berufen worden. »Der kluge Plan« ist daher historisch nicht haltbar.

4. Als Christus am Kreuz hing, war er tatsächlich von Gott verflucht und wurde zu einem Fluch für uns. »Christus aber hat uns erlöst von dem Fluch des Gesetzes, da er ward ein Fluch für uns (denn es steht geschrieben: Verflucht ist jedermann, der am Holze hängt«) (Gal 3, 13). Auf ihm lag die Strafe und der Fluch der Sünde der ganzen Welt!

5. In der Wahl der Professoren und Kommentatoren beruft sich Herr Joommal ausschließlich auf Liberale, die sich bei den Christen keiner großen Glaubwürdigkeit erfreuen. Ihre Lehren beruhen auch nicht auf der Heiligen Schrift. Der »überzeugende Beweis, daß die Göttlichkeit Jesu und die Erlösung Dogmen sind, die ihren Ursprung in Paulus haben«, ist großer Unsinn. Aber noch schlimmerer Unsinn ist die Behauptung, daß Jesus und seine Apostel nichts davon gewußt hätten. Das Wort Versöhnung findet sich 79mal im Alten Testament, das schon lange vor der Zeit Christi in andere Sprachen übersetzt worden war. Im Neuen Testament taucht das Wort Versöhnung übrigens nur sehr selten auf.

»Wir freuen uns in Gott durch unseren Herrn Jesus Christus, durch den wir unsere Versöhnung erhalten haben« (Röm 5, 11; außerdem in Röm 11, 15; 2 Kor 5, 18.19).

Das ganze 16. Kapitel des 3. Buches Mose (1500 v. Chr.) ist dem großen Versöhnungstag gewidmet, und in Kap. 17, 11 wird ausdrücklich gesagt:

»Denn des Leibes Leben ist im Blut, und ich habe es euch auf den Altar gegeben, daß eure Seelen damit versöhnt werden. Denn das Blut ist die Versöhnung, weil das Leben in ihm ist.«

Die moslemische Tradition berichtet, daß die Sitte, den Korban zu schlachten, auf den Versöhnungstag zurückzuführen ist, an dem Mohammed, zusammen mit den Juden von Medina, im ersten Jahr nach der Hidjra teilnahm.

Das 2. Buch Mose und besonders das 3. Buch Mose sind voller Berichte und Belehrungen, wie die Versöhnung zu geschehen hat. Alle gründen sich auf die Notwendigkeit eines Opfers, das stellvertretend für den Gläubigen, der Gottes Gebote übertreten hat, geschlachtet wird. Der Missetäter mußte das Opfer (Sündopfer) auf den Altar bringen und seine Sünde bekennen, indem seine Hand auf dem Kopf des Opfers ruhte. Dann wurde das Opfertier geschlachtet. Diese Handlung sollte dem Missetäter den Ernst und die Schwere seiner Vergehen in Gottes Augen deutlich machen, die nur durch die Todesstrafe gerecht bestraft werden konnte. Natürlich ist es unmöglich »durch Ochsen- oder Bocksblut Sünden wegzunehmen« (Hebr 10, 1–4, 9–19). Aber diese Opfer sind ein Schatten (Sinnbild) des Opfers, das Jesus darbrachte.

Die Behauptung, daß die Lehre von der Versöhnung nie von Christus gepredigt wurde, ist ebenfalls unwahr. Wir sind nicht ganz sicher, ob Unkenntnis oder bewußte Irreführung der Kritiker der Grund für diese Falschaussage sind. Wir beziehen uns auf Matthäus 20, 28:

> »Des Menschen Sohn ist nicht gekommen, daß er sich dienen lasse, sondern daß er diene und gebe sein Leben zu einer Erlösung für viele.« »Das ist

mein Blut des Neuen Testaments, welches vergossen wird für viele zur Vergebung der Sünden« (Mt 26, 28).

»Also hat Gott die Welt geliebt, daß er seinen eingeborenen Sohn gab, auf daß alle, die an ihn glauben, nicht verloren werden, sondern das ewige Leben haben« (Joh 3, 16).

»Ich bin das lebendige Brot, das aus dem Himmel herabgekommen ist: wenn jemand von diesem Brote ißt, so wird er ewiglich leben; und zwar ist das Brot, das ich geben werde, mein Fleisch, für das Leben der Welt« (Joh 6, 51).

»Der gute Hirte gibt sein Leben für die Schafe hin . . . und ich gebe mein Leben für die Schafe hin . . . niemand nimmt es mir, sondern ich gebe es freiwillig hin« (Joh 10, 11.15.18).

Und wenn wir uns dem Alten Testament zuwenden, begegnet uns die klassische Stelle in Jesaja 53. Dort heißt es:

»Jedoch unsere Krankheiten waren es, die er getragen hat, und unsere Schmerzen hatte er auf sich geladen . . . Und doch war er verwundet um unserer Übertretungen willen und zerschlagen infolge unserer Verschuldungen: Die Strafe war auf ihn gelegt zu unserem Frieden, und durch seine Striemen ist uns Heilung zuteil geworden . . . der Herr aber hat unser aller Schuld auf ihn fallen lassen . . . Wegen der Verschuldung meines Volkes hat die Strafe ihn getroffen . . . Doch dem Herrn hat es gefallen, ihn mit Krankheit (Leiden) zu zerschlagen . . . hat er doch die Sünde der Vielen getragen und ist für die Übeltäter fürbittend eingetreten.«

Zum Abschluß sollten wir uns noch zwei rhetorischen Fragen über die Versöhnung zuwenden, wie sie von den Kritikern gestellt werden:

Was hat denn das Opfer Jesu für die Christen eigentlich gebracht?

Die Bibel antwortet: »Christus hat uns vom Fluch des Gesetzes dadurch losgekauft, daß er für uns zum Fluch geworden ist; denn es steht geschrieben: ›Verflucht ist jeder, der am Holze hängt.‹ Es sollte eben der dem Abraham verheißene Segen den Heiden in Christus Jesus zuteil werden, damit wir das Verheißungsgut des Geistes durch den Glauben empfangen könnten« (Gal 3, 13–14).

»Jetzt aber seid ihr in Christus, die ihr ehedem in der Ferne standet, durch das Blut Christi zu Nahestehenden geworden. Denn er ist unser Friede . . . und die beiden in einem Leibe mit Gott durch das Kreuz zu versöhnen, nachdem er durch dieses die Feindschaft getötet hatte« (Eph 2, 13–16).

»Denn erschienen ist die Gnade Gottes, die allen Menschen das Heil bringt . . . indem wir dabei auf unser seliges Hoffnungsgut und auf das Erscheinen der Herrlichkeit des großen Gottes und unseres Retters Christus Jesus warten, der sich selbst für uns dahingegeben hat, um uns von aller Gesetzlosigkeit zu erlösen und sich ein reines Volk zum Eigentum zu schaffen, das eifrig auf gute Werke bedacht ist« (Tit 2, 11–14).

Die andere Frage lautet:

Hat das Opfer in denen, die an Christus glauben und seines Fleisches und Blutes teilhaftig sind, eine Abscheu vor Sünde bewirkt, bzw. den Hang, Böses zu tun, unterbrochen?

Unsere klare Antwort lautet: Ja, allerdings! Kein Christ kann im Sumpf der Sünde leben, nachdem er versöhnt ist – damit meine ich »echte« Christen! Die Heilige Schrift bezeichnet alle, bei denen diese Wirkung nicht erzielt wurde, als Heuchler. Die Bibel, und insbesondere das Neue Testament, hat gerade zu diesem Thema viele Ermahnungen bereit.

> »So seid ihr nunmehr von der Sünde frei geworden und in den Dienst der Gerechtigkeit getreten . . . ebenso müßt auch ihr euch als tot für die Sünde betrachten, aber als lebend für Gott in Christus Jesus, unserem Herrn . . . Wie sollten wir, die wir der Sünde gestorben sind, in ihr noch weiterleben?« (aus Röm 6)
>
> »So können denn die fleischlich gerichteten Menschen Gott nicht gefallen. Ihr dagegen seid nicht im Fleisch, sondern im Geist, wenn nämlich Gottes Geist wirklich in euch wohnt« (Röm 8, 8 bis 9).
>
> »Ihr seid ja doch zur Freiheit berufen, liebe Brüder; nur mißbraucht die Freiheit nicht als einen willkommenen Anlaß für das Fleisch, sondern dienet einander durch die Liebe« (Gal 5, 13)!
>
> »Jeder habe nicht seinen eigenen Vorteil im Auge, sondern jeder auch den des andern« (Phil 2, 4).
>
> »Alles, was wahr ist, was ehrbar, was gerecht, was rein, was liebenswert, was unanstößig ist . . . darauf seid bedacht« (Phil 4, 8)!
>
> »So ziehet nun an . . . herzliches Erbarmen, Gütigkeit, Demut, Sanftmut und Geduld, ertragt einander und vergebt euch gegenseitig . . . Zu dem allem aber ziehet die Liebe an, die das Band der Vollkommenheit ist« (Kol. 3, 12-14).

Viele andere Stellen könnten ebenfalls zitiert werden.

Das bedeutet nicht, daß Christen einen Zustand der Sündlosigkeit erreichen. Aber sie hassen die Sünden, auch die kleinen, und sie leben nicht im Zustand der Sünde. Die Sünde herrscht nicht über sie, obgleich sie noch in Sünde fallen.

»Wenn wir behaupten, nicht gesündigt zu haben, so machen wir ihn zum Lügner, und sein Wort ist nicht in uns« (1 Joh 1, 10).

Die schreckliche Unmoral und die sittliche Verderbtheit, die in den westlichen, sogenannten christlichen Ländern vorherrscht, läßt sich nur dadurch erklären, daß der größte Teil der Menschen nur Karteimitglieder ihrer Kirche sind oder bestenfalls an eine Existenz Gottes glauben. Aber das ist kein christlicher Glaube! Es wäre gegen die Botschaft des Neuen Testaments, wenn wir sie als Christen bezeichnen würden. Ein Christ hat sich Gott anvertraut und lebt in der Hingabe an ihn, gemäß seines Wortes. Wir können zusammenfassend sagen: Versöhnung ist die Wiederherstellung der Gemeinschaft zwischen Gott und dem Menschen. Sie ist der Ruf Gottes an den Menschen, der ihn schon auf den ersten Blättern der Bibel trifft und der sich im Opfer am Kreuz vollendet hat. Seit der Zeit haben die Gläubigen ihr Leben als Christen begonnen und die Versöhnung für sich in Anspruch genommen, die ihnen schon von Christus her erworben worden ist. Ihm übergeben sie sich zum Dienst.

»Wenn also jemand in Christus ist, so ist er eine neue Schöpfung: das Alte ist vergangen, siehe, ein Neues ist entstanden! Das alles ist aber das Werk Gottes, der uns durch Christus mit sich versöhnt hat und uns den Dienst der Versöhnung übertragen hat. Denn Gott war in Christus und hat die Welt mit sich versöhnt, indem er ihnen ihre Übertretungen nicht anrechnete und in uns das Wort von der Versöhnung niedergelegt hat. Für Christus also reden wir als seine Gesandten, da ja Gott durch uns ermahnt; wir bitten für Christus: ›Laßt euch mit Gott versöhnen!‹ Er hat den, der Sünde nicht kannte, für uns zur Sünde gemacht, damit wir in ihm Gottes Gerechtigkeit würden« (2 Kor 5, 17–21).

B) Die Göttlichkeit Jesu und seine Gottessohnschaft

Ein Pfarrer, H. D. A. Major, Direktor von Repon Hall, Oxford, soll bei einer religiösen Konferenz in Oxford im Jahre 1921 gesagt haben:

»Wir sollten uns darüber im klaren sein, daß Jesus in den Evangelien nicht für sich in Anspruch nahm, in physischer Hinsicht Sohn Gottes zu sein, wie es die Geschichte von der Jungfrauengeburt vermuten läßt. Er wollte auch nicht in metaphysischer Hinsicht Sohn Gottes sein, so wie es die nikäische Theologie gefordert hat. Er beanspruchte für sich, in ganz normaler Weise Gottes Sohn zu sein, so wie alle Geschöpfe Söhne Gottes sind, weil sie ihrer Herkunft nach und in ihrem moralischen Bewußtsein von Gott abhängen. Sie sind begabt, nach denselben moralischen Prinzipien, nach denen Gott handelt, zu wirken.«

Dr. Rashdall, Dekan von Carlisle, der bei dieser Konferenz den Vorsitz führte, warf eine Bombe auf die christliche Welt, als er sagte, daß ihm das Lesen in der Bibel nicht erlaube, Jesus als Gott anzunehmen. »Jesus«, sagte der Dekan, »war in jeder Bedeutung des Wortes Mensch und nicht Gott« (»Die Bibel, Gotteswort oder Menschenwort« von A. S. K. Joommal.)

Wieder werden liberale Theologen herangezogen, um ihre Ansichten zu vertreten. Wie stimmen ihre Aussagen mit der Bibel überein?

Die Göttlichkeit Christi hängt nicht von der Meinung von Päpsten, Dekanen, Bischöfen oder Priestern ab; denn deren Meinungen sind nicht immer biblisch, und die von Pfarrer H. Major und von Dr. Rashdall sind es ganz sicher nicht. Christen gründen sich in ihrer Meinung, ihrer Information und ihrem Leben auf die Bibel und lehnen erfundene, private und persönliche Auslegungen ab. Wir dürfen die Tatsache nicht außer acht lassen, daß es durchaus gewisse Unterschiede zwischen biblischer Lehre und kirchlichem Dogma geben kann.

Wenn Moslems Worte wie »Dreieinigkeit«, »Sohn Gottes« oder »Göttlichkeit Christi« hören, dann reagieren sie leider fast durchweg mit Koranaussagen wie »Gott zeugt nicht und wird nicht gezeugt«.

Unter Dreieinigkeit versteht der Moslem, daß sie sich aus Gott, Maria und Jesus zusammensetzt, wobei man an eine Zeugung durch körperliche Vereinigung denkt. Dies steht im völligen Gegensatz zur Bibel, und Mohammed hatte zweifellos recht, wenn er diese Ansicht ablehnte. Dieses Dreieinigkeitsverständnis wurde weder in der Heiligen Schrift noch von der Kirche gelehrt, außer vielleicht, wenn Maria von der offiziellen Kirche des Mittelalters fälschlicherweise »Mutter Gottes« genannt wurde. Unkenntnis der Heiligen Schrift ist sehr oft die Ursache, daß der Moslem zu einer falschen Schlußfolgerung kommt.

Selbst der Koran räumt die Sohnschaft Christi in einem besonderen Sinne ein. Der Engel sprach zu Maria:

> »Ich bin von deinem Herrn gesandt, um dir die Gabe eines *heiligen* Sohnes zu verkündigen. Sie (Maria) aber antwortete: ›Wie kann ich einen Sohn bekommen, da mich kein Mann berührt hat und ich auch keine Dirne bin?‹ Er erwiderte: ›Es wird dennoch so sein; denn dein Herr spricht: Das ist mir ein Leichtes. Wir machen diesen Sohn zu einem Wunderzeichen für die Menschen, und er sei ein Beweis unserer Barmherzigkeit. So ist die Sache fest beschlossen‹« (Sure 19, 20–23). »Sein Name wird sein Messias Jesus, der Sohn der Maria, herrlich wird er in dieser und in jener Welt sein und zu denen gehören, denen des Herrn Nähe gewährt wurde« (Sure 3, 46).

In Sure 19 wird uns die Mutter Jesu vorgestellt, und Gott ist die Vatergestalt des heiligen Sohnes. Dies wird durch den Satz angedeutet: »Das ist leicht für mich«. Wir können nur zustimmen, daß dies nicht durch eine körperliche Vereinigung hätte geschehen können, sondern durch Seinen Heiligen Geist. Da man aber den Geist einer Person nicht von der Person selbst trennen kann, geschah das Wunder von der unbefleckten Empfängnis, und der heilige Sohn Jesus wurde geboren. Der Koran spielt die Tatsache keineswegs herunter, daß Jesus einzigartig ist und mit keinem anderen Menschen verglichen werden kann.

1. Er wurde von einer Jungfrau geboren (Sure 19, 17–36).

2. Er war der Messias (Sure 4, 172). Der Koran beschreibt nicht, was der Messias ist. Deshalb können wir davon ausgehen, daß die biblische Bedeutung akzeptiert wird. Die vorausgesagte und angenommene Funktion des Messias war die eines Heilandes und Retters.

3. Er war ein Geist von Gott (Sure 4, 172).

4. Er war das Wort Gottes (Sure 4, 172). Dies stimmt wieder vollkommen mit der Bibel überein (Joh 1, 1–14).

5. Er war fehlerlos (nach der Übersetzung von Marmaduke Pickthall) oder heilig (nach der Übersetzung von Jusuf Ali) (Sure 19, 20). Dies wird als Gegensatz zu jedem anderen Menschen oder Propheten gesagt.
Adam sündigte (Sure 2, 37; 7, 23–24).
Abraham sündigte (Sure 26, 83).
Mose sündigte (Sure 28, 16–17).
Jona sündigte (Sure 37, 143).
David sündigte (Sure 38, 25–26).
Mohammed sündigte (Sure 47, 20; 48, 3; 33, 37–39).

6. Er ist in dieser Welt und im Jenseits erhaben (Sure 3, 46).

7. Er wurde von Gott in den Himmel aufgenommen (Sure 4, 159).

8. Er wird auf diese Erde wiederkommen zum Gericht (Sure 43, 62).

Zum anderen muß die folgende, durchaus richtige Aussage des Korans in Betracht gezogen werden:

»O ihr Menschen, es gibt ein Gleichnis, hört es doch an! Die Götzen, welche ihr anstatt Allah anruft, können ja nicht einmal eine Fliege erschaffen, und wenn sie auch alle deshalb zusammenstehen« (Sure 22, 74).

Wir stimmen alle darin überein, daß nur Gott Leben schaffen kann. Im Bewußtsein dieser Überzeugung sollten wir Jesus sehen.

»Ich komme zu euch mit Zeichen von eurem Herrn. Ich will aus Ton die Gestalt eines Vogels euch machen, und ihn anhauchen, und er soll mit dem Willen Allahs ein lebendiger Vogel werden. Die Blinden und die Aussätzigen will ich heilen und mit dem Willen Allahs Tote lebendig machen . . . Dies alles wird euch ein Zeichen sein, wenn ihr nur gläubig seid« (Sure 3, 50).

Wir stellen hier fest, daß Jesus selbst Leben (den toten Menschen und Vögeln) und Gesundheit verlieh. Aus dem Text geht eindeutig hervor, daß er nicht einfach von Gott als Instrument benutzt wurde, um Leben zu schaffen, sondern daß er es selbst tat.

Ein weiterer interessanter Gedanke im Blick auf die Einheit Gottes in Seiner Vielfalt wird uns von Dr. Abdul Hagg gegeben:

»Wenn Gott selbst in seinem Wesen eine absolute Einheit darstellt, dann erhebt sich die Frage, wie sich das bezüglich Seiner Charaktereigenschaften erhält. Sind diese Bestandteile Seines göttlichen Wesens, oder liegen sie außerhalb davon? Wenn sie zu Seinem Wesen gehören, dann haben wir eine Wesenseinheit, die sich jedoch aus 99 Wesenszügen zusammensetzt (wie bei Allahs Eigenschaften). Die absolute, ewige Einheit Gottes muß zwangsläufig eine Vielfalt Gottes mit einschließen. Betrachtet man andererseits die Eigenschaften Gottes als außerhalb seines Wesens liegend, dann müßte man sie als nicht göttlich einstufen. In diesem Falle würde man neue Geschöpfe mit dem Schöpfer verknüpfen, wenn man Allah die wunderbaren Namen beifügte. Das wäre nach moslemischem Glauben die schlimmste Gotteslästerung, die es gibt. Daher muß die erste Alternative aufrechterhalten werden, nämlich daß Er *ein* Wesen ist, aber aus vielen Wesenszügen besteht . . .«

Ein weiteres Problem in der moslemischen Vorstellung von der absoluten Einheit Gottes ergibt sich im Blick auf die Offenbarung. Der Koran beschreibt Offenbarung als einen Vorgang, bei dem der Engel Gabriel die Aufzeichnung im Himmel zu den Propheten brachte. Diese Aufzeichnung (Original) im Himmel wird als »die Mutter des Buches« (Sure 13, 39) bezeichnet. Dieses himmlische Buch enthält die ganze Offenbarung und eine Aufzeichnung aller Dinge und Ereignisse (Sure 57, 22; 17, 37; 6, 38). Die moslemische Theologie selbst hat die heikle Frage aufgeworfen: »Ist dieses Buch im Himmel ewig, oder wurde es erschaffen?« Der Koran gibt zu diesem Punkt keine Auskunft. Die spätere orthodoxe Theologie entschied sich jedoch für die ewige Gültigkeit der »Mutter des Buches«. Al-Ghazali betrachtete es als einen Teil des Wesens Gottes . . . Wenn die »Mutter des Buches« ewiger Natur ist, dann könnte es entweder in Gott oder neben ihm bestehen. Wenn das Buch neben Gott besteht, dann gäbe es demnach zwei in Ewigkeit Lebende, was auf einen Glauben an zwei Götter hinauslaufen würde. Al-Ghazali erkannte diese Schwierigkeit und entschied sich deshalb für die andere Möglichkeit – daß das Buch im Wesen Gottes bestünde. An diesem Kreuzweg kann der Christ einen Moslem bitten, doch selbst abzuwägen, ob der christliche Glaube an das ewige Wort oder den Sohn Gottes (Sure 4, 171), der mit dem Vater eins in Gott ist, weniger sinnvoll ist als ein aufgezeichnetes Buch, das in Gott besteht. Gott hat es nicht nötig, wie wir vergeßlichen Menschen, Seine Verordnungen aufzuzeichnen. Vielmehr werden alle Dinge durch Sein Wort gehalten (Hebr 1, 1–3). Dieses Wort, der Sohn Gottes, ist Quelle und Ursprung der Schöpfung, wie auch der Offenbarung und der Erlösung, er, der nach Gottes Plan zu einem bestimmten Zeitpunkt der Menschheitsgeschichte »Fleisch annahm und unter uns lebte, (und wir sahen seine Herrlichkeit, eine Herrlichkeit als des eingeborenen Sohnes vom Vater), voller Gnade und Wahrheit« (Joh 1, 14).

Kann jemand im Lichte dieser Feststellung behaupten, daß Jesus ein gewöhnlicher Mensch oder lediglich ein Prophet war? Wo gibt es einen Propheten mit solchen Gaben und Fähigkeiten? Moslems scheinen die Sohnschaft Christi mit der Sohnschaft der Gläubigen oder der Geister, die auch in der Bibel erwähnt wird, durcheinanderzubringen.

Das Johannesevangelium spricht in Kap. 3, 16–18 von Gottes eingeborenem oder einzigem Sohn.

> »Denn so sehr hat Gott die Welt geliebt, daß er seinen eingeborenen Sohn hingegeben hat, damit alle, die an ihn glauben, nicht verloren gehen, sondern ewiges Leben haben. Denn Gott hat seinen Sohn nicht dazu in die Welt gesandt, daß er die Welt richte, sondern daß die Welt durch ihn gerettet werde. Wer an ihn glaubt, wird nicht gerichtet; wer nicht (an ihn) glaubt, ist schon gerichtet, weil er nicht an den Namen des eingeborenen Sohnes Gottes geglaubt hat.«

Das Wort »eingeboren« stammt aus Luthers Übersetzung von 1522 und drückt etwas aus, was heute eine andere Bedeutung hat, weil eine lebendige Sprache sich wandelt. In den ursprünglichen griechischen Handschriften heißt das Wort »monogenes« (monos = ein einzelner, genes = geboren). Es bedeutet der Einziggeborene. Von einem Zeugungsakt kann also keine Rede sein!

Außerdem werden wir in der Bibel belehrt, daß alles Gericht dem Sohn übergeben ist:

> »Denn wie der Vater Leben in sich selbst hat, so hat er auch dem Sohne verliehen, Leben in sich selbst zu haben; und er hat ihm Vollmacht gegeben, Gericht abzuhalten, weil er ein Menschensohn ist. Wundert euch nicht hierüber! Denn die Stunde kommt, in der alle, die in den Gräbern ruhen, seine Stimme hören werden, und es werden hervorgehen: die einen, die das Gute getan haben, zur Auferstehung für das Leben, die anderen aber, die das Böse betrieben haben, zur Auferstehung für das Gericht« (Joh 5, 26–29). (Der Titel »Menschensohn« wurde vom Propheten Daniel eingeführt und zwar um 500 v. Chr.: Kap. 7, 13; 10, 16. Es besteht kein Zweifel daran, wer dies ist).

Der Grund, warum Christus von den Juden verfolgt wurde, liegt in folgender Tatsache:

> »Deshalb trachteten die Juden ihm um so mehr nach dem Leben, weil er nicht nur den Sabbat brach, sondern auch Gott seinen eigenen Vater nannte und sich damit Gott gleichstellte« (Joh 5, 18).

Es gibt verschiedene Faktoren, die wiederholt Moslems wie auch Humanisten dazu veranlaßt haben, die Göttlichkeit Christi zu leugnen. Sie führen von der Bibel her an, daß Christus, als er versucht wurde, Satan anzubeten, erwidert habe: »Du sollst anbeten Gott, deinen Herrn, und ihm allein dienen« (Mt 4, 10).

Dieser Aussage entnehmen sie, daß Christus nicht

göttlich war. Wir können diese Ansicht nicht teilen, denn Christus weigerte sich, Satan anzubeten.

In Lukas 18, 19 findet sich der Vers, in dem Jesus dem fragenden Synagogenvorsteher sagt:

> »Was nennst du mich gut? Niemand ist gut als Gott allein.«

Auf den ersten Blick scheint der angeführte Vers darauf hinzuweisen, daß Jesus die Ehre und auch den Titel ablehnt, weil sie ihm nicht gehören. Aber war das wirklich so?

> »Er entäußerte sich selbst und nahm Knechtsgestalt an«

trotz der Tatsache, daß er Gott gleich war (Phil 2, 7.6).

Aber wir müssen die Situation im ganzen Zusammenhang sehen. Der Synagogenvorsteher redet Jesus mit »Guter Meister« an (Lehrer, Scheich). Jesus sagte hier mit anderen Worten: »Ein Meister ist nicht gut, sondern Gott allein. Es ist schon recht, daß du mich gut heißest, aber ich bin mehr als ein Meister.«

Dann macht Jesus auch eine Einschränkung :

> »Ich (Jesus) vermag nichts von mir selbst aus zu tun; nein, wie ich es (vom Vater) höre, so richte ich, und mein Gericht ist gerecht, weil ich nicht meinen Willen suche, sondern den Willen dessen, der mich gesandt hat« (Joh 5, 30).

Daß es Christus offenbar an Allwissenheit mangelt, hat viele Kritiker zur gleichen Folgerung veranlaßt. Sie zitieren gern:

> »Von jenem Tage aber und von jener Stunde hat niemand Kenntnis, auch die Engel im Himmel nicht, auch der Sohn nicht, sondern ganz allein der Vater« (Mt 24, 36).
>
> »Denn alles hat er ihm unter die Füße gelegt. Wenn er dann aber aussprechen wird: ›Alles ist unterworfen!‹, so ist doch selbstverständlich der ausgenommen, der ihm alles unterworfen hat.

> Sobald ihm aber alles unterworfen ist, dann wird auch der Sohn selbst sich dem unterwerfen, der ihm alles unterworfen hat, damit Gott alles sei in allen« (1 Kor 15, 27–28).

Wenn diese Feststellungen im größeren Zusammenhang der Bibel gesehen werden, dann nehmen sie durchaus den rechten Platz ein, nämlich daß Christus sich in seiner Erdenzeit menschlichen Begrenzungen unterwarf. Z. B.: Er konnte zur gleichen Zeit immer nur an einem Ort sein. Er zeigte menschliche Gefühle, und obwohl er Wunder tat, die über menschliche Fähigkeiten hinausgingen, so war sein Wissen doch begrenzt. Er war also *ganz* Mensch.

Es ist verständlich, daß im Falle Jesu Christi die Bezeichnung »Sohn Gottes« sich meilenweit von den beiden anderen ähnlich klingenden Aussagen unterscheidet, nämlich:

1. Die »Göttersöhne« (Hiob 1, 6; 2, 1 und 1 Mose 6, 2).
2. Die »Kinder Gottes« oder »Söhne Gottes«, d. h. diejenigen, die das Angebot der Vergebung Gottes angenommen haben (Joh 1, 12; 3, 8; Eph 1, 5; Röm 8, 14 u. a.).

Man muß die Tatsache unterstreichen, daß die Göttlichkeit Christi in beiden Testamenten gut bezeugt ist. Wir werden die alttestamentlichen Aussagen in bezug auf die Dreieinigkeit im folgenden Kapitel untersuchen. Aber zunächst wenden wir uns dem Zeugnis des Neuen Testaments zu:

> »Im Anfang war das Wort (Logos) , und das Wort war bei Gott, und Gott war das Wort. Dieses war im Anfang bei Gott. Alle Dinge sind durch dieses Wort geworden und ohne dieses ist nichts geworden, was geworden ist. In Ihm war Leben, und das Leben war das Licht der Menschen. Und das Licht leuchtet in der Finsternis, doch die Finsternis hat es nicht begriffen . . . Und das Wort wurde Fleisch und nahm seine Wohnung unter

uns, und wir haben Seine Herrlichkeit geschaut, eine Herrlichkeit, wie sie dem eingeborenen Sohne vom Vater verliehen wird; eine mit Gnade und Wahrheit erfüllte« (Joh 1, 1–5.14).

»Es war in der Welt, und die Welt war durch Ihn geschaffen worden, doch die Welt erkannte Ihn nicht. Er kam in das Seine (sein Eigentum), doch die Seinen nahmen Ihn nicht auf; allen aber, die Ihn annahmen, verlieh Er das Anrecht, Kinder Gottes zu werden, nämlich denen, die an Seinen Namen glauben« (Joh 1, 10–12).

»Dann aber sagte er zu ihr: ›Deine Sünden sind dir vergeben!‹ Da begannen die Tischgenossen bei sich zu denken: ›Wer ist dieser, daß er sogar Sünden vergibt?‹« (Lk 7, 48–49).

»Denn es war Gottes Ratschluß, in Ihm die ganze Fülle wohnen zu lassen . . . denn in Ihm ist alles geschaffen worden, was im Himmel und auf der Erde ist, das Sichtbare und das Unsichtbare, mögen es Throne oder Herrschaften, Mächte oder Gewalten sein: alles ist durch Ihn und für Ihn geschaffen worden und Er ist vor allem, und alles hat in Ihm seinen Bestand« (Kol 1, 19; 16–17).

». . . hat Er am Ende dieser Tage zu uns geredet im Sohn, den Er zum Erben von allem eingesetzt, durch den Er auch die Weltzeiten geschaffen hat. Dieser ist der Abglanz Seiner Herrlichkeit und die Ausprägung Seines Wesens und trägt das Weltall durch Sein Allmachtswort; Er hat sich, nachdem Er die Reinigung von Sünden vollbracht hat, zur Rechten der Erhabenheit (Majestät Gottes) in den Himmelshöhen gesetzt« (Hebr 1, 2, 3).

». . . denn obgleich er Gottes Gestalt besaß, sah er doch das Gleichsein mit Gott nicht als einen gewaltsam festzuhaltenden Raub an; nein, er entäußerte sich selbst, indem er Knechtsgestalt annahm, ganz in menschliches Wesen einging und in seiner leiblichen Beschaffenheit als ein Mensch erfunden wurde« (Phil 2, 6–7).

»Sie sind ja doch Israeliten, denen der Sohnesstand und die Herrlichkeit Gottes, die Bündnisse und die Gesetzgebung, der Gottesdienst und die Verheißungen zuteil geworden sind, denen die Erzväter angehören und aus denen der Messias dem Fleische nach stammt: der da Gott über allem ist, gepriesen in Ewigkeit! Amen« (Röm 9, 4–5).

»Christus, der das Ebenbild Gottes ist« (2 Kor 4, 4).

»So gebt denn acht auf euch selbst und auf die ganze Herde, bei welcher der Heilige Geist euch zu Aufsehern bestellt hat, damit ihr die Gemeinde des Herrn weidet, die er sich durch sein eigenes Blut erworben hat« (Apg 20, 28).

»Wir wissen aber, daß der Sohn Gottes gekommen ist und uns Einsicht verliehen hat, damit wir den Wahrhaftigen erkennen; und wir sind in dem Wahrhaftigen, in seinem Sohne Jesus Christus. Dieser ist der wahrhaftige Gott und ewiges Leben« (1 Joh 5, 20).

»Denn erschienen ist die Gnade Gottes, die allen Menschen das Heil bringt, indem sie uns dazu erzieht, dem gottlosen Wesen und den weltlichen Begierden abzusagen und besonnen, gerecht und gottselig in der gegenwärtigen Weltzeit zu leben, indem wir dabei auf unser seliges Hoffnungsgut und auf das Erscheinen der Herrlichkeit des großen Gottes und unseres Retters Christus Jesus warten, der sich selbst für uns dahingegeben hat, um uns von aller Gesetzlosigkeit zu erlösen . . .« (Tit 2, 11–14).

Man mag einwenden, daß alle diese Zitate nicht direkt

von den Lippen Jesu Christi stammen. Das ist wahr, aber Jesus bestätigt diese Aussagen:

> »Ich bin das A und das O, der Anfang und das Ende; ich will dem Dürstenden aus der Quelle des Lebenswassers umsonst geben. Wer da überwindet, soll dieses erben, und ich will sein Gott sein, und er soll mein Sohn sein« (Offb 21, 6–7).
>
> »Darauf sagte er zu Thomas: ›Reiche deinen Finger her und sieh dir meine Hände an; dann reiche deine Hand her und lege sie mir in die Seite und sei nicht ungläubig, sondern werde gläubig!‹ Da antwortete ihm Thomas: ›Mein Herr und mein Gott!‹ Jesus erwiderte ihm: ›Weil du mich gesehen hast, bist du gläubig geworden. Selig sind die, welche nicht gesehen haben und doch zum Glauben gekommen sind‹« (Joh 20, 27–29).

Was glaubte Thomas? Er glaubte, daß Jesus sein Herr und Gott sei. Christus leugnete diese Tatsache nicht, sondern lobte seinen Glauben. Er beabsichtigte sicherlich nicht, Thomas oder uns etwas vorzumachen.

> »›Ich und der Vater sind eins!‹ Da holten die Juden wieder Steine herbei, um ihn zu steinigen; Jesus aber sagte zu ihnen: ›Viele gute Werke habe ich euch vom Vater her sehen lassen: welches von diesen Werken ist es, wegen dessen ihr mich steinigen wollt?‹ Die Juden antworteten ihm: ›Nicht wegen eines guten Werkes wollen wir dich steinigen, sondern wegen Gotteslästerung, und zwar weil du, der du doch ein Mensch bist, dich selbst zu Gott machst‹« (Joh 10, 30–33).

Christus versuchte nicht der Steinigung aus dem Wege zu gehen, indem er erklärte, daß er nur Mensch sei, was er sicherlich getan hätte, wenn es so gewesen wäre. Tatsächlich aber sagte er das Gegenteil:

> »Jesus antwortete ihm: ›Ich bin der Weg und die Wahrheit und das Leben; niemand kommt zum

> Vater außer durch mich. Wenn ihr mich erkannt hättet, würdet ihr auch meinen Vater kennen; von jetzt an kennt ihr ihn und habt ihn gesehen.‹ Philippus sagte zu ihm: ›Herr, zeige uns den Vater: das genügt uns.‹ Da sagte Jesus zu ihm: ›So lange Zeit schon bin ich mit euch zusammen und hast mich noch nicht erkannt, Philippus? Wer mich gesehen hat, der hat den Vater gesehen; wie kannst du sagen: Zeige uns den Vater! Glaubst du nicht, daß ich im Vater bin und der Vater in mir ist? Die Worte, die ich zu euch rede, spreche ich nicht von mir selbst aus, nein, der Vater, der dauernd in mir ist, der tut seine Werke‹« (Joh 14, 6–10).

Während alle Propheten als normale Menschen angesehen wurden, die auch Sünder waren (s. S. 131/132), ist es bemerkenswert, daß die Bibel ausdrücklich feststellt, daß Jesus ohne Sünde war:

> Jesus »wußte um keine Sünde« (2 Kor 5, 21).
> Jesus »hat keine Sünde getan« (1 Petr 2, 22).
> Jesus »war ohne Sünde« (Hebr 4, 15).
> In Jesus »war keine Sünde« (1 Joh 3, 5).

Dies wird natürlich auch vom Koran bestätigt (Sure 19, 20), wenn von dem »fehlerlosen (heiligen) Sohn Marias« die Rede ist.

Keine Erklärung kann die Bedeutung all dieser Aussagen untergraben. Wie kann solches zugehen? Das folgende Kapitel will uns die Antwort darauf geben.

C) Die Lehre von der Dreieinigkeit

Es gibt kaum Wahrheiten, die mehr mißverstanden wurden als dieses Geheimnis. Wir müssen dabei von vornherein feststellen, daß das Wort Dreieinigkeit ein theologischer Begriff ist und nicht nur ein biblischer. Es wird mehr als Lehre aufgefaßt und übersteigt unser menschliches Verstehen. Wir müssen ganz offen zugeben, daß alle Versuche des Menschen, auch auf dem Wege der Analogie, die Dreieinigkeit zu begreifen, einfach unzureichend sind, weil wir die Person Gottes nicht verstehen können. Was ein Mensch erfassen kann und was seiner Rettung dient, ist in der Heiligen Schrift niedergeschrieben. Alles, was wir über Gott wissen können, ist uns offenbart. Aber wir können nicht durch Offenbarung Gottes Wesen völlig verstehen. Wenn dem so wäre, wäre Gott auf unseren Verstand beschränkt. Deshalb lehnen wir auch die folgenden und ähnlich törichte Argumente moslemischer »Gelehrter« ab:

»Nach allen mathematischen Regeln ist dreimal eins drei. Aber in der christlichen Arithmetik ist dreimal eins eins . . . Von den Geistlichen wird uns gesagt, daß wir unseren Verstand nicht gebrauchen sollen, um die Dogmen der Kirche zu verstehen. Das ist der Kern der Sache. Wir sollen darauf verzichten, die von Gott geschenkte Gabe des Verstandes einzusetzen, um auch zu verstehen, was wir glauben sollen. Unser Glaube an diese Lehren muß blind und absolut, ohne Wenn und Aber sein. Wer immer diesen Glaubensartikel in Frage stellt, selbst aus lauteren aufrichtigen Motiven heraus, der zieht ewige Verdammnis auf sich.« Wenn der erste Teil dieser Anmerkung töricht ist, dann ist der zweite bösartige Lüge. Jeder, der die Bibel auch nur ein wenig kennt, weiß, daß unser Verstehen das Ziel aller biblischen Unterweisung ist.

> »Er wolle euch nach dem Reichtum seiner Herrlichkeit verleihen, durch seinen Geist am inwendigen Menschen mit Kraft ausgerüstet zu werden, damit Christus durch den Glauben Wohnung in euren Herzen nehme und ihr in der Liebe tiefgewurzelt und festgegründet dastehet, auf daß ihr fähig werdet, im Verein mit allen Heiligen die

Breite und Länge, die Tiefe und Höhe (des göttlichen Heilsratschlusses) zu erfassen und die alle Erkenntnis übersteigende Liebe Christi kennenzulernen, damit ihr schließlich zum Erfülltsein mit der ganzen Gottesfülle gelangt« (Eph 3, 16–19).

Es könnten ganze Spalten solcher Abschnitte zitiert werden. Wir werden zum Nachdenken ermutigt, aber es gibt Dinge, die übersteigen unser Denkvermögen. Kritiker mögen sich herausgefordert fühlen, wenn sie auf verständliche Weise Begriffe wie Unendlichkeit definieren sollten; ganz zu schweigen von Ewigkeit, Himmel, Gott usw.

Wenn jemand ein religiöses Buch schriebe und den Anspruch stellte, es sei von Gott inspiriert, dann würde er zweifellos alles weglassen, was die Hörer oder Leser nicht verstehen könnten; erstens, damit es verständlich wäre, und zweitens, weil der Autor selbst das, was über seinen Horizont hinausgeht, nicht fassen kann. Der Vorwurf, daß man die Dreieinigkeit deshalb nicht verstehen könne, weil sie »eine von Menschen entworfene Theorie« sei, ist daher unsinnig.

Oft begegnen wir der Frage: »Wenn Jesus Gott ist, wer hat dann das Universum gelenkt, als er im Leib der Maria war, in der Krippe oder im Grabe?« Ein Bild soll die Antwort darauf geben: Ich gehe zum Ozean hinunter und fülle einen Eimer mit Meerwasser. Was geschieht dann mit all den Fischen im Ozean? Logischerweise werden wir sagen: Was hat das denn mit den Fischen zu tun? Ich antworte: »Fische können nicht ohne Wasser leben, und das Wasser ist jetzt im Eimer.«

Als Gott in Christus war, war er natürlich überall, da er ja allgegenwärtig ist.

Einen Punkt müssen wir ganz klar herausstellen. Nicht Christus wurde Gott. Nein, Gott wurde Christus, allerdings nicht so, daß er nirgendwo sonst zu finden gewesen wäre. Das würde sonst eine totale Begrenzung Gottes bedeuten.

> »Denn Gott war in Christus und hat die Welt mit sich versöhnt« (2 Kor 5, 19).

Oft werden unbedachte Aussagen gemacht wie: Die einzige Bibelstelle, die Bezug nimmt auf die Dreieinigkeit, findet sich in 1 Johannes 5, 7:

> »Drei sind es nämlich, die Zeugnis ablegen: der Geist, das Wasser und das Blut.«

Kritiker vermuten, daß dieser Vers, der in mehreren modernen Übersetzungen kursiv gedruckt ist, nicht Teil der christlichen Lehre war, bis er durch das Konzil von Nicäa 325 n. Chr. in die Bibel aufgenommen wurde. Dies deutet wieder darauf hin, daß Christen absichtlich Einschiebungen vornehmen. Dogmatisch gesprochen, wurden »alle Schriften des Neuen Testaments beim Konzil von Nicäa dem Christentum eingefügt«, denn größtenteils wurde bei diesem Konzil von den führenden Männern der Kirche beschlossen, welche der zur Verfügung stehenden Texte tatsächlich aus der Hand der Apostel stammten und welche nur phantastische und legendenhafte Zusätze zu diesen Schriften waren. Es muß jedoch gesagt werden, daß schon im zweiten Jahrhundert fast alle Bücher der Bibel im allgemeinen Gebrauch waren.

Das wird durch eine Vielzahl von Schriften und Gelehrten der frühen Kirche in Asien, Afrika und Europa deutlich.

Ist die Kritik, daß nur eine Bibelstelle die Dreieinigkeit bezeugt, berechtigt oder nicht?

Ich schlage die erste Seite der Bibel auf und lese:

> »Am Anfang schuf Gott Himmel und Erde.«

Das Wort »Gott« und natürlich der ganze Text wurde in hebräischer Sprache niedergeschrieben. Wo wir heute von Gott sprechen, finden wir im Urtext das hebräische Wort »Elohim«. »Gott« würde heißen »El« oder »Elloah«. Was bedeutet denn »Elohim«? Es ist die

Pluralform für Gott. Etwas später lesen wir in Vers 26:

> »Und Elohim sprach: Lasset *uns* Menschen machen . . .«

und in Kap. 11, 7 heißt es:

> »Wohlauf, lasset *uns* herniederfahren und ihre Sprache daselbst verwirren . . .«

Was bedeutet hier »uns«?

Die Antwort lautet: Hinter der Mehrzahl verbirgt sich Elohim. Wie ist das zu verstehen? Handelt es sich hier um den »pluralis majestatis«? Nein, denn so etwas ist im Hebräischen unbekannt. Da Gott sich in seinem Wort stets fortschreitend offenbart, wird nachfolgend das Thema weiter beleuchtet.

Gott sagt in 5 Mose 6, 4 folgendes:

> »Höre, Israel: Der Herr ist unser Gott, ist ein einiger Gott! So liebe denn den Herrn, deinen Gott, mit deinem ganzen Herzen, mit deiner ganzen Seele und mit all deiner Kraft.«

oder:

> »Du sollst Jahwe, deinen Elohim, von ganzem Herzen und mit aller Kraft liebhaben.«

Das meiste Licht auf diesen Sachverhalt wirft allerdings der kurze Satz:

> »Denn der Herr, dein Gott, ist ein einiger Gott.«

Im Hebräischen lautet das so:

> »Jahwe Elohenu Jahwe echad.«

Wörtlich übersetzt heißt das:

> »Der Herr, unsere Götter, der Herr ist einer«

oder: »eine Einheit«.

Dasselbe Wort »echad« wurde auch verwandt, als Gott nach der Erschaffung von Adam und Eva sagt:

> »Darum verläßt ein Mann seinen Vater und seine Mutter und hängt seinem Weibe an, und sie werden ein Fleisch sein (1 Mose 2, 24).

Wir wissen natürlich alle, daß verheiratete Leute nicht eine Person sind, sondern ein Paar.

Das Jesajabuch wirft noch mehr Licht auf dieses Thema. Hier wird das ganze Verständnis dieses Geheimnisses, soweit es Menschen überhaupt begreifen können, offenbar:

»So hat der Herr gesprochen, der König Israels, und sein Erlöser, der Herr der Heerscharen: Ich bin der Erste und der Letzte, und außer mir gibt es keinen Gott« (Jes 44, 6).

Weiter lesen wir:

»Der Gnadenerweise des Herrn will ich gedenken, der Ruhmestaten des Herrn, wie sich's gebührt nach allem, was der Herr an uns getan hat, und nach der großen Güte gegen das Haus Israel, dem er Gutes erwiesen hat nach seiner Barmherzigkeit und nach der großen Zahl seiner Gnadenverheißungen. Denn er sagte: Sie sind ja doch mein Volk, Söhne, die nicht treulos sein werden; so erwies er sich ihnen denn als Retter. Zu allen ihren Bedrängnissen fühlte er sich bedrängt, und der Engel seines Angesichts rettete sie; in seiner Liebe und Milde erlöste er selbst sie und hob sie immer wieder empor und trug sie einher alle Tage der Vorzeit hindurch. Sie aber waren widerspenstig und betrübten seinen heiligen Geist, so daß er sich ihnen in einen Feind verwandelte und selbst gegen sie stritt« (Jes 63, 7–10).

Unmißverständlich sagt der Prophet zu König Ahas, der aus Nützlichkeitserwägungen heraus kein Zeichen haben will:

»Darum wird der Allherr selbst euch ein Zeichen geben: Seht, die Jungfrau wird guter Hoffnung werden und einen Sohn gebären, dem sie den Namen Immanuel geben wird.« (Jes 7, 14)

»Denn ein Kind wird uns geboren, ein Sohn uns geschenkt werden, auf dessen Schulter die Herrschaft ruhen wird; und sein Name lautet ›Wunderrat, Heldengott, Ewigvater, Friedefürst‹« (Jes 9, 5).

Manchmal wird uns gesagt, daß diese Stelle eigentlich heißen müßte: »Wunderbarer Berater des allmächtigen Gottes«. Aber dies stimmt nicht. Im hebräischen Urtext fehlt das Wort, das anzeigt, daß es wunderbarer Berater »von« Gott ausdrücken soll.

Jesus kommt in Johannes 8, 58 und 59 zu der scheinbar falschen Feststellung:

»›Wahrlich, wahrlich ich sage euch: Ehe Abraham ward, bin ich.‹ Da hoben sie (die Juden) Steine auf, daß sie auf ihn würfen.«

Warum? Weil das »Ich bin« die Bedeutung von »Jahwe« hat und die Aussage »ehe denn Abraham war, bin ich« auf das Ewige im Wesen Christi hinweist.

Dies ist eine vollkommene Übereinstimmung mit dem Alten Testament, und als solche nehmen wir sie auch an. Nur im Licht der alttestamentlichen Offenbarung sind wir imstande, die Feststellungen, die von und über Christus gemacht werden, an diesen und anderen Textstellen richtig zu begreifen und zu beurteilen.

»Ich und der Vater sind eins« (Joh 10, 30).

». . . der du doch ein Mensch bist und dich selbst zu Gott machst« (Joh 10, 33).

»Wer mich sieht, der sieht den Vater (Joh 14, 9).

Herr Joommal fährt fort:

»Die Kirche kann nicht ein Fünkchen von Autorität dafür beanspruchen, daß Jesus eins mit Gott ist.«

Die Bibel gibt darauf zur Antwort:

»Was soll das Toben der Völker und das eitle Sinnen der Völkerschaften? Die Könige der Erde rotten sich zusammen und die Fürsten halten Rat miteinander gegen den Herrn und den von ihm Gesalbten: ›Laßt uns zerreißen ihre Bande und von uns werfen ihre Fesseln!‹ Der im Himmel thront, der lacht, der Allherr spottet ihrer. Dann aber wird er zu ihnen reden in seinem Zorn und sie schrecken in seinem Ingrimm: ›Habe ich doch meinen König eingesetzt auf dem Zion, meinem heiligen Berge!‹ Laßt mich kundtun den Ratschluß des Herrn! Er hat zu mir gesagt: ›Mein Sohn bist du; ich selbst habe heute dich gezeugt. Fordre von mir, so gebe ich dir die Völker zum Erbe und dir zum Besitz die Enden der Erde. Du sollst sie mit eiserner Keule zerschmettern, wie Töpfergeschirr sie zerschlagen!‹ So nehmt denn Klugheit an, ihr Könige, laßt euch warnen, ihr Richter der Erde!« (Ps 2, 1–10).

Obgleich jede Analogie nur ein sehr unzureichendes Bild ist, kann uns eine einfache Illustration vielleicht helfen, Dreieinigkeit besser zu verstehen.

Nehmen wir einen Tropfen Wasser und bringen ihn zu einem Chemiker, um ihn analysieren zu lassen. Er wird uns sagen, daß dies H_2O ist. Tragen wir den gleichen Tropfen zu einem Physiker, dann wird er uns erklären, daß dies eine Flüssigkeit ist. Das gleiche machen wir mit einem Stückchen Eis. Der Chemiker wird feststellen, daß es H_2O ist. Der Physiker sagt, daß es ein fester Stoff ist. Dann nehmen wir ein Röhrchen voller Dampf und erhalten das gleiche Ergebnis beim Chemiker. Der Physiker aber wird uns sagen: Das ist ein Gas.

In ehrfurchtsvoller Weise möchte ich die Ähnlichkeit zwischen dem eben angeführten Beispiel und der Dreieinigkeit deutlich machen. Wie Wasser, Eis und Dampf trotz aller physikalischen Unterschiede übereinstimmend H_2O sind, so bleibt Gott immer Gott, auch wenn er sich unterschiedlich darstellt. Vielleicht können wir das Wasser als Ursprung und Erhalter des Lebens mit dem Schöpfer-Vater vergleichen, das Eis, das man anfassen kann, mit dem Sohn Gottes, der der Retter wurde. Der Dampf, den man nicht fassen und handhaben kann, und der doch eine Kraft darstellt, entspräche dann dem

Heiligen Geist, der Gott all denen offenbart, die ihn suchen, und der den Gläubigen Kraft gibt, ein rechtschaffenes Leben zu führen. Und doch sind alle drei Erscheinungsformen Gottes wirklich Gott.

Es gibt noch andere Analogien. Der Mensch besteht aus Körper, Seele und Geist. Der Sonnenschein enthält Licht, Wärme und Energie. Feuer, Licht und Wärme sind drei und doch eins. So gehören auch Verstand, Gedanken und Rede zusammen und unterscheiden sich doch voneinander.

D) Die Kreuzigung und weitere historische Tatsachen des Lebens Jesu

Ein weiteres, heißdiskutiertes Thema der christlich-islamischen Kontroverse ist die Kreuzigung. Für den Christen ist jeglicher Kompromiß auf diesem Gebiet unannehmbar. Aber auch dem Moslem ist ein Zugeständnis nicht möglich, da eine der grundlegenden Feststellungen im Koran heißt:

> »Sie haben ihn aber nicht getötet und nicht gekreuzigt, sondern einen anderen, der ihm ähnlich war. In der Tat sind die verschiedenen Ansichten hierin nur Zweifel, weil sie keine bestimmte Kenntnis haben, sondern nur vorgefaßten Meinungen folgen. Sie haben ihn aber nicht wirklich getötet, sondern Allah hat ihn zu sich erhoben« (Sure 3, 158–159).

Was war der Anlaß, daß solch eine Aussage niedergeschrieben wurde? Sie steht ja offensichtlich ganz im Gegensatz zum Evangelium und »bestätigt« es in keiner Weise. (Vgl. S. 9–11). Es ist nicht leicht, die Lage zu rekonstruieren, aber es scheint, daß die Verbindung zwischen Mohammed und seinen jüdischen Zeitgenossen in Medina äußerst gespannt war und daß dadurch ihre Haltung zueinander immer feindseliger wurde. Da Mohammed Jesus für den höchsten aller Propheten hielt, hatte er zweifellos eine sehr hohe Meinung von ihm.

Er soll gesagt haben:

> »Ich bin dem Sohn Marias unter allen Menschen am ähnlichsten, und ich stehe Jesus, dem Sohn Marias, unter der ganzen Menschheit in diesem und dem darauffolgenden Leben am nächsten« (Sahih Muslim, Bd. 4, S. 1260–1261).

Was war der Anlaß zu solch einer Feststellung? Er konnte es nicht ertragen, daß seine Feinde, die Juden, genug Macht über einen solchen Boten Gottes haben konnten, um über ihn triumphieren zu können.

Berechnungen zufolge wurde die 4. Sure ungefähr nach der Hälfte des Aufenthalts Mohammeds in Medina geschrieben, also im Jahre 5 A. H. Zu dieser Zeit gab es sehr viele Feindseligkeiten zwischen Juden und Moslems, wie wir aus den vielen Stellen und Anmerkungen in der Hadith schließen können. Da ein Prophet über einen weit höheren Status verfügt als ein gewöhnlicher Mensch, kamen für ihn Leiden oder Niederlagen (so jedenfalls empfand Mohammed das Kreuz) überhaupt nicht in Frage. In den Augen Mohammeds war Jesus ein sehr bedeutender Mensch. Dies wird durch die Tatsache gestützt, daß nach der Lehre Mohammeds Jesus unter allen Propheten der einzige war, der von einer Jungfrau geboren wurde, sündlos war, »Wort Gottes« genannt wird, ein »Geist von Gott« ist, lebend zum Himmel auffuhr, der erhaben ist in dieser Welt und danach (vgl. S. 131/132) und der wiederkommen wird. Mohammed hatte keinen Blick für das Versöhnungswerk, das Christus vollbrachte und ohne das sein Tod am Kreuz nicht verstanden werden kann. Mohammed hat wohl nie das Evangelium in seiner ursprünglichen Form kennengelernt, wie wir noch sehen werden. Alles, was wir im Koran über Jesus erfahren, beruht auf den Apokryphen oder auf Legenden, die unter koptischen Christen in Arabien im Umlauf waren.

Es fehlt noch eine überzeugende Exegese und Interpretation der Textstellen in Sure 3, 56 und 19, 34: »Ich will dich, o Jesus, der Menschen Tod sterben lassen«, wie es viele der alten Überlieferer wie Ali ibn Abbas, Abdullah ibn Salih, Muaweheh, Ibn Ishaq, Salma und Wahab ibn Munabbih verstanden, und so ruht »Friede über mir am Tag meiner Geburt und am Tag meines Todes und am Tag, an welchem ich wieder zum Leben auferweckt werde«. Die Reihenfolge »Geburt – Sterben – Auferstehen« ist hier unübersehbar.

Wenn Jesus entgegen der eindeutigen Lehre der Bibel nicht am Kreuz starb, *wann* starb er dann? Denn nach der Aussage des Koran *mußte* er jedenfalls sterben. (Sure 4, 59; 19, 33; 3, 55), (Dr. A. Haqq).

Christen haben in der Bibel und anderen zeitgenössischen Quellen eine überwältigende Fülle von Bestätigungen für die Kreuzigung. Knapp ein Drittel der Evangelien berichtet über die letzte Woche im Leben Jesu und über seinen Tod. Dies steht in vollkommener Übereinstimmung mit der Lehre von der Versöhnung und den Opferhandlungen, die wir durch das ganze Alte Testament hindurch verfolgen können.

Aber darüber hinaus »haben wir um so sicherer das feste prophetische Wort«, denn der Opfertod des Messias wurde im Alten Testament vorausgesagt:

> »Jedoch unsere Krankheiten waren es, die er getragen hat, und unsere Schmerzen hatte er sich aufgeladen, während wir ihn für einen Gestraften, von Gott Geschlagenen und Gemarterten hielten. Und doch war er verwundet um unserer Übertretungen willen und zerschlagen infolge unserer Verschuldungen: Die Strafe war auf ihn gelegt zu unserem Frieden und durch seine Striemen ist uns Heilung zuteil geworden. Wir gingen

alle in der Irre wie Schafe; ein jeder wandte sich seinem eigenen Wege zu; der Herr aber hat unser aller Schuld auf ihn fallen lassen. Aus der Drangsal und dem Gericht ist er hinweggenommen worden, doch wer unter seinen Zeitgenossen bedachte es, daß er vom Lande der Lebenden abgeschnitten war? Wegen der Verschuldung meines Volkes hat die Strafe ihn getroffen. . . .Und man wies ihm sein Grab bei Frevlern an und bei Missetätern seine Gruft . . . während er doch die Sünde der Vielen getragen hat und für die Übeltäter fürbittend eingetreten ist« (Jes 53, 4–6.8.12).

». . . in den Staub des Todes hast du mich gelegt . . . sie haben mir Hände und Füße durchbohrt . . . sie aber blicken mich an und weiden sich an dem Anblick . . . sie teilen meine Kleider unter sich und werfen das Los um mein Gewand« (Ps 22, 16–19).

Auch die weltliche Geschichtsschreibung bestätigt die Kreuzigung. Die neutestamentlichen Dokumente werden in hohem Maße von den Geschichtsschreibern anerkannt. Die mehr als 5000 Zeugnisse, die uns heute zur Verfügung stehen, sind von solcher Zuverlässigkeit, daß die Tatsache der Kreuzigung einfach nicht geleugnet werden kann, auch wenn die Manuskripte, außer ein paar Fragmenten, nicht aus dem 1. Jahrhundert stammen. (Das war die Zeit, in der die Originalhandschriften verfaßt wurden.)

Trotzdem gibt es, zieht man den zeitlichen Abstand in Betracht, keine anderen historischen Ereignisse dieser Ära, die nur annähernd so gut belegt sind wie die im Neuen Testament beschriebenen.

Es wird oft gesagt, daß die Geschichte die biblischen Ereignisse nicht belege. Während der Zeit der »Aufklärung« hielt man den christlichen Glauben weithin für eine veraltete Sache und verwandte keine Zeit darauf, die Glaubwürdigkeit solcher Kritik zu überprüfen. Seit damals haben sich wenige Leute darum bemüht, die Dinge wieder in die richtige Perspektive zu rücken. Es ist erschütternd, daß gerade die sogenannten »modernen« Theologen die Fehlkonzeption, die aus der Zeit der Aufklärung stammt, aufgegriffen und gelehrt haben. Aber mit der Beschleunigung des wissenschaftlichen Fortschritts auf vielen Gebieten hat man herausgefunden, daß gerade die Christen für ihren Glauben mehr Belegmaterial haben als alle anderen Religionen.

> »Geschichtsschreiber wie W. M. Ramsay, Ed. Meyer, und A. T. Olmstead haben heftig gegen die übertriebene Skepsis einiger Theologen bezüglich der historischen Schriften des Neuen Testaments protestiert« (aus: »Die Zuverlässigkeit der neutestamentlichen Schriften« von F. F. Bruce).

Wir wollen uns kurz mit einigen Tatsachen befassen: »Es sind ungefähr 5000 Handschriften des Neuen Testaments entweder vollständig oder teilweise erhalten. Die wichtigsten und besten dieser Zeugnisse gehen ungefähr auf das Jahr 350 n. Chr. zurück.«

»Vielleicht können wir ermessen, wie reich das Neue Testament in bezug auf handschriftliche Zeugnisse ist, wenn wir es mit dem Textmaterial anderer historischer Werke vergleichen. Zu Caesars ›Bellum Gallicum‹, der zwischen den Jahren 58–50 v. Chr. verfaßt wurde, sind mehrere Manuskripte vorhanden, aber nur neun oder zehn davon sind gut. Die ältesten davon stammen aus einer Zeit 900 Jahre nach Caesars Tod. Von den 142 Büchern der römischen Geschichte von Livius (59 v. Chr. bis 17 n. Chr.) haben nur 35 überlebt. Diese kennen wir aus nur 20 bedeutenden Handschriften, von denen wiederum nur eine (die Fragmente der Bücher 3–6 enthält) aus dem 4. Jahrhundert stammt. Von den 14 Büchern der

Historien von Tacitus (ungefähr 100 n. Chr.) haben nur viereinhalb überlebt. Von den 16 Büchern seiner Annalen sind zehn vollständig und zwei teilweise erhalten. Der Text dieser vorhandenen Teile seiner zwei großen historischen Werke beruht auf nur zwei Handschriften, einer aus dem 9. und einer aus dem 11. Jahrhundert. Die vorhandenen Handschriften seiner kleineren Werke (Dialogus de Oratoribus, Agricola, Germania) stammen aus einem Kodex aus dem 10. Jahrhundert.«

»Die Geschichte des Thukydides (460–400 v. Chr.) ist uns aus acht Handschriften bekannt, die früheste geht auf das Jahr 900 v. Chr. zurück, und einige Papyrusüberreste stammen aus der Zeit der frühen christlichen Ära. Das gleiche trifft auf die Geschichte des Herodot (488–428 v. Chr.) zu. Und doch würde kein Gelehrter des klassischen Altertums auf Argumente eingehen, daß die Echtheit des Herodot oder Thukydides zweifelhaft sei, weil die frühesten Handschriften seiner Werke, die brauchbar sind, über 1300 Jahre später als die Originale verfaßt wurden.«

»Aber wie anders verhält es sich mit dem Neuen Testament in dieser Beziehung. Außer den zwei hervorragenden Handschriften des 4. Jahrhunderts, dem Codex Vaticanus und dem Codex Sinaiticus, die die frühesten unter einigen tausend uns bekannten bilden, sind uns ansehnliche Fragmente von Papyrusschriften der neutestamentlichen Bücher, die 100 bis 200 Jahre früher datieren, erhalten. Die Chester Beatty Biblical Papyri, deren Existenz 1931 bekannt wurde, bestehen aus Teilen von elf Papyrusschriften. Drei davon enthalten die meisten der neutestamentlichen Schriften. Eine von ihnen, welche die 4 Evangelien mit der Apostelgeschichte enthält, gehört in die erste Hälfte des 3. Jahrhunderts, eine andere, die die Briefe des Paulus an verschiedene Gemeinden und den Hebräerbrief enthält, wurde zu Beginn des 3. Jahrhunderts (d. h. kurz nach 200 n. Chr.)

abgeschrieben; die dritte, die die Offenbarung enthält, gehört in die zweite Hälfte des gleichen Jahrhunderts« (Bruce, a.a.O.).

Wir alle wissen, daß alte historische Annalen und Berichte sich kaum mit mehr als Kriegen, Helden und zeitgenössischen Führern befassen. Folglich kann kaum erwartet werden, daß Geschehnisse in solch entfernten, abgelegenen Gegenden wie Galiläa oder Judäa erwähnenswert erschienen. Und wenn sie doch beachtet wurden, dann waren es Kriegs- oder Reichsereignisse, die lohnenswert schienen. Trotzdem gibt es Bezugnahmen, die die biblischen Berichte stützen.

Der römische Geschichtsschreiber Plinius (112 n. Chr.) wurde vom Kaiser Trajan als eine Art Statthalter in die Provinz Bithynien in Kleinasien geschickt (Apg 16, 7). Er schrieb mehrere Briefe an den Kaiser. In einem von ihnen setzte er sich mit den Christen auseinander. Er berichtete, er stieße überall in der Provinz, in Dörfern und ländlichen Gegenden, auf Christen. Ihre schnelle Ausbreitung war zu einem großen sozialen Problem geworden. Die heidnischen Tempel mußten mangels Besuchern geschlossen werden. Ihre kultischen Feste wurden nicht mehr gefeiert, und man benötigte kaum noch Opfertiere. Verbote dieses rapide um sich greifenden christlichen Glaubens sowie religiöse oder wirtschaftliche Sanktionen konnten die Situation nicht ändern. Plinius berichtete, daß von nun an dies unter seiner fähigen Aufsicht anders würde. Diejenigen, die an ihrem christlichen Glauben festhielten, sollten hingerichtet werden. Offensichtlich waren diese Menschen unverbesserlich und verdienten den Tod. Er mußte jedoch zugeben, daß er über die Art der Verbrechen, die sie begingen, äußerst erstaunt sei. Die, welche unter Zwang ihrem Glauben abschworen, ließen ihn wissen, daß Christen in ihren Versammlungen keine Greueltaten begingen. Ihre einzige Schuld bestand darin, daß sie sich weigerten, den Verordnungen des Kaisers und der Götter Gehorsam zu erzeigen. Aber an gewissen Tagen versammelten sie sich (an Sonntagen) schon vor Sonnenaufgang und sangen von Christus als ihrem Gott. Sie leisteten einen Eid (bei ihrer Taufe), keine Verbrechen zu begehen. Ihr Leben sei vorbildlich. Es gäbe unter ihnen keinen Betrug, keinen Ehebruch, keinen Diebstahl, nichts Unehrenhaftes.

Bei ihren gemeinsamen Mahlzeiten würden sie gewöhnliches Essen und keine geschlachteten Kinder verzehren (Christen wurden oft des Kannibalismus angeklagt, da sie am »Leib Christi« teilhatten). (Zitate frei übersetzt nach Michael Green: »Es komme mir keiner mit Tatsachen«.)

Cornelius Tacitus, ein Zeitgenosse von Plinius, war der größte Geschichtsschreiber des Römischen Reiches. Er berichtet (die Betonung der Liebe zu den Brüdern und Schwestern wurde von den Heiden oft mißdeutet, die die Christen verdächtigten, sie lebten unmoralisch und seien Kannibalen), wie die Christen von der Bevölkerung wegen ihrer Verbrechen gehaßt und zum Sündenbock gemacht wurden, um die Strafen für den großen Brand von Rom zu tragen, den Nero 64 n. Chr. verursacht hatte. »Der Name Christen«, so schreibt er, »ist abgeleitet von Christus, der unter der Herrschaft des Prokurators Pilatus hingerichtet wurde. Der verderbliche Aberglaube, der eine Zeitlang unterdrückt worden war, flammte erneut auf und weitete sich nicht nur in Judäa aus, von wo das Übel seinen Anfang genommen hatte, sondern auch in Rom selbst, wo alles Schlechte zusammenkommt und gefeiert wird.« Es ist ganz offensichtlich, daß der Patrizier Tacitus keine großen Sympathien für das Christentum hegte, zu dem im allgemeinen die niedrigeren Klassen gehörten, insbesondere die Orientalen. Aus diesem Grund ist sein historisches Zeugnis von um so größerem Gewicht.

Der Geschichtsschreiber Thallus schrieb ungefähr um das Jahr 52 n. Chr. in Rom. Seine Werke gingen verloren. Aber ein Fragment davon ist erhalten geblieben und erscheint in einem Buch von Julius Afrikanus im 2. Jahrhundert. Er schreibt über die Finsternis, die zur Zeit der Kreuzigung das Land bedeckte (Mk 15, 33) und sagt dazu:

> »Thallus erklärt in Band 3 seiner Geschichte, die Finsternis sei eine Verfinsterung gewesen, was mir ungerechtfertigt erscheint.«

Wir müssen den Einwand respektieren, der von Julius Afrikanus gemacht wird. Bei Vollmond – und beim Passahfest, an dem Christus starb, herrschte Vollmond – kann es keine totale Sonnenfinsternis geben. Das besonders Bemerkenswerte an seinem Zitat ist jedoch, daß es zeigt, wie in der Mitte des 1. Jahrhunderts der Tod Christi und seine Begleiterscheinungen sogar in Rom zur Sprache kamen. Es war so bekannt, daß ein nichtchristlicher Geschichtsschreiber es für erwähnenswert hielt.

Die Heiden von Rom waren nicht nur in den 50er Jahren des 1. Jahrhunderts über das Kreuz unterrichtet (ungefähr 20 Jahre nach der Kreuzigung), sie wußten auch um die Auferstehung Jesu, wenn wir die mögliche Bedeutung des folgenden Materials richtig beurteilen. Aus der Regierungszeit des Kaisers Claudius Cäsar (41 bis 54 n. Chr.) stammt eine Eintragung, in der der Kaiser seinen Unmut über Berichte über die Auferstehung von Toten aus dem Grabe zum Ausdruck bringt. Er warnt, daß Wiederholungen dieser Art die Todesstrafe nach sich ziehen würden. Und wo fand man diese Eintragung? Ausgerechnet in Nazareth.

Josephus war einer der jüdischen Führer, die in den Aufstand gegen Rom verwickelt waren. Nach dem Jahre 70 n. Chr. (das Jahr des Falls und der Zerstörung Jerusalems) versuchte er, das Ansehen des Judentums in der römischen Gesellschaft im allgemeinen und am kaiserlichen Hof im besonderen wiederherzustellen. So schrieb er seine »Antiquitates Judaicae« (93 n. Chr.) und »De Bello Judaico« (75–79 n. Chr.), um die römische Öffentlichkeit in ansprechender Weise über die Religion seiner Väter zu unterrichten . . . Darin begegnen uns viele Personen, die uns aus dem Neuen Testament wohlbekannt sind: Pilatus, Hannas, Kaiphas, Herodes, Kyrenius, Felix, Festus und andere. Er schreibt auch von Johannes dem Täufer, von seinen Predigten, seiner Taufe und seiner Hinrichtung. Auch Jakobus, der Bruder Jesu, des »sogenannten Christus«, wird positiv erwähnt. Von größter Bedeutung jedoch ist sein umfangreicher Bezug auf Jesus selbst.

> »Um diese Zeit lebte Jesus, ein weiser Mensch, wenn man ihn überhaupt als Mensch bezeichnen darf; denn er tat wunderbare Werke. Er war ein Lehrer der Menschen, die die Wahrheit mit Freuden aufnehmen. Er zog viele Juden und viele Heiden zu sich. Er war der Christus. Und als Pilatus, in der Annahme, er sei der Führer unter uns, ihn zum Kreuzestod verurteilt hatte, vergaßen ihn die, die ihn zuerst liebten, nicht; denn er erschien ihnen lebendig am dritten Tag, wie die göttlichen Propheten dies und 10 000 andere wunderbare Tatsachen über ihn vorausgesagt hatten. Und der Stamm der Christen, die nach ihm genannt wurden, ist bis auf den heutigen Tag nicht ausgelöscht worden« (»Antiquitates Judaicae«, Bd. 18, 111, 3).

Wenn wir zur Weihnachtszeit ein Planetarium besuchen, werden wir Zeuge eines wunderbaren, faszinierenden Ereignisses. Ein Planetarium darf natürlich nicht mit einem Observatorium verwechselt werden, in dem man durch ein Teleskop Sterne beobachten kann. Ein Planetarium besteht aus einem großen, mit einer Kuppel versehenen Raum. In der Mitte steht eine höchst komplizierte Einrichtung, die dünne intensive Lichtstrahlen gegen die schwarze Kuppel wirft. Wenn der Beobachter aufschaut, hat er den Eindruck, er befände sich unter einem herrlichen Nachthimmel. Die Sterne können jedoch von einem eingebauten Computer aus ganz nach Belieben bewegt werden. All die Sterne, Planeten und sogar die weit entfernten Nebelflecken können gut beobachtet werden, wie bei der Konstellation des natürlichen Himmels zu bestimmter Zeit am entsprechenden Ort. Wie der Himmel sich verändert, so kann auch der künstliche Himmel des Planetariums sich verändern. Zur Weihnachtszeit kann man den Nachthimmel über Bethlehem zur Zeit der Geburt Christi sehen. Die Sterne laufen mit solcher Genauigkeit nach ihren vorgezeichneten Bahnen, daß man jeden Nachthimmel in der Geschichte rekonstruieren kann. Das nennen wir Kosmos = Ordnung.

Der ungeübte Beobachter wird im Planetarium keinen Unterschied zu irgendeinem Nachthimmel des Altertums feststellen. Der kundige Astronom wird darauf hinweisen, wie die Planeten Jupiter und Saturn, beides auffällig helle Lichtpunkte am Himmel, sich aufeinander zubewegen, bis sie wie *ein* leuchtender Stern aussehen. Diese Konjunktion geschah dreimal innerhalb einer kurzen Zeitspanne, und zwar im Jahre 6 v. Chr. Liegt darin irgendeine Bedeutung?

Wir wollen dem nachgehen:

> »Als nun Jesus zu Bethlehem in Judäa in den Tagen des Königs Herodes geboren war . . .« (Mt 2, 1).

Diese Geschichte ist uns gut bekannt, weniger bekannt ist, daß Herodes im Jahre 4 v. Chr. starb. Warum befahl er, alle Kinder unter zwei Jahren zu töten? Konnte man nicht ein neugeborenes Kind von einem Kleinkind unterscheiden? Natürlich kann man das. Aber es muß soviel Zeit bis zur Ankunft der Weisen aus dem Morgenland verstrichen sein, daß er ganz sichergehen wollte. So können wir zu Recht annehmen, wie es die Geschichtsschreiber tun, daß Christus weder im Jahre 0 noch im Dezember geboren wurde.

Wir schließen daraus, daß sich die oben erwähnte Konjunktion zur Zeit der Geburt Christi ereignete. Johannes Kepler, einer der großen Bahnbrecher unter den Astronomen, rekonstruierte im Jahre 1604 diese Konstellation auf Papier und errechnete, daß sie 6 v. Chr. stattgefunden habe.

> »1925 entzifferte der deutsche Gelehrte P. Schnabel neubabylonische Keilschriftaufzeichnungen eines berühmten antiken Fachinstituts, der Astrologenschule zu Sippar in Babylonien. Unter endlosen Reihen nüchterner Beobachtungsdaten findet er eine Notiz über den Planetenstand im Sternbild der Fische. Jupiter und Saturn sind sorgfältig über die Dauer von fünf Monaten eingezeichnet. Es ist, umgerechnet auf unsere Zeit, das Jahr 7 vor Christi Geburt . . . Nach chaldäischer Auffassung waren die Fische das Zeichen des Westlandes, des Landes am Mittelmeer; nach jüdischer Tradition waren sie das Zeichen Israels, das Zeichen des Messias . . . Jupiter galt bei allen Völkern und zu allen Zeiten als Glücks- und Königsstern. Nach altjüdischer Überlieferung sollte Saturn Israel schützen.« Tacitus setzt ihn mit dem Gott der Juden gleich . . .
>
> »Seit Nebukadnezar lebten viele Tausende von Juden in Babylonien. Manche unter ihnen mögen an der Astrologenschule zu Sippar studiert haben. Ein so überaus glanzvolles Zusammentreffen des Jupiter mit dem Israelbeschützer Saturn im Sternbild des ›Westlandes‹, des Messias, muß die jüdischen Astrologen tief bewegt haben. Denn nach astrologischer Sinngebung deutete es

auf das Erscheinen eines mächtigen Königs im Westland, dem Land ihrer Väter, hin. Dies persönlich zu erleben, mit eigenen Augen zu schauen, war der Reisegrund der sternkundigen Weisen aus dem Morgenland« (Aus: Werner Keller: »Und die Bibel hat doch recht«).

Sogar Kepler machte sich an die Arbeit, um Einzelheiten für die besagte Konstellation auszuarbeiten, nachdem er davon gelesen hatte, daß der rabbinische Schriftsteller Abarbanel Bezug genommen hatte auf:

»einen ungewöhnlichen Einfluß, den jüdische Astrologen eben dieser Konstellation zugeschrieben haben sollen. Der Messias würde erscheinen, wenn es ein Zusammentreffen von Saturn und Jupiter im Sternbild der Fische gäbe.«

Im Matthäusevangelium lesen wir in Kapitel 2, 1–12:

»Als nun Jesus zu Bethlehem in Judäa in den Tagen des Königs Herodes geboren war, da kamen Weise aus dem Osten nach Jerusalem und fragten: ›Wo ist der neugeborene König der Juden? Wir haben nämlich seinen Stern im Aufgehen gesehen und sind hergekommen, um ihm unsere Huldigung dazubringen.‹ Als der König Herodes das vernahm, erschrak er sehr und ganz Jerusalem mit ihm; und er ließ alle Hohenpriester und Schriftgelehrten des Volks zusammenkommen und erkundigte sich bei ihnen, wo Christus geboren werden sollte. Sie antworteten ihm: ›Zu Bethlehem in Judäa; denn so steht bei den Propheten geschrieben: Du, Bethlehem im Lande Judas, du bist durchaus nicht die unbedeutendste unter den Fürstenstädten Judas; denn aus dir wird ein Führer hervorgehen, der mein Volk Israel weiden wird.‹ Daraufhin berief Herodes die Weisen heimlich zu sich und ließ sich von ihnen genau die Zeit angeben, wann der Stern erschienen wäre; dann wies er sie nach Bethlehem und sagte: ›Zieht hin und stellt genaue Nachforschungen nach dem Kindlein an; und wenn ihr es gefunden habt, so teilt es mir mit, damit auch ich hingehe und ihm meine Huldigung darbringe.‹ Als sie das vom Könige gehört hatten, machten sie sich auf den Weg; und siehe da, der Stern, den sie im Osten gesehen hatten, ging vor ihnen her, bis er endlich über dem Ort stehen blieb, wo das Kindlein sich befand. Als sie den Stern erblickten, wurden sie hoch erfreut. Sie traten in das Haus ein und sahen das Kindlein bei seiner Mutter Maria, warfen sich vor ihm nieder und huldigten ihm; alsdann taten sie ihre Schatzbeutel auf und brachten ihm Geschenke dar: Gold, Weihrauch und Myrrhe. Weil sie hierauf im Traume die göttliche Weisung erhielten, nicht wieder zu Herodes zurückzukehren, zogen sie auf einem anderen Wege in ihr Heimatland zurück.«

Wir wissen nicht, ob der biblische Bericht irgend etwas mit den Beobachtern in Sippar zu tun hat und ob die Weisen aus dem Morgenland die oben erwähnte Konstellation sahen und die jüdische Auffassung darüber kannten. Aber diese Entdeckungen sind doch sehr beeindrukkend.

Die Jünger staunten:

»Wer ist der, dem sogar Wind und Meer gehorchen?«

Dies geschah nach der Stillung des Sturmes auf dem See Genezareth. Vielleicht können wir sagen:

»Wer ist der, von dem die Sterne berichten?«

Das soll uns keineswegs dazu auffordern, uns mit der modernen Astrologie zu befassen. Die Bibel verurteilt diese Praktiken. Aber Gott war so gnädig, daß er suchende Menschen selbst auf diesem Weg den König der Könige finden ließ.

Jeder Schreiber des Evangeliums stellt die Szene der Kreuzigung bis in die Einzelheiten hinein dar.

Die Moslems würden argumentieren: Es kann sein, daß alles so geschehen ist (Sure 4, 158), aber in Wirklichkeit nahm Gott Jesus weg, und der, der eigentlich ans Kreuz genagelt wurde, ist nur das Trugbild von Jesus und nicht er selbst. Dieses Argument wird völlig zunichte gemacht durch folgende Tatsachen:

1. Christus ist nach seiner Auferstehung mehr als 500 Jüngern erschienen, die diese Tatsache bezeugen konnten und denen er seine Nägelmale und seine von der Lanze durchbohrte Seite zeigte;
2. Er starb, wie es die Schrift des Alten Testaments sagte, die dieses Ereignis schon lange zuvor vorausgesagt hatte;
3. Christus selbst hat seinen Tod mehrere Male vorausgesagt;
4. Augenzeugen (die Apostel) bestätigten dies;
5. Historiker berichteten davon.

Auch bei diesem Ereignis beruht der schlagende Gegenbeweis, wie alles andere im Islam auch, auf dem Zeugnis eines einzigen Menschen, das im Gegensatz zu all den anderen Zeugnissen steht.

Eine andere Frage, die oft gestellt wird, bezieht sich auf Matthäus 12, 38–40:

> »Daraufhin entgegneten ihm einige von den Schriftgelehrten und Pharisäern: ›Meister, wir möchten ein Wunderzeichen von dir sehen.‹ Er aber gab ihnen zur Antwort: ›Ein böses und ehebrecherisches Geschlecht verlangt ein Zeichen; doch es wird ihm kein Zeichen gegeben werden als das Zeichen des Propheten Jona. Denn wie Jona drei Tage und drei Nächte im Leibe des Riesenfisches gewesen ist, so wird der Menschensohn drei Tage und drei Nächte im Inneren der Erde sein.‹«

Die Kritiker fragen: »*Wie* war Jona in dem Bauch dieses Seeungeheuers? War er lebendig oder tot darin?« Dies ist ganz offensichtlich eine Verschiebung der Akzente, denn der Text sagt: »Denn wie Jona drei Tage und drei Nächte im Leibe des Riesenfisches war . . .«. Ein Gleichnis oder eine Metapher versucht *einen* Punkt zu veranschaulichen. In diesem Fall geht es um die Länge der Zeit. Wir sehen, daß Christus schon viele Zeichen gegeben hat und noch geben wird, auch nach dieser Bitte. Das Zeichen für den Ungläubigen bleibt im wesentlichen der Tod Christi und seine Auferstehung nach der Schrift. Nun sagen uns aber die Kritiker, daß Jesus am Freitagmorgen gekreuzigt wurde, gegen drei Uhr starb und ins Grab gelegt wurde, noch bevor der Festtag begann, d. h. noch bevor die Sonne unterging. Da bleiben höchstens der Freitag und Sonnabend, also zwei Tage; denn am Sonntag vor Sonnenaufgang war Christus schon auferstanden. Er war im Grab während der Nacht vom Freitag zum Samstag und von Sonnabend zu Sonntag, deshalb können wir nicht von drei Tagen ausgehen. Wir haben es hier mit einer schwierigen Frage zu tun, denn sie fordert vom Leser, daß er die Sitten des Landes berücksichtigt. Zunächst müssen wir in bezug auf den damaligen Sprachgebrauch sehen, daß die »Tage und Nächte« immer zusammen in einer identischen Anzahl gebraucht wurden (»drei Tage und drei Nächte« oder »40 Tage und 40 Nächte«, usw., und niemals etwa »drei Nächte und zwei Tage« oder »fünf Tage und vier Nächte«). Folglich entspricht das hebräische Idiom »yom – layelah« unserem Gebrauch des Wortes »ein Tag« und bedeutet 24 Stunden oder ein Teil davon. (Siehe auch Jona 1, 17; 1 Sam 3, 12; Hiob 2, 13; 1 Mose 7, 4; 2 Mose 24, 18; 34, 28; 5 Mose 9, 9–10; 18, 25; 10, 10; 28, 66; 1 Kön 19, 8; und Mt 4, 2).

Ein Tag begann für die Juden mit Sonnenuntergang, d. h. ungefähr um sechs Uhr nachmittags. Jesus starb um drei Uhr am Freitag. Dies zählt als ein Tag. Er war tot den ganzen Samstag im Schoße der Erde, das wäre der zweite Tag; und er stand auf von den Toten während des dritten Tages, d. h. bei Sonnenaufgang am Sonntag, das wäre dann der dritte Tag. Daß er am dritten Tag auferstand, wird durch etliche Stellen im Neuen Testament bestätigt (Lk 24, 21; 1 Kor 15, 4 usw.). Diese Erklärung wird erhärtet durch einen Abschnitt im Buch Esther, in dem Esther zu Mardochai sagt: ». . . fastet um meinetwillen, und zwar drei Tage lang bei Tag und Nacht, ohne zu essen und zu trinken. Auch ich will mit meinen Dienerinnen ebenso fasten . . . Da antwortete Esther: ›Wenn es dem König angenehm ist, so wolle der König sich heute mit Haman zu dem Gastmahl einfinden, das ich für ihn bereitet habe.‹« Sie fasteten drei Tage, aber am dritten Tag aßen sie. Auch im Buch Tobias, das von der Zeit des Alten Testaments spricht (200 v. Chr.), heißt es in Kap. 3, 12 bis 13: »Auf solche Worte ging sie in eine Kammer oben im Haus und aß und trank nicht drei Tage und drei Nächte und hielt an mit Beten und Weinen und bat Gott, daß er sie von der Schmach erlösen wolle (Sie war des Mordes angeklagt). Danach am dritten Tage, da sie ihr Gebet vollendet hatte, lobte sie Gott.« Dies deckt sich mit dem Bericht des Neuen Testaments, daß Jesus am dritten Tage auferstand (1 Kor 15, 4 ff.).

E) Die umfassenden Heilsansprüche Jesu

Moslems haben alles darangesetzt, den umfassenden Heilsanspruch Jesu zu widerlegen:

> »Ich bin der Weg und die Wahrheit und das Leben; niemand kommt zum Vater außer durch mich« (Joh 14, 6).

Die beste Art und Weise, dies zu erreichen, bestand darin, Jesus zum nationalen Propheten Israels zu degradieren. So verliert er bei den Heiden an Bedeutung, zu denen sich Mohammed gesandt wußte. Der Islam behauptet, daß Christus wiederholt für sich in Anspruch nahm, solch ein Prophet mit rein nationaler Bedeutung zu sein:

> »Ich bin nur zu den verlorenen Schafen des Hauses Israel gesandt« (Mt 15, 24).
>
> ». . . denn er ist es, der sein Volk (das Volk der Juden) von ihren Sünden erretten wird« (Mt 1, 21).
>
> »Diese Zwölf sandte Jesus aus, nachdem er ihnen folgende Weisungen gegeben hatte: ›Den Weg zu den Heidenvölkern schlagt nicht ein und tretet auch in keine Samariterstadt ein, geht vielmehr zu den verlorenen Schafen des Hauses Israel« (Mt 10, 5–6).

Hier wird der universale Anspruch des Evangeliums in Zweifel gezogen. Ist dieser Anspruch gerechtfertigt? Warum hielt Jesus Christus an den Juden fest? Die Antwort hat ihren Ursprung in 1 Mose 12, 3:

> ». . . in dir sollen alle Geschlechter der Erde gesegnet werden.«

Durch Abraham, oder besser gesagt durch seine Nachkommenschaft, sollten alle Geschlechter auf Erden gesegnet werden. Dies ist die Bundeslinie, die von Isaak bis zu Jesus hinführt. In dem Gespräch Jesu mit der Samariterin am Jakobsbrunnen bringt Jesus zum Ausdruck, daß das Heil von den Juden kommt. Achten wir darauf, daß es nicht heißt: »zu« den Juden kommt.

Nur die Juden konnten die Bedeutung Jesu verstehen. Kein Römer, kein Inder oder Japaner hätte ihn recht erfassen können, weil er in ihre Geschichte und in das inspirierte Wort Gottes an Israel allein eingebettet war. Die Juden warteten auf ihn. Er *mußte* ein Jude sein (5 Mose 18, 15). Er mußte sogar seinen Stammbaum darlegen, um seine Abstammung vom Hause Juda und vom

Hause David nachzuweisen (1 Mose 49, 10 und 2 Sam 7, 13). So erwartete jeder Jude den Messias, auch wenn sie ihn bei seiner Ankunft nicht erkannten.

Nur die Juden, und nur, nachdem sie ihn erkannt und verstanden hatten, konnten seinen Herrschaftsanspruch proklamieren. Von daher ist es zu verstehen, daß alle Apostel und fast alle ersten Christen Juden waren. Aber sogar sie hatten zunächst große Schwierigkeiten, diese Tatsache zu begreifen. So verkündigten sie das Evangelium nur den Juden, bis Gott zu Petrus auf dem Hausdach in Joppe sprach (Apg 10); zu Paulus auf dem Wege nach Damaskus (Apg 9); und zu Philippus in der Einöde der Wüstenstraße im Gazastreifen (Apg 8). Auch nachdem Christus den Missionsbefehl gegeben hatte, in *alle* Welt zu gehen und die gute Nachricht *allen* Völkern zu bringen (Mt 28, 19–20), predigten die Apostel ausschließlich den Juden. Dann aber führte der Heilige Geist sie weiter (Apg 1, 8; Lk 24, 47).

Kurz vor seinem Tode sagte Jesus zu seinen Jüngern:

> »Noch vieles hätte ich euch zu sagen, doch ihr könnt es jetzt nicht tragen. Wenn aber jener gekommen ist, der Geist der Wahrheit, der wird euch in die ganze Wahrheit einführen; denn er wird nicht von sich selbst aus reden, sondern was er hört, das wird er reden und euch das Zukünftige verkündigen« (Joh 16, 12–13).

Dies erlebten sie an Pfingsten.

Erst nach dem sonderbaren Geschehen in Joppe und im Hause des Kornelius waren die Apostel imstande, den Missionsbefehl in einem neuen Licht zu sehen. Sie erkannten klar, daß ihnen nicht eine nationale , sondern eine internationale weltumspannende Botschaft anvertraut war.

> »In Cäsarea aber lebte ein Mann namens Kornelius, ein Hauptmann bei der sogenannten Italischen Abteilung; er war fromm und gottesfürch-

tig mit seinem ganzen Hause, tat dem Volke viel Gutes durch seine Mildtätigkeit und betete ohne Unterlaß zu Gott. Dieser Mann sah in einem Gesicht um die neunte Tagesstunde deutlich einen Engel Gottes bei sich eintreten, der ihn anredete: ›Kornelius.‹ Dieser blickte ihn starr an und fragte erschrocken: ›Was soll ich, Herr?‹ Jener antwortete ihm: ›Deine Gebete und dein Almosen sind zu Gott emporgestiegen, und er gedenkt ihrer wohl. Und nun sende Boten nach Joppe und laß einen gewissen Simon mit dem Beinamen Petrus zu dir kommen; der ist als Gast bei einem Gerber Simon, dessen Haus am Meere liegt.‹ Als nun der Engel, der mit ihm gesprochen hatte, verschwunden war, rief Kornelius zwei von seinen Dienern und einen frommen Soldaten aus der Zahl der Mannschaften, die ihn persönlich zu bedienen hatten, teilte ihnen alles mit und sandte sie nach Joppe.

Am folgenden Tage aber, als diese unterwegs waren und sich schon der Stadt näherten, stieg Petrus um die Mittagszeit auf das Dach des Hauses hinauf, um dort zu beten. Da wurde er hungrig und wünschte, etwas zu genießen. Während man es ihm nun zubereitete, kam eine Verzückung über ihn: Er sah den Himmel offenstehen und einen Behälter zur Erde herabkommen wie ein großes Stück Leinwand, das an den vier Zipfeln zur Erde herabgelassen wurde. Darin befanden sich alle Arten vierfüßiger und kriechender Tiere der Erde und Vögel des Himmels. Nun rief eine Stimme ihm zu: ›Stehe auf, Petrus, schlachte und iß.‹ Petrus aber antwortete: ›Nicht doch, Herr, denn noch nie habe ich etwas Unheiliges und Unreines genossen.‹ Da rief zum zweitenmal eine Stimme ihm zu: ›Was Gott gereinigt hat, das erkläre du nicht für unrein.‹ Dies wiederholte sich dreimal; dann wurde der Behälter sogleich wieder in den Himmel emporgezogen. Als nun Petrus sich nicht zu erklären wußte, was die Erscheinung, die er gesehen hatte, zu bedeuten habe, siehe, da standen die Männer, die von Kornelius abgesandt worden waren und das Haus Simons ausfindig gemacht hatten, am Toreingang; dort riefen sie und erkundigten sich, ob Simon mit dem Beinamen Petrus hier als Gast wohne. Während Petrus noch immer über das Gesicht nachdachte, sagte der Geist zu ihm: ›Da sind drei Männer, die dich suchen. So stehe nun auf, gehe hinunter und mache dich mit ihnen ohne Bedenken auf den Weg, denn ich habe sie gesandt‹« (Apg 10, 1–20).

Nachdem Kornelius Petrus erklärt hatte, was geschehen war, antwortete Petrus:

»Nun erkenne ich in Wahrheit, daß Gott nicht die Person ansieht, sondern daß in jedem Volk der, welcher ihn fürchtet und Gerechtigkeit übt, ihm angenehm ist. Ihr kennt das Wort, das er an die Kinder Israel hat ergehen lassen, indem er ihnen Frieden durch Jesus Christus verkündigen ließ: dieser ist der Herr über alle. Ebenso kennt ihr die Ereignisse, die sich im ganzen jüdischen Lande zugetragen haben und von Galiläa nach der Taufe, die Johannes gepredigt hatte, ausgegangen sind, nämlich wie Gott Jesus von Nazareth mit Heiligem Geist und mit Kraft gesalbt hat, wie dieser dann umhergezogen ist und Gutes getan und alle geheilt hat, die vom Teufel überwältigt waren, denn Gott war mit ihm; und wir sind Zeugen für alles das, was er im jüdischen Lande, sowie in Jerusalem vollbracht hat. Den haben sie dann zwar ans Kreuz gehängt und getötet, aber

> Gott hat ihn am dritten Tage auferweckt und ihn sichtbar erscheinen lassen, nicht dem ganzen Volk, sondern uns, den von Gott zuvor erwählten Zeugen, die wir nach seiner Auferstehung von den Toten mit ihm zusammen gegessen und getrunken haben. Und er hat uns geboten, dem Volke zu verkündigen und zu bezeugen, daß dieser der von Gott bestimmte Richter über Lebende und Tote ist. Für diesen legen alle Propheten das Zeugnis ab, daß jeder, der an ihn glaubt, Vergebung der Sünden durch seinen Namen empfängt« (Apg 10, 35–43).

Vielleicht kann uns eine Illustration helfen, dies alles besser zu verstehen. Ohne ein Bewässerungssystem ist eine Wüste ohne Wasser. Man errichtet deshalb einen Damm. Ohne Rohrleitungen oder Kanäle kann jedoch das Wasser aus dem Wasserreservoir nicht auf die Felder fließen. Die »Kanäle« für das lebenspendende Wasser waren die Juden. Christus sagte von sich, er sei das Wasser des Lebens. So waren die Apostel sozusagen die Schleusentore, die das Wasser auf die Felder, d. h. in die Welt fließen ließen.

Es ist richtig, daß Jesus zu seinen Lebzeiten die »Kanäle« vorbereitete, die das Wasser auf die Felder bringen sollten. Das gibt seinem Leben universale Bedeutung, ganz abgesehen von seinem Tod. In der Anfangszeit seines Dienstes erkannte Christus bei einem römischen Hauptmann großen Glauben. Er sagte daraufhin:

> »Wahrlich, ich sage euch: In Israel habe ich bei niemand solchen Glauben gefunden. Ich sage euch aber: Viele werden von Osten und Westen kommen und sich mit Abraham, Isaak und Jakob im Himmelreich zum Mahl niederlassen; aber die Söhne des Reiches (die Juden) werden in die Finsternis hinausgestoßen werden« (Mt 8, 10–12).

Als Jesus sein Werk vollendet hatte, gab er seinen letzten Auftrag, den Missionsbefehl:

> »Da trat Jesus herzu und redete sie mit den Worten an: ›Mir ist alle Gewalt im Himmel und auf Erden verliehen. Darum gehet hin und macht alle Völker zu Jüngern: Tauft sie auf den Namen des Vaters, des Sohnes und des Heiligen Geistes und lehrt sie alles halten, was ich euch geboten habe. Und wisset wohl: Ich bin bei euch alle Tage bis ans Ende der Weltzeit‹« (Mt 28, 18–20).

Für den moslemischen Leser mag es noch eine zusätzliche Bestätigung sein, wenn er Sure 21, 92 liest:

> ». . . und sie und ihren Sohn als ein Wunderzeichen für alle Welt machten.«

IX. Prophezeiungen in der Bibel, die auf Mohammed hinweisen

Der Koran behauptet:

> 1. »Und Jesus, der Sohn der Maria, sagte: O ihr Kinder Israels, wahrlich, ich bin ein Gesandter Allahs, der die Thora bestätigt, welche ihr bereits von mir erhieltet, und ich bringe frohe Botschaft über einen Gesandten, der nach mir kommen und dessen Name Achmed sein wird« (Sure 61, 7).

Finden wir dafür eine Bestätigung in der Bibel?

Achmed ist eine Abkürzung für Mohammed, und beides bedeutet »der Gepriesene«. In der griechischen Sprache hieße das »perikletos«.

In Johannes 14,16 steht nun:

> »Und ich werde den Vater bitten, und er wird euch einen anderen Helfer (Beistand) geben, damit er bis in Ewigkeit bei euch sei.«

Aufgrund des Korantextes behaupten Moslems, daß dieser Vers eine Fälschung sei. Das vorausgesagte Kommen Mohammeds sollte verschleiert werden, das doch (nach moslemischem Verständnis!) klar vorausgesagt ist. Wir müssen jedoch feststellen, daß alle handschriftlichen Texte des Johannesevangeliums, die das Wort »parakletos« enthalten, und nicht »perikletos«, Hunderte von Jahren vor dem Kommen Mohammeds geschrieben wurden. Außerdem berichtet uns der nächste Vers: Der »parakletos« ist der

> »Geist der Wahrheit, welchen die Welt nicht kann empfangen; denn sie sieht ihn nicht und kennt ihn nicht. Ihr aber (Jünger Jesu) kennt ihn; denn er bleibt bei euch und wird in euch sein.«

Es sollte somit klar sein, daß jede Interpretation, die

Mohammed an die Stelle des Heiligen Geistes setzt, sich nicht an die Tatsachen hält.

> 2. »Dies ist der Segen, den Mose, der Mann Gottes, über die Israeliten vor seinem Tode ausgesprochen hat. Er sprach: Der Herr kam vom Sinai her und erschien seinem Volk von Seir her in strahlendem Glanz; er ließ sein Licht vom Gebirge Paran leuchten und kam aus der Mitte heiliger Zehntausendscharen; zu seiner Rechten war loderndes Feuer für sie. Ja, er umgab mit Liebe die Stämme; alle seine Heiligen sind in seiner Hand; sie waren gelagert längs deiner Bahn, so daß jeder etwas von deinen Aussprüchen empfing. Das Gesetz hat Mose uns verordnet als Erbbesitz der Gemeinde Jakobs. So ist er denn König in Jeschurun geworden, als die Häupter des Volks sich versammelten, die Stämme Israels allzumal« (5 Mose 33, 1–5).

Die Moslems nehmen oft den zweiten Vers dieses Textes und behaupten: Als der Herr vom Sinai kam, kam er durch Mose. Als er von Seir herabstieg, kam er in Jesus, und als er sich vom Berg Paran aus zeigte und mit Zehntausenden von Heiligen heranzog, kam er durch Mohammed.

Diese Studie erlaubt keine Exegese dieser Textstelle, aber es ist eindeutig aus dem Zusammenhang zu erkennen, daß sich dieser Text auf Jahwe und nicht auf Mose oder auf sonst jemanden bezieht. Die islamische Interpretation dieses Verses ist absurd. Außerdem beruht sie auf dem Irrtum, daß der Berg Paran irgendwo auf der arabischen Halbinsel, nicht weit von Mekka entfernt, liegt. Jeder, der die biblische Geographie studiert, weiß, daß die beiden Berge Seir und Sinai und das Hochland von Paran auf der Halbinsel Sinai, ungefähr 1000 km von Mekka entfernt, liegen.

> 3. Die dritte Schriftstelle, die die Moslems als

eine Prophezeiung auf Mohammed ansehen, ist Johannes 1, 19–23:

> »Dies ist nun das Zeugnis des Johannes, als die Juden aus Jerusalem Priester und Leviten zu ihm sandten, die ihn fragen sollten, wer er sei. Da bekannte er unverhohlen und erklärte offen: ›Ich bin nicht Christus.‹ Sie fragten ihn weiter: ›Was denn? Bist du Elia?‹ Er sagte: ›Nein, ich bin es nicht.‹ – ›Bist du der Prophet?‹ Er antwortete: ›Nein.‹ Da sagten sie zu ihm: ›Wer bist du denn? Wir müssen doch denen, die uns gesandt haben, eine Antwort bringen! Wofür gibst du dich selbst aus?‹ Da antwortete er: ›Ich bin die Stimme dessen, der in der Wüste ruft: Ebnet dem Herrn den Weg! wie der Prophet Jesaja geboten hat.‹«

Obgleich die Moslems entschieden jeden anderen Teil des gleichen Kapitels ablehnen, der unmißverständlich die Göttlichkeit Christi proklamiert, scheint es ihnen gerechtfertigt zu sein, davon auszugehen, daß »Prophet«, oder wie es tatsächlich im Urtext heißt, »der Prophet«, der erwartete Mohammed war. Israel erwartete zu jener Zeit einen Propheten, »den« Propheten Gottes für ihre damalige Situation. Es ist der, der in 5 Mose 18, 15–19 angekündigt wird:

> »Einen Propheten gleich mir wird der Herr, dein Gott, dir aus deiner Mitte, aus deinen Volksgenossen, erstehen lassen: auf den sollt ihr hören! Ganz so, wie du den Herrn, deinen Gott, am Horeb am Tage der Versammlung gebeten hast, als du sagtest: ›Ich möchte die Stimme des Herrn, meines Gottes, nicht länger hören und dieses gewaltige Feuer nicht mehr sehen, damit ich nicht sterbe!‹ Damals sagte der Herr zu mir: ›Sie haben mit ihrer Bitte recht! Einen Propheten gleich dir will ich ihnen aus der Mitte ihrer Volksgenossen erstehen lassen und will ihm meine Worte in den

Mund legen, und er soll ihnen alles verkünden, was ich ihm gebieten werde. Wer alsdann meinen Worten, die er in meinem Namen verkünden wird, nicht gehorcht, den will ich selbst dafür zur Rechenschaft ziehen.‹«

Daß dieser »Prophet« Jesus ist, bestätigt ganz klar Apostelgeschichte 3, 17–23:

»Und nun, ihr Brüder: Ich weiß, daß ihr aus Unwissenheit gehandelt habt, wie auch eure Oberen; Gott aber hat auf diese Weise das in Erfüllung gehen lassen, was er schon vorher durch den Mund aller Propheten verkündigt hat, daß nämlich sein Gesalbter (Christus) leiden werde. So tut denn Buße und bekehrt euch, damit eure Sünden vergeben werden, auf daß Zeiten der Erquickung vom Angesicht des Herrn kommen und er den für euch zum Gesalbten bestimmten Jesus senden kann. Diesen muß allerdings der Himmel aufnehmen bis zu den Zeiten der Wiederherstellung alles dessen, was Gott durch den Mund seiner heiligen Propheten von der Urzeit her verkündigt hat. Mose hat ja gesagt: ›Einen Propheten wie mich wird der Herr, unser Gott, euch aus euren Brüdern erstehen lassen: auf den sollt ihr in allem hören, was er zu euch reden wird; und jede Seele, die auf diesen Propheten nicht hört, soll aus dem Volke ausgerottet werden!‹«

Die Juden aber hielten »den Propheten« nicht für den Messias:

»Nun sagten manche aus dem Volk, die diese Worte gehört hatten: ›Dieser ist wirklich der Prophet!‹ Andere sagten: ›Er ist der Christus‹« (Joh 7, 40–41).

»Für wen halten die Leute den Menschensohn? Sie antworteten: ›Die einen für Johannes den Täufer, andere für Elia, noch andere für Jeremia oder sonst einen von den Propheten.‹ Da fragte Jesus sie weiter: ›Ihr aber – für wen haltet ihr mich?‹ Simon Petrus gab ihm zur Antwort: ›Du bist Christus, der Sohn des lebendigen Gottes!‹« (Mt 16, 13–16).

Abgesehen von allem anderen mußten die Pharisäer, als Glieder des auserwählten Volkes, es als völlig ausgeschlossen ansehen, daß ein Heide der kommende Prophet sein könnte (vgl. 5 Mose 18, 15):

»Einen Propheten gleich mir wird der Herr, dein Gott, dir aus deiner Mitte, aus deinen Volksgenossen, erstehen lassen.«

Aus diesem Grund ist »der Prophet« zweifellos der Messias.

4. Die geläufigste der angeblichen Weissagungen auf Mohammed steht in 5 Mose 18, 15–22:

»Einen Propheten gleich mir wird der Herr, dein Gott, dir aus deiner Mitte, aus deinen Volksgenossen, erstehen lassen: auf den sollt ihr hören! Ganz so, wie du den Herrn, deinen Gott, am Horeb am Tage der Versammlung gebeten hast, als du sagtest: ›Ich möchte die Stimme des Herrn, meines Gottes, nicht länger hören und dieses gewaltige Feuer nicht mehr sehen, damit ich nicht sterbe!‹ Damals sagte der Herr zu mir: ›Sie haben mit ihrer Bitte recht! Einen Propheten gleich dir will ich ihnen aus der Mitte ihrer Volksgenossen erstehen lassen und will ihm meine Worte in den Mund legen, und er soll ihnen alles verkünden, was ich ihm gebieten werde. Wer alsdann meinen Worten, die er in meinem Namen verkünden wird, nicht gehorcht, den will ich selbst dafür zur Rechenschaft ziehen. Sollte sich aber ein Prophet vermessen, in meinem Namen etwas zu verkünden, dessen Verkündigung ich ihm nicht geboten habe, oder sollte er im Namen anderer Götter

> reden: ein solcher Prophet soll sterben!‹ Solltest du aber bei dir denken: Woran sollen wir das Wort erkennen, das der Herr nicht geredet hat? so wisse: Wenn das, was ein Prophet im Namen des Herrn verkündet, nicht eintrifft und nicht in Erfüllung geht, so ist das ein Wort, das der Herr nicht geredet hat; in Vermessenheit hat der Prophet es ausgesprochen: Dir braucht vor ihm nicht bange zu sein!«

Der letzte Teil des Textes bedarf der eingehenden Betrachtung, denn Mohammed selbst weist energisch darauf hin, daß er der Prophet ist, von dem hier die Rede ist (Sure 2, 130; 2, 160; 3, 83–165; 7, 158).

Die islamische Interpretation des Textes aus 5 Mose lautet folgendermaßen:

1. Sowohl Mose als auch Mohammed mußten vor ihren Feinden fliehen. Jeder fand in seinem Schwiegervater einen väterlichen Freund. Jethro mußte seinen Schwiegersohn Mose in der Stunde seiner Not trösten (2 Mose 18, 14–26); aber Mohammed stand seinem Freund in der Höhle bei.

2. Mose suchte Schutz in Midian, das später nach seinem Schwiegervater Jethro Yathrib genannt wurde. Mohammed ging nach Yathrib, das später nach seiner Flucht Medina genannt wurde. Für Mose erwies sich die Flucht unter der Führung seines Schwiegervaters als vorteilhaft, Mohammeds Flucht ebnete seinen Weg zu einer Reihe von ruhmreichen Siegen.

3. Mose erhielt für sein Volk ein umfassendes Gesetz, Mohammed hingegen empfing ein Gesetz, das angeblich vollkommen ist und für alle Menschen zu allen Zeiten gilt.

4. Der Herr sprach zu Mose und Aaron im Lande Ägypten, indem er sagte: »Dieser Monat wird für euch der Beginn der Monate sein, es wird der erste Monat im Jahr für euch sein.«

Ähnlich ist es bei den Moslems, für die der Monat und das Jahr der Flucht Mohammeds zum Beginn der moslemischen Zeitrechnung wurden.

5. Mose befreite sein Volk von der Knechtschaft des Pharao; Mohammed überwältigte seine Feinde in einem Kampf Mann gegen Mann und gewann ihre Nachkommen für seinen Glauben.

6. Die Kämpfe des Mose brachten Mühsal und Blutvergießen mit sich, während die Kämpfe des Mohammed darauf gerichtet waren, religiöse Freiheit zu erlangen.

7. Die Gesetze des Mose waren aggressiv, da er sich Kanaan sichern wollte, das seinen Nachfolgern zufiel; Mohammed hatte Verteidigungskriege zu führen, und doch unterwarf sich Arabien ihm am Ende, und sogar Kanaan wurde von seinen Nachfolgern unterjocht.

8. Mose richtete sein Volk; auch Mohammed war der oberste Richter seines Volkes, und selbst die Juden akzeptierten ihn.

9. Mose predigte zehn Jahre in Midian, und das gleiche tat Mohammed in Medina.

10. Mose war der Gesetzgeber, Führer und Lenker seines Volkes. Mohammed war ein siegreicher General, ein bevollmächtigter Führer für alle Menschen und ein Bahnbrecher für ein universales Gesetz, das unabänderlich ist.

11. Eine hohe Woge rettete Mose vor den Ägyptern, die ihm nahe auf den Fersen waren; bei Mohammed war es eine Spinnwebe, die ihm in einer gefährlichen Lage zustatten kam.

12. Als die Begleiter des Mose den Feind sahen, schrien sie auf: »Jetzt werden wir gefangengenommen.« Darauf erwiderte Mose: »Auf keinen Fall. Der Herr ist mit uns. Er wird mir einen Weg der Rettung zeigen.« Mohammeds Antwort in einer noch kritischeren Situation in der Höhle zu Hira lautet: »Bekümmert euch nicht. Allah ist mit uns.« (»The Light« von an-Haj Sultan Hafiz

Abdul, überarbeitet von Maulana Syed Zia-ud-Din Ahmad Gilani, S. 214–216).

Dem stellen wir entgegen:

zu 2. Das Midian der Bibel liegt in der Nähe des Berges Sinai und nicht dort, wo Yathrib, oder wie es heute heißt, Medina, liegt.

zu 7. Wir können nicht begreifen, welche Aspekte in Mohammeds Kriegen defensiv waren, außer vielleicht bei einzelnen Gelegenheiten. Wir verstehen nicht, was die Moslems in Spanien oder in Frankreich, in Indien oder in Nordafrika, in Syrien, in der Türkei oder auf dem Balkan verteidigten. Meinte der Schreiber wirklich das, was er sagte, als er das Wort »Unterjochung« gebrauchte, das doch bedeutet, jemanden in ein Joch zu zwängen?

zu 8. Die Juden hatten kaum eine andere Wahl, als Mohammed als Richter anzuerkennen.

zu 9. Mose predigte nicht in Midian, denn das ist keine Stadt. Dort hütete er die Schafe. Außerdem tat er diese Arbeit nicht zehn, sondern 40 Jahre lang.

zu 10. Wir gehen davon aus, daß das »universale Gesetzbuch« der Koran ist. Es ist nicht richtig, wenn gesagt wird, daß es keine Abänderungen darin gab. Wir beziehen uns auf die Suren 16, 102 und 2, 107 und die ganze Theologie, die hinter »mansukh« und »nasikh« steht (bitte lesen Sie: »Christen fragen Moslems«).

zu 11. Es war nicht eine Flutwelle, die Mose aus der Hand der Ägypter rettete. Die Juden gingen wie auf einer Straße. Rechts und links von ihnen erhob sich das Wasser wie ein Wall. Nachdem die Juden hindurchgegangen waren, stürzten die Wasserwogen wieder zusammen und ertränkten die sie verfolgende Armee der Ägypter (2 Mose 14 und Sure 2, 51).

zu 12. Im Laufe der Geschichte haben viele Gläubige in verzweifelten Lagen ähnlich gehandelt.

Wir möchten noch Einwände gegen die Punkte 1, 2, 5

und 6 anbringen, die nicht auf Ähnlichkeiten, sondern auf Gegensätze hinweisen.

Nummer 3 wird im allgemeinen in der islamischen Welt akzeptiert, aber als Christen fordern wir die Moslems auf, die Behauptung zu beweisen, der Koran sei der Bibel überlegen. Wir möchten gern genau wissen, in welchen Punkten er besser ist als die Bibel, oder wir hätten gern Beiträge und Ergänzungen, welche die Überlegenheit des Korans im Vergleich zur Bibel darlegen; und schließlich wüßten wir gern, welche schlagkräftigen Beweise für die Behauptung vorliegen, daß Mohammed Jesus überrage.

Aber abgesehen von all diesen strittigen Punkten stellt die Bibel klar und unmißverständlich fest, daß der Prophet von *euch* kommt; also kann er nur aus den Juden kommen!

Das Argument, das Moslems manchmal anführen: Der Prophet käme »aus ihren Brüdern« (d. h. der Bruder des Isaak war Ismael, deshalb würde er von den Ismaeliten kommen), ist zurückzuweisen. Denn das Wort kann sich sicherlich nicht auf Menschen beziehen, die außerhalb des Bundes stehen.

Nach dieser ersten Liste von Ähnlichkeiten zwischen Mose und »dem Propheten« wollen wir uns noch eine andere ansehen:

a) Mose und Christus wurden in großer Armut geboren (die Israeliten waren von einer fremden Macht unterjocht) (2 Mose 1, 9–14).

b) Für beide Kinder war der Tod bestimmt (2 Mose 1, 15–16.22; Mt 2, 13 ff.).

c) Beide wurden durch göttliches Eingreifen gerettet (2 Mose 2, 2–10; Mt. 2, 13 ff.).

d) Beide wurden durch Zeichen und Wunder bestätigt (2 Mose 7, 10.19.20; Kap. 8–12; 14, 21–22; 17, 6–7; Mt 8, 14 ff.; Lk 7, 11; Mt 14, 13).

e) Mose wurde 40 Jahre lang in der Einöde zugerüstet,

Christus in 40 Tagen (40 steht in der Bibel als Symbol für Zurüstung), (Apg 7, 23; 2 Mose 7, 7; Mt 4, 1 ff.).

f) Beide werden in der Bibel »treue Diener« genannt (Hebr 3, 2–5).

g) Mose befreite Israel aus den Fesseln seiner Unterdrücker; Christus befreite die Gläubigen von den Fesseln der Sünde (in der Bibel ist Ägypten das Symbol dafür), (2 Mose; Jes 53; Joh 8, 32–36; Röm 6, 18–22; 8, 2; Gal 5, 1).

h) Beide übten ihre Macht aus über das Wasser (Mose beim Roten Meer, Christus beim Galiläischen See), (2 Mose 14, 21; 17, 6; Mt 14, 22 ff.; Joh 6, 16 ff.; Mt 8, 18).

i) Mose redete mit Gott von Angesicht zu Angesicht. Das tat Christus auch auf dem Berg der Verklärung (2 Mose 33, 11; Mt 17, 3).

j) Nach dieser Begegnung leuchtete das Gesicht des Mose (2 Mose 34, 29). Auch Christus erschien danach im strahlenden Lichtglanz (Mt 17, 2).

k) Mose war der Mittler des alttestamentlichen Bundes; Christus war der des Neuen Bundes oder Testamentes (2 Mose 19 u. 20; Hebr 12, 24).

l) Beide sagten Ereignisse voraus, die erfüllt wurden (5 Mose 18, 15–22; 28, 15–29, 67; Mt 24).

m) Die Juden rebellierten gegen beide (2 Mose 5, 21; 14, 11–12; 17, 2–4; 4 Mose 11, 1–33; Lk 4, 16–30; Joh 11, 47–50; Mt 26, 50–56; 27, 15–23 usw.).

n) Beide starben wegen der Sünde – Mose für seine eigene Sünde, Christus wegen der Sünde der ganzen Welt (4 Mose 20, 12; 2 Mose 34, 4–5; 1 Kor 15, 3; Joh 1, 29; 10, 14–16; Jes 53 usw.).

o) Wir haben Grund anzunehmen, daß Mose wiederauferstand (Jud 9; Lk 9, 30). Jesus Christus ist wahrhaftig von den Toten auferstanden nach der Schrift (Mt 28, 1–6; Lk 24, 34; 1 Kor 15, 4).

p) Das wichtigste und sehnlichst erhoffte Ereignis im Leben des Mose traf erst nach seinem Tode ein – die Einnahme des Gelobten Landes. Dasselbe geschah bei

Christus. Er war das Gegenstück zu Mose. Er schuf neues Leben für uns durch Seinen Tod (Röm 5, 68; 8, 34; 1 Kor 1; 15, 3.22; 2 Kor 5, 15; 1 Thess 5, 9–10 usw.).

Zum Schluß möchten wir sagen, daß Mose Wasser aus dem Felsen hervorsprudeln ließ. Im Neuen Testament wird uns gesagt: »Dieser Fels war Christus.« Und Christus sagte: »Wen da dürstet, der komme zu mir und trinke« (1 Kor 10, 4; Joh 7, 37–38; 4, 13–14).

Es könnten noch andere, weniger bedeutsame Voraussagen hier betrachtet werden, aber wir halten sie für zu gering, um sie aufzugreifen. Jedoch sollten wir zur Kenntnis nehmen, daß ein Moslem, wenn er sich auf die Bibel stützt, weil sie Voraussagen auf Mohammed enthält, die die Wahrheit seiner Behauptung erhärten, er damit zugibt, daß die Bibel frei von Verfälschungen ist. Sonst würde er ja auf Sand bauen! (J. Christensen).

X. Wie die Bibel zu uns kam

Moslems, die ohne Frage das »Nazil«-Verständnis der Offenbarung anerkennen, sind daran interessiert, wie die Bibel und besonders das Neue Testament entstand, und schließen daraus: »Dies kann keine Offenbarung sein.«

Sie schauen kritisch auf die Vielzahl der Verfasser und auf die Tatsache, daß ihre Manuskripte in den Gemeinden herumgereicht, dann gesammelt und schließlich von den verschiedenen Konzilien gesichtet wurden. Was nun zur Heiligen Schrift gehöre und was nicht, sei allein durch Menschen entschieden worden.

In dem Kapitel »Offenbarung« erkannten wir, wie umfassend die Apostel über Christus, seine Reden, seine Taten, seine Art und Weise, wie er lebte, und seinen Charakter Bescheid wußten. Sie waren von Christus beauftragt, die Gute Nachricht von der freien Rettung allen Menschen zu verkündigen, damit sie ihr Vertrauen auf das vollendete Werk Christi setzten. Diese Männer, sowie zwei oder drei weitere, wurden vom Heiligen Geist getrieben, unabhängig voneinander die Berichte aufzuschreiben, die zusammengefaßt das Neue Testament ergeben.

Nachdem diese Handschriften gesammelt waren, kamen noch viele andere in Umlauf, einige unter dem Namen der Apostel, damit sie vertrauenswürdiger erscheinen sollten. Sie enthielten Zusätze gutgemeinter, aber legendenhafter Erzählungen. Diese Schreiber beabsichtigten, Jesus zu verherrlichen, indem sie ihm Taten und Reden zuschrieben, die sie für möglich hielten oder die sie nur vom Hörensagen kannten und entsprechend ausschmückten. Es war die Aufgabe der Frühkirche, zwischen der Heiligen Schrift und den Legenden zu unterscheiden. Glücklicherweise war es, selbst von heutiger Warte aus betrachtet, nicht so schwer, die beiden voneinander zu trennen. Ein Mensch, der in der Bibel gut bewandert ist und der die Apokryphen liest (eine Sammlung all dieser Schriften), wird sofort einen klaren Wesensunterschied zwischen diesen Schriften und denen des Neuen Testaments herausfinden.

Wann immer die Kirche mit Schriften in Berührung kam, die für sich in Anspruch nahmen, apostolischer Herkunft zu sein, stellte sie Vergleiche an. Die Christen maßen sie an den apostolischen Berichten, die ja Augenzeugenberichte waren und die auf fundierten Kenntnissen beruhten und die durch die Propheten gestützt wurden.

So können wir uns voller Vertrauen darauf stützen, daß das Neue Testament nicht nur von einer Gruppe von geistlichen Würdenträgern bei einem gewissen Konzil aufs Geratewohl anerkannt wurde. Die Auswahl wurde nicht nur universal und einstimmig getroffen, sondern sie war eigentlich eine Entscheidung, die schon früher von den örtlichen Gemeinden unabhängig voneinander mit Hilfe ihres eigenen Urteilsvermögens getroffen wurde.

Wahrscheinlich sind uns alle oder doch die meisten Schriften der Frühkirche erhalten geblieben, einschließlich jener, die von ihr verworfen wurden. Dadurch können später verfaßte Handschriften, die apostolische Autorität für sich beanspruchen, leicht als unecht erkannt werden (siehe unten »Barnabasevangelium«).

Wir sind jetzt sogar in der Lage, ihre Entscheidung zu billigen oder zu mißbilligen. Gläubige und Gelehrte aller Jahrhunderte sind in dieser Beziehung nur wenig voneinander abgewichen. Ergänzend hierzu muß ein persönlicher, aber sehr gewichtiger Beweis erwähnt werden. Der Mensch, der sein Leben auf die Bibel gründet und ihr vertraut, wird entdecken, daß sie hält, was sie verspricht.

In Johannes 7, 17 bietet uns Jesus selbst diese Möglichkeit der Überprüfung an. Ein verändertes Leben ist das Ergebnis.

Viele Moslems scheinen der Meinung zu sein, daß ein Buch von Gott unbedingt vom Himmel her gegeben sein muß. Der Koran soll solch ein Buch sein. Wir empfehlen dem ehrlichen und unvoreingenommenen Leser einen Blick in das Kapitel »Die Sammlung und Zusammenstellung des Korans« in dem Buch »Christen fragen Moslems« (s. auch Anhang).

XI. Das Barnabasevangelium

Moslems legen es darauf an, die Christen immer und immer wieder mit dem sogenannten Barnabasevangelium herauszufordern! Herr Adam Peerbhai aus Südafrika hat ein Büchlein veröffentlicht, in dem er die »Entdeckung« des Barnabasevangeliums als einen der größten Funde der Menschheit herausstellt. In beredter Weise behauptet er, daß das Barnabasevangelium die größte aller Wahrheiten sei, (als ob es mehr gäbe als *die* eine Wahrheit über Gott und Jesus), und daß es die schlimmste Tragödie in der Geschichte sei, daß es beinahe 2000 Jahre geheimgehalten wurde. Für Herrn Peerbhai scheint es unbegreiflich, daß dieses Evangelium nicht im Neuen Testament erscheint, obgleich Barnabas einer der Jünger Christi war (was aber nicht stimmt), wo doch weniger wichtige wie das Markus-, Lukas- und Paulusevangelium (?) im Neuen Testament ihren Platz finden konnten.

Das »Barnabasevangelium« wird als Dokument beschrieben, das von der Kirche abgelehnt und verworfen wurde, weil es nicht mit der übrigen Lehre von Jesus übereinstimme. Nach diesem Evangelium wurde das Kommen des Mohammed eindeutig vorausgesagt. Eine der Abschriften dieses Evangeliums wurde auf einzigartige Weise wiederentdeckt und wurde so angeblich zum Zeugen für die Verfälschung der Bibel. Wir werden nun diese Behauptung objektiv untersuchen:

1. Die Geschichte

Das »Barnabasevangelium« erschien zuerst im Jahre 1709 in Holland. Jenes Manuskript war in Italienisch geschrieben und mit schlechten arabischen Fußnoten versehen. Die Quellen des »Evangeliums« sind unbekannt. Das Dokument wird jetzt im Kaiserlichen Museum in Wien aufbewahrt.

George Sale übersetzte im Jahre 1734 den Koran vom Arabischen ins Englische. In seinem Vorwort erwähnt er ein anderes Manuskript des gleichen »Evangeliums« in Spanisch. Dieses Dokument ist verlorengegangen und alles, was wir darüber wissen, sind die Aufzeichnungen von Sales. Auf der Titelseite heißt es in einer Darstellung, daß dieses Manuskript eine Übersetzung aus dem Italienischen durch einen spanischen Moslem mit Namen Mostafa de Aranda (Aranda ist eine Stadt in Spanien) ist. Es wird noch erwähnt, daß der italienische Text von einem Mönch, Bruder Marino, aus der päpstlichen Bibliothek gestohlen wurde, während Papst Sixtus V. ein kleines Nickerchen hielt. Nachdem der Mönch, Bruder Marino, das Manuskript gelesen hatte, wurde er Moslem. Seit dieser Zeit erheben die Moslems den Anspruch, daß das »Barnabasevangelium« ein echtes Evangelium ist, vielleicht sogar das ursprüngliche. Im Jahre 1907 wurde das Barnabasevangelium von Laura und Lonsdale Ragg ins Englische übersetzt. In der Einführung führen sie innere und äußere Gründe an, die aufzeigen, daß das »Barnabasevangelium« eine Fälschung aus dem Mittelalter ist.

Seit der Zeit wurden arabische und Urdu-Übersetzungen angefertigt, alle jedoch ohne die Einführung von Ragg. Oberstleutnant M. A. Rahim (Pakistan) druckte das »Barnabasevangelium« 1973 wieder in Englisch, ohne die Einführung zu berücksichtigen. Er ersetzte sie durch eine andere, die aus islamischer Sicht geschrieben wurde. Diese Ausgabe wurde in weitem Maße dazu benützt, zu beweisen, daß die Bibel verfälscht sei, gemessen an dem »Evangelium«, das beinahe 2000 Jahre verborgen gehalten wurde.

2. *Der Inhalt*

Das »Barnabasevangelium« enthält eine abweichende Evangelienerzählung, d. h. einen abweichenden Bericht über das Leben und den Dienst Christi. In den meisten lehrhaften Darstellungen unterscheidet es sich in großem Maße von den anerkannten Evangelienberichten, und zwar so, daß es der islamischen Anschauung über Jesus entgegenkommt.

Jesus Christus ist weder der Sohn Gottes, noch ist er göttlich. Er ist »die Stimme, die in der Wüste ruft«, um den Weg für den kommenden Messias, Mohammed, zu bahnen. Im Barnabasevangelium ist Christus nicht der Messias, sondern er übernimmt eine ähnliche Rolle, wie sie Johannes der Täufer in unseren Evangelienberichten spielt. Johannes der Täufer wird im Barnabasevangelium gar nicht erwähnt. Folglich liegt die Betonung im Barnabasevangelium auf dem Kommen von Mohammed, dem Retter der Welt (Kap. 96 b und 97 b). Wie zu erwarten ist, wurde Christus nicht gekreuzigt (in Übereinstimmung mit Sure 4, 157). An seiner Stelle wurde Judas getötet. In der Zeit, die er angeblich im Gefängnis zugebracht hat, hielt sich Christus in einem Haus im Garten Gethsemane versteckt. Von dort wurde er von *vier* Erzengeln (eine viel spätere Tradition oder Legende) durch das Fenster befreit und fuhr dann in den dritten von sieben Himmeln auf.

Das ganze Barnabasevangelium ist ein Bemühen, die Überlegenheit Mohammeds über Jesus anschaulich zu machen.

1. Es wird behauptet, daß die Existenz des Barnabasevangeliums vor dem Mittelalter durch den Beschluß des Gelasius bestätigt wurde (Papst Gelasius 492–495 n. Chr.). In diesem Dekret wird das Barnabasevangelium von der Kirche abgelehnt und mit zehn anderen Schriften von Thaddäus, Matthias, Petrus, Jakobus (der Jüngere), Thomas, Bartholomäus, Andreas usw. den apokryphen Schriften zugeordnet. Dieses Barnabasevangelium war in Griechisch verfaßt. Das Datum des Beschlusses, der Gelasius zugeschrieben wird, ist sehr umstritten. Es könnte auch 100 Jahre älter sein.

2. Moslems behaupten, daß das Dekret von Papst Sixtus I. (465 n. Chr.) auch die oben erwähnten apokryphen Schriften anführt. Er war Papst von 402–417 n. Chr. In diesem Dekret wird jedoch das Barnabasevangelium nicht genannt.

3. Moslems behaupten auch, daß das Dekret der Westlichen Kirche auch das Barnabasevangelium in 382 n. Chr. erwähnt. Das bezieht sich ganz offensichtlich auf das Konzil von Rom. Alles, was wir von diesem Konzil wissen, stammt aus dem Dekret des Gelasius, und das wiederum ist die gleiche Quelle wie bei 1.

Wir geben zu, daß das Barnabasevangelium erwähnt wurde. Heute findet sich keine Spur mehr davon. Aber es stammte sicher nicht von Barnabas, sonst hätte die Kirche es nicht abgelehnt. Die oben erwähnten »Evangelien« waren als Ketzerbücher verbannt, weil sie gefälscht waren. Barnabas genoß überall ein hohes Ansehen. Darstellungen, die das Gegenteil behaupten und die vom fortgesetzten Streit zwischen Paulus und Barnabas berichten, sind unwahr. Beschlüsse bei kirchlichen Konzilen wurden nicht willkürlich von einzelnen getroffen, sondern von den Führern der örtlichen Kirchen, die großen Wert darauf legten, daß jede Schrift, die in den

Kanon aufgenommen werden sollte, apostolischen Ursprungs war. Jede Schrift, die diesen Nachweis nicht erbrachte, wurde verworfen. Es gibt Beweise, daß das Barnabasevangelium von Bruder Marino in keiner Weise etwas zu tun hat mit dem im Dekret des Gelasius verworfenen Barnabasevangelium (siehe weiter unten).

4. Eine Abschrift des Barnabasevangeliums wurde in den Armen des Barnabas gefunden, als sein Grab in Cypern 478 n. Chr. entdeckt wurde. Eine Legende erzählt, daß Barnabas in einer Vision dem Bischof von Salamis (Cypern) erschien und sagte: »Du wirst eine Höhle finden und einen Sarg. Dort ist mein Leichnam aufbewahrt und auch das Evangelium, das ich mit meiner eigenen Hand geschrieben habe.«

Leider endet die oben erwähnte Anmerkung mitten im Satz, der im Original folgendermaßen heißt:

> »welches ich vom heiligen Apostel und Evangelisten Matthäus empfing«.

Demnach hielt er also das Evangelium nach Matthäus, das er selbst geschrieben hatte, in seiner Hand. Neben all diesen Dingen finden wir es merkwürdig, daß der Herausgeber des Barnabasevangeliums das Buch wieder druckte, ohne die Erlaubnis des Übersetzers zu haben, und daß er die erklärenden Fußnoten wegließ, die doch das Ergebnis ihrer Untersuchungen waren. Außerdem würden wir entgegenhalten, daß alle biblischen (neutestamentlichen) Schriften um das Jahr 200 n. Chr. überall im Umlauf waren und allgemein anerkannt wurden. Umstritten waren zunächst nur folgende Bücher: der Hebräerbrief, der 1. und 2. Petrusbrief und der Jakobusbrief, aber alle wurden noch vor dem Konzil von Rom (382 n. Chr.) anerkannt. Bis zu dieser Zeit und auch danach wurde ein Barnabasevangelium von keinem der Kirchenväter erwähnt, wo doch alle anderen neutestamentlichen Bücher ausführlich mit Namen oder durch Zitate erwähnt wurden. Historisch ist es unannehmbar, daß eine andere Evangelienerzählung, die existiert hat und echt war, spurlos verlorenging oder unterschlagen wurde.

Das entspricht nicht den Praktiken der Frühkirche und ist auch im Hinblick auf ihr Verwaltungswesen nicht denkbar. Moslems möchten beanspruchen, daß das Barnabasevangelium das Originalevangelium darstellt. Sie denken, wenn es vier Evangelienberichte gibt, dann muß es doch sicher wenigstens einen Originalbericht geben, und sie nehmen nur zu gerne an, daß dieser im Barnabasevangelium wiederentdeckt worden ist.

Die christliche Antwort

Wir erwidern, daß man ohne sorgfältige Prüfung ein Evangelium niemals weggelassen hätte. Die Bücher des Neuen Testaments wurden von den Führern der Frühkirche ausgewählt, und sie kamen nur in Betracht, wenn sie dem Kriterium standhielten, apostolischer Herkunft zu sein, d. h. wenn sie der Lehre Christi, wie sie den Aposteln bekannt war, entsprachen und wenn sie auch zeitlich damit übereinstimmten. Das Barnabasevangelium entspricht nicht diesen Anforderungen.

Äußerer Beweis

Darunter verstehen wir den Nachweis für die Existenz eines Buches aus Quellen, die nicht aus dem Buch selbst stammen (V. H. T. Gairdner, S. 9). Das einzige Mal wird das Barnabasevangelium im Dekret des Gelasius erwähnt, welches beweist, daß es abgelehnt wurde, und zwar eine beträchtliche Zeit nach der Kanonisierung des Neuen Testaments, weil es den apostolischen Nachweis nicht erbringen konnte und weil der Inhalt ketzerisch war. Die folgenden Tatsachen zeigen, daß es keinen äußeren Beweis für die Existenz eines echten Barnabasevangeliums gibt:

1. Weder von der Zeit der Apostel bis zum Gelasianischen Dekret noch in der Zeit danach wurde das Barnabasevangelium erwähnt.

2. Die Tatsache, daß sich gewisse moslemische Gelehrte als unredlich erwiesen, indem sie in der Übersetzung der Raggs den Nachweis der Fälschung des Barnabasevangeliums einfach wegließen; daß sie die Hälfte des Satzes wegließen, der darauf schließen ließ, daß es sich im Grab des Barnabas nicht um sein eigenes, sondern um das Matthäusevangelium in seinen Armen handelte; daß sie das Barnabasevangelium als ein antichristliches Argument unterstützten, liefert noch keinen äußeren Beweis, sondern erregt vielmehr Verdacht hinsichtlich ihrer Glaubwürdigkeit.

Es gibt tatsächlich keinen anerkannten Beweis für die Existenz des authentischen »Barnabasevangeliums«.

Bruder Marinos Bericht über die Entdeckung des Evangeliums von Barnabas in der Bibliothek des Papstes Sixtus V. (1585-1589) ist ebenfalls keine glaubwürdige Geschichte.

> ». . . nachdem er zufällig auf eine Schrift des Irenäus (eines Kirchenvaters) gestoßen war, in der er sich gegen Paulus wendet und als Autorität dafür das ›Barnabasevangelium‹ anführt, wollte er unbedingt dieses Evangelium finden; und Gott schenkte es, daß er mit Papst Sixtus V. sehr vertraut wurde. Eines Tages, als sie in der Bibliothek des Papstes waren, fiel Seine Heiligkeit in einen Schlaf; und als er nach einem Buch griff, um zu lesen, hatte er schon beim ersten Zugriff das so sehr ersehnte Evangelium in der Hand. Überglücklich . . . zögerte er nicht, sein kostbares Gut zu verstecken . . . und beim Erwachen des Pap-

stes verabschiedete er sich von ihm und nahm den himmlischen Schatz mit. Als er darin las, trat er zum Islam über.«

Wir stellen fest, daß Irenäus nie das Barnabasevangelium erwähnt und auch nicht gegen Paulus gewettert hat. Er erkannte die Schriften des Paulus als inspiriert an und behauptete, daß unsere vier bekannten Evangelienberichte die einzigen von Gott gegebenen waren (Gairdner, S. 12). Wenn wir ein vertrauenswürdiges Schriftstück haben, dann ist das ein Beweis in sich selbst. Es bedarf dann keiner Lüge, um seine Echtheit zu beweisen. Herr Adam Peerbhai schreibt von Barnabas (in »Islamoscope«):

> »Sein Name bleibt im Neuen Testament aus ersichtlichen Gründen unerwähnt.«

Herr Peerbhai hat die Tatsache übersehen, daß der Name des Barnabas 28mal im Neuen Testament genannt wird, aber nicht in den Evangelien, weil er sich erst nach Pfingsten bekehrt hat. Oberstleutnant Rahim berichtet in seinem Vorwort zu seiner Ausgabe über Paulus und Barnabas folgendes:

> »Sie kehrten nach Jerusalem zurück, von dort trennten sie sich, und Barnabas verschwand auf geheimnisvolle Weise aus den Seiten der Bibel« (Kritzinger, S. 9).

Auch dies stimmt nicht, denn neun Jahre später erwähnt er Barnabas in positiver Weise in 1. Korinther 9, 6. Paulus erneuerte auch seine Verbindung zu Markus, dem Neffen des Barnabas (Kol 4, 10 und 1 Tim 4, 11). Wegen ihm war es zum Streit zwischen Paulus und Barnabas gekommen, so daß sie sich als Mitarbeiter auf der zweiten Missionsreise des Paulus trennten.

Der innere Beweis

Dieser ergibt sich aus dem Inhalt des Buches selbst. Jedes Schriftstück trägt die Zeichen seines besonderen Jahrhunderts. Der Stil, die Sprache und die Thematik des Buches verraten es (Gairdner, S. 9). Zunächst sollten wir darauf achten, daß alle Zitate aus dem Alten und Neuen Testament im Barnabasevanglium von der Vulgataübersetzung stammen (ungefähr 380 n. Chr.). Diese lateinische Bibel wurde von jeher in der katholischen Kirche verwandt. Das oben Erwähnte ist ein Beispiel für den Anachronismus, weil das Barnabasevangelium vermutlich schon vor der Zeit geschrieben wurde, in der die Vulgata entstand.

> »Wenn jemand uns einen Film brächte, den er angeblich im Jahre 1905 gedreht haben will, und ihn auf der Leinwand darstellte als einen alten Film mit alten Kleidern und alter Mode, könnten wir ihm wohl glauben. Wenn aber plötzlich mitten in der Szene ein Concorde-Flugzeug daherflöge, würden wir sagen, daß dieser Film eine Fälschung ist« (John Gilchrist).

So sieht ein Anachronismus aus. Wie verhält sich das Barnabasevangelium, wenn man es an dieser Frage und anderen Kriterien mißt?

1. Im Barnabasevangelium (Kap. 1) wird Barnabas ein Apostel genannt. Das ist genau genommen nicht richtig. Obwohl Barnabas auch als Apostel angesehen wird (Apg 14, 4.14), unterscheidet sich die Auffassung des Barnabasevangeliums doch sehr davon.

Die Bekehrung des Barnabas geschah nach Pfingsten, und folglich kann er nicht für das Apostelamt, wie es in Apostelgeschichte 1, 21–22 angeführt wird, in Frage kommen (vgl. auch 1 Kor 15, 8; 9, 1–2; 1, 1; Röm 1, 1).

2. Der Leser des Barnabasevangeliums findet zu seiner Überraschung Nazareth an den Ufern des Sees von

Galiläa (Kap. 2), aber es ist meilenweit vom See entfernt und von Bergen umgeben.

3. Im nächsten Kapitel sehen wir, wie Jesus *hinauf* nach Kapernaum geht. Aber Kapernaum ist direkt am Ufer des Sees gelegen.

4. In Kap. 151 wird uns gesagt, daß Jesus in ein Schiff stieg (aus Nazareth?) und gleich darauf lesen wir, daß er in Jerusalem ankam. Man fragt sich unwillkürlich, ob er wohl die ganze Strecke per Boot zurücklegte?!

5. In Kap. 5 begegnet uns wieder ein interessanter Irrtum. Hier ist von den drei Magiern oder den drei Weisen, die aus dem Osten kommen, die Rede. Das Neue Testament sagt nichts über ihre Anzahl aus, sondern berichtet nur von drei Geschenken, die von den Weisen gebracht werden, nämlich Gold, Myrrhe und Weihrauch. Das führte später zu der Annahme, daß es sich um drei Magier aus dem Osten gehandelt habe. Aber diese Annahme ist nicht aus dem Neuen Testament abzuleiten.

6. In den Kapiteln 91–92 wird uns berichtet, Jesus und seine Jünger hätten die »40 Tage gehalten«. Der Textzusammenhang macht deutlich, daß sich diese Periode auf die Fastenzeit vor Ostern bezieht, die von den Kirchen aber erst zu einem sehr viel späteren Zeitpunkt eingeführt wurde. (Die Kirche denkt in dieser Zeit über das Leiden Christi nach, was natürlich unmöglich war, solange Jesus noch lebte.) Wir wissen, daß die Fastenzeit erst vom 4. Jahrhundert an gehalten wurde. Von Jesus und seinen Jüngern wird behauptet, daß sie zum Fasten auf den Berg Sinai gegangen wären, eine Strecke von 450 km. Im Neuen Testament findet sich kein Bericht, der uns dies bestätigt.

7. Wir werden weiter informiert, daß ein gewisses Streitgespräch in einem Krieg hätte enden können, aber die Römer in Mizpa drei Armeen versammelt hätten, von denen jede 200 000 Mann zählte (Kap. 91). Das

ganze römische Heer zählte zu dieser Zeit aber nur 300 000 Mann (Encyclopedia Britannica).

8. »Jesus nahte sich dem Priester (dem Hohenpriester) mit Ehrerbietung. Aber dieser wollte sich selber vor Jesus verneigen und ihn anbeten. Doch Jesus rief aus: ›Hab acht darauf, was du tust, Priester des lebendigen Gottes! Sündige nicht wider unseren Gott!‹ (Kap. 93). Diese Darstellung widerspricht dem Neuen Testament derartig, daß man auf weitere Erklärungen verzichten kann.

9. In Kap. 3 im Barnabasevangelium wird die Geburt Christi so beschrieben, als wäre sie ohne Schmerzen geschehen. Diese Ansicht wurde in der Kirche vor Thomas von Aquin nicht vertreten (er starb 1274), wird jedoch in Sure 19, 24 erwähnt.

10. Nach dem Barnabasevangelium wurde Jesus geboren, als Pilatus Statthalter war. Aber dieser war tatsächlich nur in den Jahren 26–27 n. Chr. Statthalter.

11. Nach dem Barnabasevangelium betete Jesus fünfmal am Tag, und alle Gebetszeiten der Moslems sind erwähnt (Dr. J. Slomp, S. 128).

12. Maria wurde nicht vor dem 4. Jahrhundert die Bezeichnung »Jungfrau« gegeben, und doch erscheint diese im Barnabasevangelium.

13. Origenes (184-254 n. Chr.) war der erste Gelehrte, der annahm, daß der Berg Tabor der Berg der Verklärung gewesen sei. Die Bibel bestätigt dies nicht. Die christliche Überlieferung, daß es sich um den Berg Morija handelt, reicht bis ins 3. Jahrhundert zurück, und doch enthält das Barnabasevangelium diese Information.

14. Das Barnabasevangelium erwähnt vier Erzengel. Auch dies ist eine Überlieferung der Kirche, die auf das frühe Mittelalter zurückgeht.

15. Das islamische Konzept »des Buches« findet sich im Kap. 10, wo wir lesen, daß der Engel Gabriel Jesus ein Buch darreichte, als wäre es ein glänzender Spiegel, der

in das Herz Jesu drang. Dies stimmt sehr genau mit den Suren 5, 50 und 2, 98 überein.

16. In Kap. 54 erwähnt der italienische Text einen Dinar, der aus 60 Minuti besteht. Diese Goldmünzen wurden nur in Spanien unter dem Kalifen Abdul Malik (685 n. Chr.) benutzt.

17. In Kap. 152 werden wir davon unterrichtet, daß »Soldaten aus dem Tempel gerollt wurden, wie man Holzfässer rollt, wenn sie ausgewaschen werden, um sie wieder neu mit Wein zu füllen«. Holzfässer wurden in Frankreich erfunden und wurden zur Zeit des Neuen Testaments nicht im Osten verwendet. Wein und andere Flüssigkeiten wurden in Schläuchen aus Fell aufbewahrt.

18. In Kap. 97 wird Mohammed Messias genannt. Der Koran und auch die Bibel wenden diesen Titel auf Jesus an. Es ist schon seltsam zu sehen, daß in der Einführung zum BE (Barnabasevangelium) Jesus mit Christus bezeichnet wird und in Kap. 42 und 82 Barnabas leugnet, daß Jesus der Messias ist. Nur ein theologisch völlig ungebildeter Mensch kann solche Feststellungen treffen, weil »Christos« das griechische Wort für das hebräische »Messias« ist.

19. In dem »wahren Buch des Mose« steht geschrieben, daß »Ismael der Vater des Messias und Isaak der Vater des Boten des Messias ist« (Kap. 191).

20. Im Kapitel 222, dem letzten Kapitel des BE, lesen wir:

> »Nachdem Jesus aufgebrochen war (nachdem er aus seinem Versteck durch das Fenster eines Hauses im Garten Gethsemane gehoben wurde), zerstreuten sich die Jünger in die verschiedensten Teile Israels und der Welt, und die Wahrheit, die dem Satan verhaßt war, wurde, wie es immer ist, durch Falschheit verfolgt. Denn gewisse böse Menschen, die vorgaben, Jünger zu sein, redeten, daß Jesus gestorben sei und nicht auferstanden

wäre. Andere predigten, daß er wirklich gestorben, aber wiederauferstanden sei. Andere predigten und predigen noch, daß Jesus der Sohn Gottes sei, unter ihnen ist auch Paulus verführt worden.«

Das BE bemüht sich, die vorhergehenden Evangelien und Paulus zu korrigieren. Wir möchten gern die Frage stellen, wann und wie der Verfasser gemerkt hat, daß die Jünger in die verschiedenen Teile der Welt zerstreut wurden. Diese Frage wird offengelassen, aber sie ist von uns leicht zu beantworten; denn wir glauben, daß es sich wieder um einen Anachronismus handelt.

21. Der italienische Dichter Dante lebte in der Zeit, als das BE (1265-1321) zusammengestellt wurde. Es ist interessant, eine Reihe von Anmerkungen aus Dantes Werk im BE zu entdecken. Es gibt viele davon, und sie können kaum als Zufälle gelten. Das BE zitiert Jesus, wie er zu Petrus sagt: »Wisse nun, daß es nur eine Hölle gibt, aber sie hat sieben Zentren. Ein Zentrum liegt immer unter dem anderen. So wie die Sünde sieben verschiedene Arten hat, denn Satan hat sieben Tore der Hölle geschaffen, so gibt es auch sieben Strafen darin« (Kap. 135 a).

Genau das sagt Dante in Gesang V und VI usw. in seinem »Inferno«. Wiederum sagt »Barnabas«, daß Gott, der die menschliche Vernunft geschaffen hat, sie »zur Hölle und zu unerträglichem Eis und Schnee erschaffen hat« (Kap. 106, das mit Gesang XVIII und III des »Inferno« übereinstimmt).

Die Beschreibung der menschlichen Sünden und wie sie am Ende wie in einem Fluß zu Satan zurückkehren, der ja ihr Ursprung und Quell ist, ist wieder ein indirektes Zitat aus Dantes Beschreibung der Höllenflüsse. Ähnlich ist es mit den Abschnitten über die Gläubigen, die zur Hölle gehen, nicht um gequält zu werden, sondern um die Ungläubigen in ihrer Pein zu sehen. Sie erinnern an Dantes gleiches Bild. Die Unterscheidung zwischen Herrlichkeitsstufen und dem Fehlen aller Fehde und aller Eifersucht im Himmel ist wieder Dantes »Paradies« entnommen (Gesang III).

Aber noch klarer beweist die Beschreibung der Geographie des Himmels, daß »Barnabas« direkt oder indirekt aus Dante zitiert hat. Dort stimmen »Barnabas« und Dante überein und widersprechen sogar dem Koran. Der Koran (Sure 2, 30) sagt, daß es sieben Himmel gibt, während Barnabas ihre Zahl mit neun angibt (Kap. 178 a), (Gairdner, S. 19–21).

Diese wenigen Andeutungen genügen, um zu beweisen, daß der Verfasser des BE die Schriften Dantes gekannt haben muß. Folglich muß er nach Dante gelebt haben oder aber ein Zeitgenosse von ihm gewesen sein.

22. In Kapitel 145 des BE gehen die Pharisäer auf die Zeit des Elia zurück, und es wird vermutet, daß es 17 000 davon gab. In der Geschichte treten die Pharisäer erst 700 Jahre später, in der Zeit zwischen 135 und 104 v. Chr., in Erscheinung.

23. In Kapitel 82 werden die »Jubeljahre erwähnt, die jetzt alle 100 Jahre kommen«. Das Jubeljahr fand nach dem Alten Testament alle 50 Jahre statt (nach sieben mal sieben Jahren). Der Ursprung dieser Falschinformation ist folgender: Im Jahre 1300 n. Chr. setzte der Papst Bonifaz VIII. das Jubeljahr zu einem Jahrhundertereignis fest. Weil aber der Papst Clemens VI. so erfolgreich in bezug auf seine Finanzen war, stieß er diese Entscheidung des Bonifaz um und feierte das nächste Jubeljahr schon 1350. Dies war somit das einzige Mal, daß das Jubeljahr als ein Jahrhundertereignis beabsichtigt war. In der Praxis traf das nie zu (Gairdner, S. 19).

24. Eva soll im Paradies einen Apfel (Kap. 40 und 41) gegessen haben. Wir wissen, daß die Frucht, die Eva gegessen hat, nicht näher bezeichnet wurde. Die Meinung, daß es ein Apfel war, entstand in späterer Zeit.

25. Ein anderer Beweis dafür, daß das BE im Mittelal-

ter entstand, liegt darin, daß wir in Kap. 99 den Bericht über das Duell zweier rivalisierender Liebhaber vor uns haben. Diese Art von Rittertum entstand in der mittelalterlichen Gesellschaft (Gairdner, S. 24).

26. In Kap. 80 des BE steht eine Geschichte über Daniel, der von Nebukadnezar gefangengenommen worden sein soll, als er erst zwei Jahre alt war. Diese Darstellungsweise ist unvereinbar mit dem, was wir aus biblischem Erzählgut wissen. Dem letzteren zufolge war es im zweiten Regierungsjahr von Nebukadnezar, daß er seinen berühmten Traum hatte, den Daniel interpretierte.

»Darauf erhob der König den Daniel zu hohen Ehren, gab ihm viele kostbare Geschenke und machte ihn zum Statthalter über die ganze Landschaft Babylon und zum Obervorsteher über alle Weisen Babylons« (Dan 2, 48). Wenn wir davon ausgehen, daß Nebukadnezar Daniel im ersten Jahr seiner Regierung gefangengenommen hat (das ist der früheste Zeitpunkt, der für Daniels Gefangennahme gewählt werden kann) und daß nach »Barnabas« Daniel damals zwei Jahre alt war, müßte daraus folgen, daß im zweiten Jahr der Regierungszeit des Nebukadnezar Daniel erst drei Jahre alt war (Gairdner, S. 26). Daniel wurde tatsächlich 621 v. Chr. geboren. Seine Gefangenschaft begann 605 v. Chr.; also war er 16 Jahre alt, als er in Gefangenschaft kam.

27. Wir lesen, daß Ismael von Abraham auf dem Altar (Kap. 44) geopfert wurde. Das ist ganz deutlich eine islamische Vorstellung.

28. Von Gott heißt es in Kap. 212: Er ist der Gott Abrahams, *Ismaels* und Isaaks. Nach dem Alten Testament müßte es aber heißen: der Gott Abrahams, Isaaks und Jakobs.

29. Es kommt uns höchst verdächtig und falsch vor, wenn wir lesen, daß die Thora von einem Ismaeliten verfaßt wurde (Kap. 192).

30. Am verdächtigsten aber ist die Erwähnung des Namens Mohammed in Kap. 44, 54, 112, 97 und 63 usw. Es ist besonders verdächtig, da ja alle anderen Punkte auf die Tatsache weisen, daß das ganze BE eine mittelalterliche Fälschung ist. Aber auch anderes islamisches Gedankengut wird vom BE benutzt.

31. In Kap. 39 sieht Adam eine leuchtende Schrift, und der Inhalt ist kein anderer als das Kalimah: »Es ist nur ein Gott« und »Mohammed ist der Bote Gottes«.

32. Moslems, die das BE anerkennen, sollten die Tatsache bedenken, daß in Kap. 115 die Einehe sehr stark hervorgehoben wird.

33. Wir beziehen uns auch auf das Kap. 38, in dem das islamische Prinzip der Aufhebung (Abrogation) verworfen wird.

Folgerung

Wir haben den Text – anhand von inneren und äußeren Beweisen – überprüft und seinen mittelalterlichen Charakter entdeckt. Wir sahen den offensichtlichen Versuch, dieses Evangelium zu islamisieren und schließen daraus, daß das BE von einem Moslem verfaßt wurde, um die Christen von der »Wahrheit des Islams« zu überzeugen. Anstatt den Islam zu propagieren, verhüllt er die Botschaft und benutzte den Namen des Barnabas, um seine Ziele glaubwürdig erscheinen zu lassen. Aber das ist eine Fälschung und Lüge. Es zielt darauf ab, das Vertrauen in die Grundlagen des christlichen Glaubens zu zerstören, einschließlich der Versöhnungstat Jesu am Kreuz. Christen mißbilligen aus verständlichen Gründen solche Methoden wie Fälschung und Lüge.

Wir sind bestürzt, daß ernsthafte Moslems ein Buch empfehlen und unterstützen können, das auf so wackeligen Füßen steht. Sie wissen doch genau, daß es eine Lüge ist. Auch wenn es zum Gebrauch verlockt, muß dieses Ansinnen zurückgewiesen werden. Wir betrachten es als eine kümmerliche Anstrengung, die Wahrheit zu verschleiern. Wir folgern daraus, daß jemand nur aus Mangel an besseren Argumenten als unredlicher Mensch zu solchen Methoden greift.

Die Bibel lehrt uns:

»Habt auch nichts zu tun mit den unfruchtbaren Werken der Finsternis, legt vielmehr mißbilligend Zeugnis gegen sie ab« (Eph 5, 11).

»Wir haben uns von aller schändlichen Heimlichtuerei losgesagt; denn wir gehen nicht mit Arglist um, verfälschen auch das Wort Gottes nicht, empfehlen uns vielmehr durch die offene Verkündigung der Wahrheit jedem Gewissensurteil der Menschen vor den Augen Gottes« (2 Kor 4, 2).

XII. Warum gibt es so viele Kirchen (Denominationen)?

Moslems stellen diese Frage sehr oft an Christen. Wie wir ja alle wissen, gibt es auch im Islam Abspaltungen und Sekten. Einer Überlieferung zufolge sagte Mohammed einmal:

> »Mein Volk wird in 73 Sekten gespalten sein. Jede wird zur Hölle gehen außer einer . . . die Religion, die von mir und meinen Anhängern vertreten wird« (Mishkat Bd. 1, Kap. 6, 2).
>
> »Die Zahl (der Sekten) hat jedoch bei weitem die Voraussage des Propheten überschritten, denn die Sekten des Islams übersteigen sowohl an Zahl als auch an Verschiedenartigkeit die der christlichen Religion« (Dictionary of Islam, S. 567).

(Diese letzte Feststellung mag heute nicht mehr stimmen, da das Wörterbuch aus dem Jahre 1885 datiert).

Um die Voraussage des Mohammed zu »erfüllen«, teilte die Ghiyâsu-Lughât 73 Sekten in sechs Gruppen von je 12 Sekten (=72) und fügte als 73. die »Nâjiyah« hinzu (die Geretteten), natürlich die Sunniten. (Dictionary of Islam, S. 567–569).

Obwohl es weitaus mehr Sekten gibt, wird keine, die über die Zahl 73 hinausgeht, erwähnt.

Verschiedene Listen wurden zusammengestellt. Keine jedoch erwähnt die zuletzt hinzugekommenen, die Ahmedijjahs, die Babisten und die Bahais. Zugegeben, die meisten dieser Sekten unterscheiden sich in theologischer Hinsicht nicht sehr voneinander; aber das gilt ja auch für die meisten der christlichen Kirchen.

Wir wollen zunächst einen Augenblick innehalten und nachdenken, was »Kirche« eigentlich heißt. Die meisten Menschen denken, daß Kirche ein Gebäude ist, so etwas

Ähnliches wie eine Moschee, eine Synagoge oder ein Tempel. Dieser Ausdruck wird allgemein benutzt, aber er ist nicht korrekt. Wir können auch an eine Organisation denken: die lutherische Kirche und die reformierte Kirche, um nur zwei zu erwähnen. Auch dieses Verständnis ist eigentlich falsch. Kirche ist das Wort, das die Übersetzer gebraucht haben, um den griechischen Ausdruck »ekklesia« wiederzugeben, das soviel meint wie »die Herausgerufenen«. Herausgerufen – aus was? Aus der »Welt«, die die Masse der Menschen darstellt, die den Anspruch Gottes auf ihr Leben ablehnen. Aber wenn jemand herausgerufen wird, dann wird der zugleich in etwas hineingerufen. Er wird in die Gemeinschaft mit Gott und mit anderen Gläubigen gerufen.

Eine Kirchenspaltung ist immer das Ergebnis verschiedener Auffassungen, Lehren oder Meinungen. Schon in der Frühkirche wichen einige Führer vom Neuen Testament ab. Die ersten waren die sogenannten Judaisten. Außer dem Glauben an die Rettung durch Christus forderten sie die Beibehaltung und das Praktizieren des jüdischen Gesetzes im Alten Testament. Später schlichen sich griechische Philosophien ein (Gnostiker). Einige Leute lehrten, daß außer dem Glauben auch die Askese praktiziert werden müßte. Der Körper wurde verachtet, nur der Geist zählte. Damit stellten sie die Schöpfung Gottes in Frage.

Basilides, ein Gnostiker, lehrte außerdem, daß Christus überhaupt nicht Mensch war, sondern nur Gott, und folglich hätte er am Kreuz nicht leiden können. Simon von Kyrene hätte seinen Platz eingenommen. Dieser Glaube spiegelt sich auch in gewissem Maße im Islam wider. Basilides aber hatte im Gegensatz zu den Gnostikern nur wenige Anhänger.

Viele andere Abspaltungen folgten, aber die Konzilien der Frühkirche urteilten nach der Norm des Neuen Testaments. So blieben sie der Heiligen Schrift treu.

Nachdem das Christentum unter Kaiser Konstantin staatliche Anerkennung fand, setzte ein geistlicher Verfall ein. Das geschriebene Wort wurde in der Praxis in zunehmendem Maße durch die Tradition ersetzt. Maria, die Mutter Jesu, wurde die Mutter Gottes genannt. Die Päpste erreichten große Macht. Das Papstamt konnte sogar mit Geld erkauft werden. Die mittelalterliche Kirche hatte wenig oder überhaupt keine Ähnlichkeit mit der Kirche, wie sie im Neuen Testament dargestellt wird. Die Christen, die die Bibel studierten und ihre Stimmen gegen dieses System erhoben, wurden verfolgt und als Ketzer hingerichtet.

Dann kam die Zeit, die als Reformation bekannt ist. Hus, Luther, Calvin, Zwingli und andere versuchten, die Kirche zu reformieren (1517). Aber sie wurden abgelehnt. Ihr Bemühen führte jedoch zu einer offenen Rebellion vieler Menschen und politischer Führer, die die Korruption der Kirche erkannt hatten. Aus diesem Anlaß war Europa tief gespalten und wurde in die Römisch-Katholische und die Protestantische Kirche geteilt. Kämpfe wurden ausgefochten. Der schrecklichste war der Dreißigjährige Krieg (1618-1648), der kaum mehr brachte als Tod, Elend, Hunger und Schrecken. Dieser Krieg hatte genausowenig mit der Religion zu tun wie die Kriege in Nordirland und im Libanon in unserer heutigen Zeit.

Die Menschen, die Calvin folgten (Schweiz, Holland und Teile von Deutschland) bildeten die »reformierte« Kirche (Presbyterianische Kirche, Niederländisch Reformierte Kirche, Hervormde Kerk . . .). In Deutschland war Luther der geistliche Initiator, so entstand die Lutherische Kirche. In England und Schottland nahm die Reformation einen anderen Verlauf; denn die politischen Überlegungen und die Einflußnahme durch den Monarchen spielten stärker in die Entwicklung hinein. Aus äußerem Anlaß wurde Heinrich VIII. das Oberhaupt der Kirche von England, was dann zum Bruch zwischen der englischen Kirche und Rom führte. Dies kann zwar kaum Reformation genannt werden. Trotzdem gab es eine Anzahl bewußter Christen, und es wurde angeordnet, »daß in jeder Kirche eine Bibel ausgelegt werden sollte. Das Volk wurde ermutigt, sie zu lesen« (A. M. Renwick: The Story of the Church, S. 129). Das mag seltsam klingen, da dies die normale Praxis hätte sein sollen. Doch sie war es ganz und gar nicht. Erst als Luther und Tyndale die Bibel in die einheimische, d. h. in die Volkssprache übersetzten, konnte sie vom Mann auf der Straße gehört und gelesen werden.

Vor dieser Zeit (und viel später in den römisch-katholischen Ländern) konnte die Bibel nur in Latein gelesen werden. Nur in dieser Sprache war sie den Menschen zugänglich. Latein war die Sprache der Gebildeten. Weil die Kirche als Institution nicht für geistliche Führung und Lehre sorgte und weil jeder, ohne Rücksicht auf seine persönliche Überzeugung oder Lebenshaltung, durch seine Geburt Mitglied der Kirche wurde, trennten sich immer wieder bibelgläubige Christen von dieser Institution, die wenig oder gar keine Ähnlichkeit mit der Kirche hatte, wie sie uns im Neuen Testament vorgestellt wird. Sie trafen sich um die Bibel, um ihre persönliche Verbindung zu Gott im Glauben und im persönlichen Leben zu erneuern. Aber man betrachtete sie als Unruhestifter, und oft wurden sie schrecklich verfolgt.

In England waren die Puritaner eine solche Gruppe. Sie betonten die Notwendigkeit, zur Bibel zurückzukehren und die Tradition außer acht zu lassen, die in der Kirche vorherrschte. Ihr Glaube wurde stark durch die Protestanten in Europa motiviert. Sie sahen, wie nötig es war, daß die Christen moralisch einwandfrei lebten. Die Ablehnung durch die institutionalisierte Kirche zwang sie, eine Separatistengruppe zu werden. Dies war der Beginn der Kongregationalisten und der Presbyterianer. Sie trafen auf Widerstand und wurden verfolgt. Eine ganze Anzahl sah den einzigen Ausweg in der Auswanderung nach Amerika. Sie bildeten die Gruppe, die unter dem Namen »Pilgerväter« bekannt wurde. Sie fuhren mit der »Mayflower) über den Ozean und siedelten sich 1620 in der »Neuen Welt« an.

Parallel zu dieser Entwicklung formierten sich die Baptisten in England. Sie bestanden auf einer persönlichen Entscheidung, um Christ zu werden. Das war natürlich genau die Lehre der Bibel, die die staatskirchliche Verfassung durch Taufe und Konfirmation ersetzt hatte. Natürlich war die Taufe eine Forderung Jesu, und die Kirche hatte sie auch von Anfang an praktiziert. Aber nach der Schrift ist sie nur ein Zeichen oder Symbol, das bedeutungslos wird, wenn im Alltag der Glaube nicht hinzukommt. Sie bedeutet, daß ein Mensch bekennt, sein Vertrauen auf die Rettung durch Jesus zu setzen und daß er nun den »Sünden abgestorben ist«. Gläubige werden durch die Taufe mit Jesus begraben in den Tod (der Sünde), so daß, »wie Christus durch die Herrlichkeit des Vaters von den Toten auferstanden ist, wir auch in der Erneuerung unseres Lebens wandeln können«. Wir wissen, daß unser altes Ich mit ihm gekreuzigt wurde, so daß wir nicht mehr länger unter die Sünde versklavt sind. So müssen wir uns als tot für die Sünde betrachten und lebendig in Gott durch Christus Jesus (nach Röm 6).

Folglich kann kein Mensch Christ sein ohne eine klare Glaubensentscheidung für Christus, den Gott uns zur Rettung gesetzt hat. Aber trotz der neuen Gruppen biblischer Christen erlebte England wieder einen geistlichen Niedergang. Eine neue große Erweckungsbewegung setzte erst mit John Wesley ein, der in ganz England Buße predigte: »In 50 Jahren legte er 250 000 Meilen, zumeist zu Pferde, auf seinen Evangelisationsreisen zurück. Immer wieder wurde von außergewöhnlichen Ereignissen unter seiner Verkündigung berichtet. Auf Freiveranstaltungen flehten hartgesottene Sünder weinend um Vergebung ihrer Schuld« (A. M. Renwick, »The Story of the Church«). Es ist traurig, daß auch er von der institutionellen Kirche, die in dieser Art von Verkündigung keine Notwendigkeit sah, abgelehnt wurde. Die methodistische Kirche wurde gegründet, damit die Bekehrten eine geistliche Heimat erhielten.

Wir können den Prozeß des geistlichen Niedergangs bis in unsere Tage hinein verfolgen und sehen, wie sich christliche Gruppen um Erneuerung bemühen, wie sie aber zurückgewiesen werden, wenn sie die Bequemlichkeit der etablierten Kirche stören.

Christen loben Gott, daß trotz geistlichen Zerfalls der Kirche immer wieder Erweckungen der Wahrheit zum Zeugnis verholfen haben und so die etablierte Kirche herausforderten. Heute erkennen wir, wie neues geistliches Leben in vielen »toten« Kirchen aufbricht.

Aber es gibt auch sektiererische Prediger, die falsche Lehren über die Bibel verbreiten. Die meisten wirken im Dunkeln, andere haben sich hervorgetan und sind zu Ansehen gelangt. Sie unterscheiden sich im innersten Wesen von anderen bibelgläubigen Christen und lehnen einander ab. Die »Zeugen Jehovas« und die »Neuapostolischen« müssen in diesem Zusammenhang erwähnt werden.

Heute können wir die christlichen Kirchen in vier große Gruppen einteilen: die *römisch-katholische Kirche,* die noch sehr eigenständig ist, und die sich nach wie vor als Mutterkirche versteht. Dann kennen wir die sogenannten *protestantischen Kirchen.* Sie lehnten sich gegen die Autorität des Papstes und gegen die moralischen und geistlichen Mißstände innerhalb der römischen Kirche auf. Leider glitten viele von ihnen wieder in den kirchlichen Institutionalismus mit einer unbeugsamen Hierarchie ab. Unter ihren Gliedern finden sich viele überzeugte Agnostiker oder sogar Atheisten. Sie tolerieren sündiges Verhalten unter ihren Gliedern, sehr oft bilden diese die große Mehrzahl der Glieder. Da mag es einen nicht wundern, daß sogar viele Pfarrer nur dem Namen nach Christen sind und ihr Leben nicht bewußt auf die Bibel gründen. Die *Sektierer* bilden die dritte Gruppe. Die vierte Gruppe sind die *Evangelikalen.* Sie versuchen ganz bewußt nach biblischer Norm zu leben, und sie sagen ganz zu Recht, daß niemand Christ sein kann, ohne wiedergeboren zu sein (Joh 3, 3–5). Da dies außerhalb der menschlichen Möglichkeiten liegt, muß eine Bekehrung erfolgen. Der Mensch erkennt seine eigene Ungerechtigkeit und Unzulänglichkeit im Lichte des Wortes Gottes und wird auf Jesus hingewiesen. Er heilt ihn, indem er ihm Vergebung seiner Sünden durch die Gnade anbietet. Christus hat eine Rettung geschaffen, indem er an unsere Stelle getreten ist, sich ans Kreuz schlagen ließ und für uns starb. Wenn ein Mensch Buße tut, wendet er sich im Glauben an Gott und bittet um Vergebung. Nur so kann er in die Gemeinschaft mit Gott treten und als Wiedergeborener ein neues Leben auf der Grundlage des Wortes Gottes führen.

Evangelikale kann man in fast allen Denominationen finden. Sie sind, wie es Luther einmal formuliert hat, die Kirche in der Kirche. An der biblischen Norm gemessen sind sie die eigentliche Kirche. Andere mögen Unwissende, Widerstrebende, Irregeleitete sein, sie gehören infolgedessen nur organisatorisch der Kirche an.

Aber es gibt eine ganze Anzahl von evangelikalen Kirchen. Dort kann einer nur Mitglied werden, wenn er sich in einem klaren, öffentlichen Zeugnis zu Christus bekannt hat. Glauben diese Gruppen und Kirchen alle etwas anderes? Bis zu einem gewissen Grade ja, wie der Leser im obigen Abschnitt erkannt haben wird.

Es gibt geringe Unterschiede in bezug auf Gemeindeleitung, Gottesdienstformen und Taufe. Einige Kirchen neigen dazu, eher emotional zu sein, andere sind mehr gesetzlich oder mehr intellektuell in ihrer Ausrichtung. Aber in bezug auf die Grundlehren der Bibel gibt es ganz sicher keine Kontroversen.

Vielleicht helfen diese kurzen Ausführungen unserem moslemischen Leser, die Verschiedenartigkeit der Kirchen in der rechten Perspektive zu sehen. Jemand hat einmal treffend formuliert: Unter den bibeltreuen Christen herrscht Einheit, trotz aller Vielfalt.

XIII. Schlußfolgerungen

Wenn 500 oder 50 oder gar nur zehn Zeugen oder Untersuchungsbeamte ein bestimmtes Geschehen bezeugen und dokumentieren und das nötige Beweismaterial dafür liefern, dann gibt es kaum Zweifel an dem Sachverhalt. Selbst wenn in einem Kreuzverhör einer der Zeugen versehentlich ein Datum oder einen Namen verwechseln sollte, würde dies die Glaubwürdigkeit des Zeugen nicht in Frage stellen und das Urteil auch nicht negativ beeinflussen.

Wenn zu einem viel späteren Zeitpunkt jemand diese ursprünglich angenommenen und feststehenden Tatsachen in Frage stellen und behaupten sollte, sie seien falsch oder entstellt, und wenn er nicht gültige Gründe für seine Behauptung beibrächte, wäre seine Kritik nicht akzeptierbar. Wenn seine Anhänger dann außerdem noch falsches Beweismaterial zusammentrügen und Lügen aufstellten, um ihrer Sache Nachdruck zu verleihen, würde die ganze Angelegenheit um so weniger annehmbar sein.

Im Falle der bereits erwähnten Angriffe gegen die Bibel müssen wir zu dem Schluß kommen, daß sie fast alle auf falschen Voraussetzungen, oberflächlicher Argumentation, mangelnder Sachkenntnis oder vielfach sogar auf bewußter Entstellung beruhen. Die für sich stehenden echten Irrtümer sind alle, bis auf vielleicht zwei Ausnahmen (S. 58), als Abschreibfehler anerkannt. Dies ist ein Problem, das sich nicht ausmerzen läßt, wenn Schriftstücke über einen langen Zeitabschnitt hinweg handschriftlich vervielfältigt werden.

Bei keinem der angeführten Fälle war die in Frage kommende Botschaft auch nur geringfügig entstellt oder verzerrt. Andererseits sind die Beweise für die Zuverlässigkeit der Bibel überaus stark. Wir denken hierbei besonders an die Erfüllung der Prophetie, aber auch an die Beweise aus der Geschichte und Archäologie.

Der abschließende Beweis ist das Zeugnis zahlloser wahrer Christen, deren Leben völlig verändert wurde, nachdem sie sich Jesus Christus übergeben hatten. Und sie sind nach wie vor bereit, für das Wunder der Erneuerung in ihrem Leben Zeugnis abzulegen, aufgrund ihres Glaubens an den Gott der Bibel. Dies sind zwar subjektive Beweise, die die oben erwähnten objektiven ergänzen sollen; aber für den, der eine Glaubenserfahrung gemacht hat, sind sie so echt wie das Leben selbst.

Die Bibel öffnet sich für die, die Gott ehrlich suchen und bereit sind, seinen Willen zu tun. Hierzu hat Jesus selbst gesagt:

> »Als aber die Festwoche schon zur Hälfte vorüber war, ging Jesus zum Tempel hinauf und lehrte. Da wunderten sich die Juden und sagten: ›Wie kommt dieser zur Schriftgelehrsamkeit, obwohl er doch keinen Unterricht in ihr erhalten hat?‹ Da antwortete ihnen Jesus mit den Worten: ›Meine Lehre stammt nicht von mir, sondern von dem, der mich gesandt hat; wenn jemand dessen Willen tun will, wird er inne werden, ob diese Lehre von Gott stammt, oder ob ich von mir selbst rede« (Joh 7, 14–17).

Folglich haben wir die inständige Bitte an jeden moslemischen Leser, daß er sich seine *eigene* Meinung vom Gott der Bibel und der Person Jesu in der Bibel bilden möge. Und daß er dabei nicht Berichten von Menschen folgt, die aus Unwissenheit oder Bosheit heraus versuchen, anderen Menschen Argwohn einzuflößen, nur damit sie ihren Standpunkt nicht verändern. Man sollte zunächst einmal alle Vorurteile beiseite schieben und selbst das Neue Testament aufschlagen. Man sollte den

Gott der Bibel bitten, daß er Gedanken und Verstehen lenkt.

Wer sich jahrelang einer Unterweisung ausgesetzt hat, die irreführend und unzuverlässig war, wird feststellen müssen, daß dies in seinem Denken und Verstehen Spuren hinterlassen hat. Hinzu kommt als weiteres Problem, daß die biblischen Begriffe im Islam oftmals mit einer ganz anderen Bedeutung gefüllt wurden.

Ohne Zweifel kann man dennoch die letzte Wahrheit erkennen, die allein in diesem Leben Erfüllung und Ziel gibt und die im kommenden Leben ewige Seligkeit schenkt. Notwendig ist allerdings eine aufrichtige Gesinnung und der Entschluß, alle anderen Glaubensüberzeugungen objektiv zu überprüfen, mit dem festen Vorsatz, die Wahrheit Gottes um jeden Preis entdecken zu wollen. Gott, der unsere Gebete erhört und darauf antwortet, kann uns dabei helfen, den rechten Weg zu finden. Und schließlich können uns auch aufrichtige Christen behilflich sein, damit wir ein Gesamtverständnis der Bibel gewinnen. Eins sollten wir jedoch bedenken: Die größte Aufrichtigkeit nützt nichts, wenn es um ein verkehrtes Ziel geht. Wir dürfen nicht erst eine Schlußfolgerung ziehen und dann nach Gründen suchen, um sie zu stützen. Wir müssen erst alle Tatsachen und das Beweismaterial sammeln und daraus unsere Schlüsse ziehen.

Was ist nun das Evangelium?

Viele umfangreiche Bände sind schon geschrieben worden, um diese Frage zu beantworten. Wir werden versuchen müssen, uns auf das Hauptthema zu beschränken und nur auf das Grundlegende einzugehen. Danach sollte es jeder selbst studieren.

»Evangelium« heißt »Gute Nachricht«. Natürlich gibt es viele Arten von guten Nachrichten in dieser Welt, aber im biblischen Sprachgebrauch bedeutet das: Gott hat einen Weg geebnet, um den Menschen mit sich zu versöhnen. Dieser Weg ist schrittweise vom Anfang der Menschheit vorbereitet worden. Zuerst lebten die Menschen in Frieden und Harmonie mit Gott. Dann kam der Fall. Adam (im Hebräischen heißt das einfach »Mensch«) und Eva suchten, von ihren eigenen selbstsüchtigen Wünschen und Begierden getrieben, ihr Ziel unter der »Führung« Satans zu erreichen: Sie wollten wie Gott sein! Stolz und Anmaßung ließen sie gegen Gott rebellieren. Sie wurden aus dem Garten Eden vertrieben. Ihre Nachkommen machten sehr bald deutlich, wie verderbt der Mensch ohne Gott ist – einer brachte seinen eigenen Bruder um.

Von da an lesen wir von der Auflehnung und von der Verderbtheit der ganzen Menschheit. Die Sünde wurde zur treibenden Kraft des Menschen, schon von der Geburt an. Keinem Menschen muß man schlechtes Verhalten beibringen. Jeder brachte von Geburt an diese Anlage mit. Die Bibel sagt dazu:

> »Als nun der Herr sah, daß die Bosheit der Menschen groß war auf der Erde und alles Sinnen und Trachten ihres Herzens immerfort nur böse war ....« (1 Mose 6, 5).

Die Menschheit jedoch – und das trifft auch heute noch zu – lehnte Gottes Urteil als eine gewaltige Übertreibung ab und zog es vor, optimistisch zu sein und an die Aufwärtsentwicklung der Menschheit zu glauben. Gott hat diese Meinung nie geteilt. Viel später lesen wir im Neuen Testament (Röm 7, 14 ff.):

> »Wir wissen ja, daß das Gesetz geistlich ist; ich aber bin von fleischlicher Art (lateinisch: carnis = Fleisch; deshalb bedeutet dies ›fleischlich gesonnen‹), unter die Gewalt der Sünde verkauft. Ja, mein ganzes Tun ist mir unbegreiflich; denn ich vollbringe nicht das, was ich will, sondern tue das,

was ich hasse. Wenn ich aber das tue, was ich nicht will, so erkenne ich durch die innere Zustimmung zum Gesetz an, daß dieses gut sei . . . Denn ich weiß ja: in mir, das heißt in meinem Fleische, wohnt nichts Gutes; denn der gute Wille ist bei mir wohl vorhanden, dagegen das Vollbringen des Guten nicht; denn ich tue nicht das Gute, das ich tun will, sondern vollbringe das Böse, das ich nicht tun will . . . Ich finde somit bei mir, der ich das Gute tun will, das Gesetz (den Zwang) vor, daß bei mir das Böse zustande kommt. Denn nach meinem inneren Menschen stimme ich dem göttlichen Gesetz freudig zu, nehme aber in meinen Gliedern ein andersartiges Gesetz wahr, das dem Gesetz meiner Vernunft widerstreitet und mich gefangen nimmt unter das Gesetz der Sünde, das in meinen Gliedern wirkt.«

Jeder aufrichtige Realist wird der Wahrheit dieser Feststellung zustimmen müssen. Und Erkenntnis ist der erste Schritt zur Heilung. Die schlimmste Täuschung scheint mir zu sein, wenn der Mensch in seiner Sündhaftigkeit sich selbst mit anderen vergleicht und daraus folgert, daß er nach allem doch nicht *so* schlecht ist. Wenn er seine Lage vor Gott erkennt, kann er versuchen, durch »religiöse Pflichten« und gute Werke einen Ersatz zu leisten – letztlich ist dies eine übersteigerte Form von Stolz und der Ausdruck seines Willens, von Gott unabhängig zu sein!

Um im biblischen Bericht fortzufahren: Die Flut, die das Urteil Gottes war, folgte! Nur Noah und seine engsten Angehörigen

»fanden Gnade vor Gott, dem Herrn . . . Noah war ein frommer, unsträflicher Mann unter seinen Zeitgenossen: Er wandelte mit Gott« (1 Mose 6, 8–9).

Gott hatte einen Plan für Noah und seine Nachkommen, weil er an Ihn glaubte. Er war ein »Prediger der Gerechtigkeit« (2 Petr 2, 5); denn nachdem er von Gott gewarnt worden war, baute er die Arche und »verdammte die Welt und hat ererbt die Gerechtigkeit, die durch den Glauben kommt« (Hebr 11, 7).

Worin bestand seine Gerechtigkeit? Er weigerte sich, an der Sünde teilzuhaben und handelte dem Wort Gottes gemäß. Darum geht es letztlich beim Glauben.

Es ist erschütternd, festzustellen, daß die Nachkommen Noahs nicht besser waren als die Menschheit vor der Sintflut. Sie machten ihre Pläne und sagten:

> »Auf! wir wollen Ziegel streichen und sie im Feuer hart brennen!« So dienten ihnen denn die Ziegel als Bausteine, und das Erdharz diente ihnen als Mörtel (wahrscheinlich aus dem Gebiet des Toten Meeres, wo durch Vulkanaktivitäten Erdharz zum Vorschein kam). Dann sagten sie: »Auf! wir wollen uns eine Stadt und einen Turm bauen, dessen Spitze bis in den Himmel reichen soll, und wollen uns einen Namen schaffen« (1 Mose 11, 3–4).

Warum brennt man Steine? Um sie wasserabstoßend und fest zu machen. Warum benutzt man Erdharz als Mörtel? Es mag nicht fester als Lehm sein, aber es ist wiederum wasserabstoßend. Warum will sich jemand einen Turm bauen, der bis in den Himmel reicht? *Ein* Grund wird uns hier genannt: »daß wir uns einen Namen machen«. Es ist bedeutsam, daß Gott zu Abraham sagt:

> »Ich will dir einen großen Namen machen« (1 Mose 12, 2).

Abrahams Name hat Gewicht; denn durch Gottes Gnade und sein Eingreifen wurde er bedeutungsvoll. Hingegen gerieten die Menschen, die sich selbst einen Namen machen wollten, in Vergessenheit. Aber es gibt noch einen zweiten wichtigen Punkt, warum der Turm gebaut wurde: Dadurch wollten sie einer zweiten Flutkatastrophe und somit dem Gericht entgehen. Sollten die Wasserwogen wieder anschwellen, wenn sich die Menschen gegen Gott auflehnten, dann wären sie in der Spitze des Turmes doch ganz sicher, dachten sie. Als der Turm gebaut war (mit der Spitze bis in den Himmel), lesen wir nicht ohne Ironie:

> »Da fuhr der Herr *hernieder,* um sich die Stadt und den Turm anzusehen, welche die Menschen erbauten« (1 Mose 11, 6).

Seit jener Zeit haben Menschen versucht, »Türme« zu bauen, um dem Gericht Gottes zu entgehen – philosophische »Türme«, politische »Türme«, aber vorwiegend religiöse »Türme«. Bei letzteren handelt es sich um religiöse Systeme, die versprechen, uns im Gericht Gottes zu schützen, das auf unser Vergehen erfolgt, wenn wir nicht in Übereinstimmung mit den Geboten Gottes leben. Denn ein Leben des Gehorsams unter den Geboten Gottes ist Grundvoraussetzung zur Gemeinschaft mit ihm:

> »Ich bin der Herr, dein Gott!
> Du sollst keine anderen Götter neben mir haben!
> Du sollst dir kein Bildnis von Gott machen!
> Du sollst den Namen des Herrn, deines Gottes nicht mißbrauchen!«

Hinzu kommen noch die Gebote, die unsere Beziehung untereinander betreffen:

> »Ehre Vater und Mutter!
> Du sollst nicht töten!
> Du sollst nicht ehebrechen!
> Du sollst nicht stehlen!
> Du sollst nicht lügen!
> Du sollst nicht begehren, was nicht dein ist« (2 Mose 20, 1–17).

Der letztere Teil ist im Neuen Testament so zusammengefaßt:

»›Du sollst deinen Nächsten lieben wie dich selbst!‹ Die Liebe tut dem Nächsten nichts Böses; demnach ist die Liebe die Erfüllung des Gesetzes« (Röm 13, 9–10).

Wo ist der Mann mit solch einer Liebe? Welche Frau kann so lieben? Wie schnell sagen wir: »Ich liebe dich!« Aber das bedeutet doch für uns: »Ich muß dich für mich haben.«

In solch einer verdorbenen Gesellschaft lebte Abram, oder, wie er später genannt wurde, Abraham. Gott rief ihn heraus aus seiner Familie und aus seiner religiösen Umgebung, und er gehorchte. Er wurde keineswegs ein vollkommener Mensch (lies 1 Mose 12, 10–20; 15, 1–6 und 16, 1–4; 17, 15–19; 20, 1–11 usw.), aber

»Abraham glaubte Gott, und das wurde ihm zur Gerechtigkeit gerechnet« (Röm 4, 3).

Abraham nahm Gott bei seinem Wort. Er hielt an der Verheißung Gottes fest.

»Wenn Abraham nämlich aufgrund von Werken gerechtfertigt worden ist, so hat er allerdings Grund, sich zu rühmen, freilich nicht vor Gott« (Röm 4, 2).

Es war sein Glaube an Gott, der ihm zur Gerechtigkeit gerechnet wurde. Es gibt eine Haben- und eine Sollseite in unserem Kontobuch. Über das Leben eines jeden Menschen wird Buch geführt. Jede Sünde, ob ich einen Menschen oder eine Sache mehr liebe als Gott; ob ich einen Menschen weniger liebe als mich selbst (und wir sollten darüber einmal nachdenken!); ob wir in Gedanken, Worten oder Taten uns versündigen – alles ist aufgeschrieben in dem Buch, das sich gegen uns richtet. Und dann vollbringen wir gute Werke. Wo erscheinen sie? Nirgends. Es ist unsere Pflicht, sie zu tun. Jesus sagte einmal:

»Wenn ihr alles getan habt, was euch befohlen war, so sagt: ›Wir sind armselige Knechte; wir

> haben nur unsere Schuldigkeit getan«« (Lk 17, 10).

Und an anderer Stelle lesen wir von Abraham:

> »Daran siehst du, daß der Glaube mit seinen Werken zusammengewirkt hat und der Glaube erst durch die Werke zur Vollendung gebracht ist« (Jak 2, 22).

Werke an sich können kein Ausgleich für Sünde sein. Abrahams Glaube war das, was zählte:

> »Abraham glaubte Gott – das wurde ihm zur Gerechtigkeit gerechnet.«

In Abraham und durch seine Nachkommen wollte Gott der Menschheit die Grundlage zum Leben und den Weg zur Versöhnung nach ihrem Ungehorsam aufzeigen. Israel sollte die Gute Nachricht von dem einen Gott und von seinem Plan für die Menschen einer Welt bringen, die in der Finsternis der Religionen herumirrte, die auf Täuschung durch Menschen und Dämonen (Spiritismus etc.) beruhte. Aber Israel »vergaß« den Gott Abrahams und lebte in seiner gottlosen, wenngleich religiösen, Unabhängigkeit weiter.

Gott aber griff wieder ein und sandte Mose. Die Israeliten, die in der Knechtschaft in Ägypten lebten, wurden durch Gottes mächtige Zeichen und Wunder gerettet. Keinem blieb die Allmacht und Kraft Gottes verborgen. Und dann machte Gott einen Bund mit Israel. Dies wird als der »Alte Bund« oder das »Alte Testament« bezeichnet. Gott befahl, daß Israel einen neuen Weg des Lebens beschreiten sollte. Er gab seinen großen Auftrag und sagte:

> »Bedenke wohl: Ich habe dir heute das Leben und das Glück und (andererseits) den Tod und das Unglück zur Wahl vorgelegt. Was ich dir heute gebiete, ist: den Herrn, deinen Gott zu lieben, auf seinen Wegen zu wandeln und seine Gebote, seine Satzungen und Verordnungen zu

beobachten, damit du am Leben bleibst und zahlreich wirst und der Herr, dein Gott, dich segnet in dem Lande, in das du jetzt einziehst, um es in Besitz zu nehmen. Wenn aber dein Herz sich abwendet und du nicht gehorsam bist, sondern dich dazu verführen läßt, andere Götter anzubeten und ihnen zu dienen, so kündige ich euch heute schon an, daß ihr unfehlbar zugrunde gehen werdet: ihr werdet alsdann nicht lange in dem Lande wohnen bleiben, in das du jetzt über den Jordan ziehst, um es in Besitz zu nehmen. Ich rufe heute den Himmel und die Erde zu Zeugen gegen euch an: das Leben und den Tod habe ich euch vorgelegt, den Segen und den Fluch. So wähle denn das Leben, damit du am Leben bleibst, du und deine Nachkommen, indem du den Herrn, deinen Gott, liebst, seinen Weisungen gehorchst und fest an ihm hältst; denn davon hängt dein Leben und die Dauer deiner Tage ab, während deren du in dem Lande wohnst, dessen Verleihung der Herr deinen Vätern Abraham, Isaak und Jakob zugeschworen hat« (5 Mose 30, 15–20).

Aber was würde geschehen, wenn ein Mensch eines der Gebote übertritt? Wäre er dann verloren?

»Allerdings, wenn ihr das königliche Gesetz nach dem Schriftwort erfüllt: ›Du sollst deinen Nächsten lieben wie dich selbst‹, so tut ihr recht daran; wenn ihr aber die Person anseht, so begeht ihr Sünde und werdet vom Gesetz als Übertreter überführt. Denn wer das ganze Gesetz erfüllt, aber gegen ein einziges Gebot verstößt, der hat sich damit gegen das ganze Gesetz vergangen. Denn der da geboten hat: ›Du sollst nicht ehebrechen‹, der hat auch geboten: ›Du sollst nicht töten.‹ Wenn du nun zwar kein Ehebrecher bist, wohl aber ein Mörder, so bist du ein Übertreter des ganzen Gesetzes geworden« (Jak 2, 8–11).

»Wenn sich aber jemand aus dem gemeinen Volk unvorsätzlich versündigt, indem er irgend etwas von dem tut, was nach den Geboten des Herrn nicht getan werden darf, und dadurch in Verschuldung geraten ist, so soll er, sobald das Vergehen, dessen er sich schuldig gemacht hat, ihm bekannt geworden ist, eine fehlerlose Ziege als Opfergabe für sein Vergehen bringen, das er sich hat zu Schulden kommen lassen. Er lege dann seine Hand fest auf den Kopf des Sündopfers, und man schlachte das Sündopfer an dem für die Brandopfer bestimmten Ort. Darauf soll der Priester mit seinem Finger etwas von dem Blut nehmen und es an die Hörner des Brandopfers streichen, das gesamte übrige Blut des Tieres aber an den Fuß des Altars schütten. Hierauf soll man alles Fett des Tieres ablösen, wie das Fett von einem Heilsopfer abgelöst wird, und der Priester soll es auf dem Altar in Rauch aufgehen lassen zum lieblichen Geruch für den Herrn. Wenn der Priester ihm so Sühne erwirkt hat, wird ihm Vergebung zuteil werden« (3 Mose 4, 27–31).

Ein Mensch wäre verloren, wenn er Gottes Gebot bräche, ohne den von Gott bestimmten Weg der Versöhnung zu suchen. Aber warum wählte Gott solch einen schrecklichen Weg – ein Opfer? Er wollte den Menschen eindrücklich klar machen, wie ernst und schwerwiegend die Sünde ist. Wenn wir wegen unserer nächsten Sünde unser liebstes Haustier opfern und verbrennen müßten, dann würden wir sicher alles daransetzen, sie zu verhindern.

Gott möchte, daß sich die Menschen in Zucht nehmen und für ihn allein leben; aber die Menschen murrten und rebellierten sogar unter Mose und fielen schließlich in

Abgötterei und geistliche Finsternis. Gott und seine Gebote zum Leben wurden nicht nur mißachtet, sondern sogar ganz vergessen.

Später trafen alle Warnungen Gottes ein. Israel erlebte Niederlagen, und schließlich erfüllte sich die Voraussage Gottes wortwörtlich. Unter alle Völker wurde es zerstreut und mußte viele Jahrhunderte lang schreckliche Verfolgungen erleiden.

Israel, das auserwählte Volk Gottes, wurde wegen seines Ungehorsams beiseite gesetzt. Trotzdem verfolgte Gott auch weiterhin seinen Plan mit der Menschheit. Schon zu Adam und Eva hatte Gott von dem Einen gesprochen, der aus ihrem Samen kommen werde, um der Schlange den Kopf zu zertreten. Der Eine kam aus der Linie Abrahams (durch dich sollen alle Geschlechter auf Erden gesegnet werden – 1 Mose 12, 3) und Isaaks (nach Isaak sollen deine Nachkommen genannt werden – 1 Mose 21, 12).

Die Juden nannten diesen erwarteten Befreier ihren »Messias« (der Gesalbte). Dadurch wollten sie kundtun, daß ein Priesterkönig oder Herrscher das Volk vor Gott vertreten würde. Gott sagte, daß Er aus dem Stamme Juda, den Nachkommen Davids, kommen müsse:

> »Ich habe einen Bund geschlossen mit meinen Erwählten, habe David, meinem Knecht geschworen: ›Deinem Geschlecht will ich ewige Dauer verleihen und aufbauen deinen Thron für alle Zeiten‹ . . . ›so will auch ich ihn zum Erstgeborenen machen, zum höchsten unter den Königen der Erde. Für immer will ich ihm meine Gnade bewahren, und mein Bund soll fest ihm bleiben; für immer will ich sein Geschlecht erhalten und seinen Thron, solange der Himmel steht.‹«

> »Geschworen hat der Herr dem David einen Eid, einen wahren Eid, von dem er nicht abgeht: Von

deinen leiblichen Sprossen will einen ich setzen auf deinen Thron. . . . Dies ist meine Ruhstatt für immer, hier will ich wohnen, weil ich's so begehr.«

»Denn ein Kind wird uns geboren, ein Sohn uns geschenkt werden, auf dessen Schulter die Herrschaft ruhen wird; und sein Name lautet ›Wunderrat, Heldengott, Ewigvater, Friedefürst‹. Seine Herrschaft wird weit reichen, und des Friedens wird kein Ende sein über dem Throne Davids und für seine Königsherrschaft, indem er sie festigt und stützt durch Recht und Gerechtigkeit von nun an bis in Ewigkeit« (Ps 89, 4–5.28–30; 132, 11 u. 14; Jes 9, 5–6).

Davids Thron wurde von seinem Sohn bestiegen, aber dieses Königreich ist schon lange untergegangen. Da Gott von einem ewigen Thron spricht, meinte er etwas anderes; denn kein menschliches Reich ist ewig. Der Sohn, von dem der Prophet spricht (geboren von einer Jungfrau – Jes 7, 14), ist Jesus, der Messias, der allmächtige Gott, der ewige Vater, der Friedefürst. Aber wo herrscht dieser Friede, das verheißende Recht und die Gerechtigkeit? Wo ist das Königreich? Jesus beantwortete diese Fragen so:

»Das Reich Gottes kommt nicht mit äußerlichem Gebaren; man wird auch nicht sagen können: ›Siehe, hier ist es!‹ oder ›dort ist es!‹ Denn wisset wohl: Das Reich Gottes ist mitten unter euch« (Lk 17, 20–21).

Die Menschen, die am Königreich Gottes teilhaben, haben Frieden mit Gott. Ihre Schuld ist ihnen vergeben und sie sind mit Gott ausgesöhnt. Sie haben Gerechtigkeit empfangen.

»Und in ihm als ein solcher erfunden werde, der nicht seine eigene Gerechtigkeit besitzt, die aus dem Gesetz gewonnen wird, sondern die Gerech-

> tigkeit, die durch den Glauben an Christus vermittelt wird, die Gerechtigkeit aus Gott aufgrund des Glaubens« (Phil 3, 9).

Als Jesus geboren wurde, erfüllte er viele Prophezeiungen des Alten Testaments, die auf ihn wiesen. Er richtete das Königreich Gottes auf. In Ihm offenbarte Gott sich selbst. Er lebte sündlos vor einer Welt, die ihn auf Schritt und Tritt beobachtete, und er zeigte der Menschheit den Weg. Dann starb er am Kreuz als das Opfer, das jeder Mensch braucht, um mit Gott, dem Vater, versöhnt zu werden.

> »Er hat unsere Sünden selber mit seinem Leibe an das Holz hinaufgetragen, damit wir, von den Sünden freigemacht, der Gerechtigkeit leben möchten: durch seine Wunden seid ihr geheilt worden« (1 Petr 2, 24).

Dies ist die »Gute Nachricht« oder das »Evangelium«. Ohne das Evangelium kann ein Mensch nichts tun, er muß nach den Regeln seines eigenen »Ich« leben – »verkauft unter die Sünde«. Als Jesus nach Gottes Verheißung kam, nahm er unsere Schuld und Sünde auf sich. Er erlitt die Folge der Sünde. Das Urteil, das mich treffen sollte, traf ihn.

> »Ich bin der gute Hirte! Der gute Hirte gibt sein Leben für die Schafe hin. Der Mietling aber, der kein Hirte ist und dem die Schafe nicht zu eigen gehören, sieht den Wolf kommen, verläßt die Schafe und flieht; . . . Meine Schafe hören auf meine Stimme, und ich kenne sie, und sie folgen mir nach; und ich gebe ihnen ewiges Leben, und sie werden in alle Ewigkeit nicht umkommen, und niemand wird sie meiner Hand entreißen« (Joh 10, 11.12.27.28).

Das ist »Gute Nachricht«. Alles, was wir nicht vollbringen konnten, ist für uns vollbracht worden. Nun können wir für den Rest unseres Lebens in Dankbarkeit

Gott gegenüber leben, der unser Retter geworden ist (Jes 63, 7–11). Unser Leben gehört ihm, und wir können seine Stimme hören wie ein Schaf, das sich verirrte und später gefunden wurde. Im Glauben können wir ihm folgen. Er kennt die Seinen; denn er hat sein Leben als Lösegeld für sie gegeben und gibt ihnen sein eigenes ewiges Leben. Das ist »Gute Nachricht«.

Aber Jesus blieb nicht im Tode. Er wurde von den Toten auferweckt durch die Herrlichkeit Gottes! Gute Nachricht! Er wurde in den Himmel aufgenommen.

> ». . . der zur Rechten Gottes sitzt und auch für uns eintritt« (Röm 8, 34).

Und noch eine »Gute Nachricht«! Es kann freilich auch eine schlechte sein; das hängt von unserem Standpunkt ab. Jesus kommt wieder, um mit Gerechtigkeit alle zu richten, die ihre Knie nicht vor ihm beugen wollten (Phil 2, 9–10) oder die zu stolz waren, um seine Vergebung in Anspruch zu nehmen. Aber er kommt auch, um alle zu sich zu nehmen, die ihre Hoffnung und ihr Vertrauen auf ihn gesetzt haben.

All das geschah unter dem Neuen Testament oder Neuen Bund. Im Alten Testament war das schon alles vorausgesagt:

> »Da will ich mit dem Hause Israel und mit dem Hause Juda einen neuen Bund schließen, nicht einen solchen Bund . . . den sie gebrochen haben . . . Nein, darin soll der Bund bestehen, den ich mit dem Hause Israel nach dieser Zeit schließen werde . . . Ich will mein Gesetz in ihr Inneres hineinlegen und es ihnen ins Herz schreiben und will dann ihr Gott sein . . . denn ich will ihnen ihre Schuld vergeben und ihrer Sünde nicht mehr gedenken!« (Jer 31, 31–34).

Als Jesus am Kreuz starb – der Gerechte für die Ungerechten –, wurde das Neue Testament bestätigt. Nun ist der Weg frei für alle, die Gottes Vergebung für ihre Sünden annehmen wollen, bis er wiederkommt, um Gericht zu sprechen.

Das Evangelium hat für jene, die sich Gottes Liebe widersetzten oder die sich an von Menschen gemachte Religionen hängten, keine Kraft und Gültigkeit mehr.

Friede mit Gott erfährt man nicht automatisch. Obgleich Jesus für alle Menschen starb, erhalten nur jene die Vergebung, die jetzt davon Gebrauch machen. Es ist in unsere persönliche Verantwortung gestellt, Frieden mit Gott zu machen. Dazu sind wir aufgerufen, denn die Bibel sagt:

> »Denn Gott war in Christus und hat die Welt mit sich versöhnt, indem er ihnen ihre Übertretungen nicht anrechnete und in uns das Wort von der Versöhnung niedergelegt hat. Für Christus also reden wir als seine Gesandten, da ja Gott durch uns ermahnt; wir bitten für Christus: ›Laßt euch mit Gott versöhnen!‹« (2 Kor 5, 19–20).

Uns ist aufgetragen, zu Gott zurückzukehren:

> »Über die Zeiten der Unwissenheit hat Gott zwar hinweggesehen; jetzt aber läßt er den Menschen ansagen, daß sie alle überall Buße tun sollen; denn er hat einen Tag gesetzt, an welchem er den Erdkreis mit Gerechtigkeit richten will« (Apg 17, 30–31).

Wir müssen auf diesen Ruf und Befehl hören und darauf eingehen. Dies geschieht in der Praxis, wenn wir unser Leben überprüfen, unsere Sünde erkennen und uns fest dazu entschließen, uns in Reue von ihr abzuwenden.

> »Und dieses schreiben wir euch, damit unsere Freude vollkommen sei. Und dies ist die Botschaft, die wir von ihm gehört haben und euch verkündigen: ›Gott ist Licht, und keinerlei Finsternis ist in ihm.‹ Wenn wir behaupten, Gemeinschaft mit ihm zu haben, und dabei doch in der

Finsternis wandeln, so lügen wir und halten uns nicht an die Wahrheit. Wenn wir aber im Licht wandeln, wie er im Licht ist, so haben wir Gemeinschaft miteinander, und das Blut seines Sohnes Jesus macht uns von aller Sünde rein. Wenn wir behaupten, keine Sünde zu haben, so betrügen wir uns selbst, und die Wahrheit ist nicht in uns; wenn wir aber unsere Sünden bekennen, so ist er treu und gerecht, daß er uns die Sünden vergibt und uns von aller Ungerechtigkeit reinigt. Wenn wir behaupten, nicht gesündigt zu haben, so machen wir ihn zum Lügner, und sein Wort ist nicht in uns« (1 Joh 1, 4–10).

Als Antwort darauf verpflichtet Gott sich selber:

»Denn ich will ihnen ihre Schuld vergeben und ihrer Sünde nicht mehr gedenken!« (Jer 31, 34).

Da uns nur das Opfer Jesu von unserer Sünde reinigen und freimachen kann, nehmen wir Jesus als unsere Rettung an (Jesus heißt Retter). Dies ist der Start zu einem Leben in tiefer Gemeinschaft mit Gott. Wir sind nun rein. Der Schmutz unseres Lebens und Herzens ist abgewaschen. Nun muß unser Herz mit Neuem angefüllt werden, vor allen Dingen mit Gott selber. Nun laden wir ihn (durch Gebet) ein, auf dem Thron unseres Lebens zu sitzen. Der Heilige Geist wird dann unser Leben erneuern. Unser Wille ist Seinem Willen ausgeliefert.

»Und er ist darum für alle gestorben, damit die, welche leben, nicht mehr für sich selbst leben, sondern dem, der für sie gestorben und auferweckt ist.

Wenn also jemand in Christus ist, so ist er eine neue Schöpfung: das Alte ist vergangen, siehe, ein Neues ist entstanden! Das alles ist aber das Werk Gottes, der uns durch Christus mit sich versöhnt hat und uns den Dienst der Versöhnung übertragen hat« (2 Kor 5, 15.17.18).

Ein Mensch, der die Lebensübergabe an Gott vollzogen hat, ist Gottes Eigentum. Er ist auf Gottes Bedingungen eingegangen und von Ihm angenommen worden. Er hat Vergebung empfangen. Er erhält durch das Wort Gottes neue Kraft und Führung, um ein neues Leben zu führen. Und das alles zu Gottes Ehre und zur Ausbreitung seines Reiches auf Erden. Das führt dann zu einem Leben der Fülle und Heiligkeit, ausgeglichen und ohne frommes Getue. Wir sind erneuert zu unserer eigentlichen ursprünglichen Bestimmung – zu einem Leben in seiner ganzen Fülle, nicht nur in bezug auf geistliche Dinge, sondern auch hinsichtlich der materiellen Gaben, die wir Tag für Tag erwarten dürfen. Aber das Wichtigste besteht doch darin, daß ich meine Bestimmung kenne. Ich brauche keine Angst mehr vor der Zukunft zu haben, besonders nicht vor dem Tod, denn Gott denkt nicht mehr an meine Sünden. Er sagt:

> »So gibt es also jetzt kein Verdammungsurteil mehr für die, welche in Christus Jesus sind« (Röm 8, 1).

So wie Noah und seine Familie in der Arche sicher waren, so sicher sind auch alle, die in Jesus geborgen sind, vor dem kommenden Zorn Gottes. Dieses neue Leben als wiedergeborene Christen bringt neue Wünsche mit sich:

1. Wir möchten ein gottgefälliges Leben in Heiligkeit, in Dankbarkeit, in Liebe leben.

2. Wir sind erfüllt von der Sehnsucht nach Gemeinschaft mit Gleichgesinnten.

3. Wir möchten dieses Leben und diese neue Hoffnung mit anderen teilen. Darin liegt im Grunde genommen die eigentliche Absicht dieses Buches.

So bitte ich Sie, seien Sie nicht schüchtern und verschieben Sie es auch nicht auf später, sondern suchen Sie Kontakt mit uns und erbitten Sie sich mehr Information, oder kommen Sie zu einem persönlichen Gespräch mit

uns über die Themen in diesem Buch. Das kann ganz frei geschehen, ohne jeglichen Zwang. Sie können versichert sein, daß wir Ihre Anliegen vertraulich behandeln.
Sie erreichen uns unter der Adresse:

Deutsche Missionsgemeinschaft
Buchenauerhof
6920 Sinsheim
Tel. 0 72 65/86 66

Außerdem können Sie sich an jede christliche Gemeinschaft wenden, die Ihnen dieses Buch empfohlen hat. Aber auch wenn Sie nicht das Bedürfnis haben, mit jemandem zu sprechen, sollten Sie sich wenigstens ein Neues Testament in moderner Sprache kaufen. Lesen Sie es im Licht dieser Ausführungen und vergleichen Sie es mit dem Koran.

Nachdem wir die größte Zahl der relevanten Fragen, die Christen von Moslems gestellt werden, beantwortet haben, möchten wir gern als Christen unsere moslemischen Freunde über die Gültigkeit und Beweise ihres Glaubens befragen. Bitte fordern Sie eine Ausgabe des Buches an: »Christen fragen Moslems« (in Vorbereitung, Hänssler).

Bibliographie

Der Koran, nach der Übertragung von Ludwig Ullmann, neu erarbeitet von L.-W. Winter

Die Bibel, Übersetzung von Hermann Menge

The Light, von al-Haj Sultan Hafiz Abdul

The Bible – Word of God or Word of Man, von A. S. K. Joommal

Is the Bible the Word of God? von Ahmed Deedat

Siratu'l Rasool, von Ibn Hisham

Mishkat-ul-Masabih, zusammengestellt von Maulana Fazlul Karim

Jüdische Altertümer, von Flavius Josephus

Es komme mir keiner mit Tatsachen, Hänssler, 1977, von Michael Green

Sahih Muslim, zusammengestellt von Abdul Hamid Siddqi

Und die Bibel hat doch recht, von Werner Keller

The Gospel of Barnabas, engl. Übersetzung von L. und I. Ragg

The Gospel of Barnabas, an Essay and Inquiry, von Selim'Abdul-Ahad und W. H. T. Gairdner

Missing Documents of the Gospel of Barnabas, von Adam Peerbhai

Pseudo-Barnabas in the Context of Muslim-Christian Apologetics, von Drs. Jan Slomp

The Gospel of Barnabas carefully examined, von J. N. J. Kritzinger

Dictionary of Islam, von T. P. Hughes

The Story of the Church, von A. M. Renwick

Die Glaubwürdigkeiten der Schriften des Neuen Testaments, Liebenzeller Mission, 1976